KB171123

해커의 지문 발견기

나는 어떻게 follow_the_party를 발견하였나

해커의 지문 발견기

나는 어떻게 follow_the_party를 발견하였나

로이킴 씀

김미영 정리 · 해설

목차 Contents

서문 :
로이킴과 후사장

김미영

『해커의 지문』을 발간한 지 2년 만에『해커의 지문 발견기 : 나는 어떻게 follow_the_party를 발견하였나』를 펴내게 되었다.『해커의 지문』발간 당시 핵심 집필자인 장영후 프로그래머(이하 처음에 불러주도록 요청했던 후사장으로 부른다.)와 작업하면서 내내 아쉬워했던 것은 로이킴은 어떻게 [follow_the_party]를 발견했는지 밝혀 두지 못한 것이었다. 이 질문에 대한 후사장의 대답은 "그것은 자연과학의 영역이라고 생각합니다. 저는 공학의 관점에서 검증할 수 있을 뿐입니다."였다. 그가 자연과학이라고 한 것은 정확하게 수학을 의미하는 것같지 않았다. 내 관점에서 후사장은 컴퓨터가 수행한 결과 데이터를 보고 알고리즘을 읽어내는 비전문가의 '정신의 능력'을 자연과학으로 표현하는 것으로 보였다.

지난 3년 반, 나는 '로이킴'과 '후사장'이라는 두 인물과 많은 대화를 나누었다. 나는 이렇게 주고 받는 말들을 '대화'라고 표현하는 것이 맞는지도 가끔 생각해 보게 된다. 이 대화는 '공감과 소통'의 세계와는 조금 다른 것이었다. 문학과 철학, 그리고 법학의 테두리에서 크게 벗어나 있지 않았던 나의 독서 경험과 교우관계에서 보면 두 사람은 매우 낯선 계보에 속했다. 또 한 가지 특징은 그들은 학위과정을 밟아서 연구를 하거나 가르치는 직업에 속해 있지 않았다. 나의 인간관

계란 대개 생활세계보다 조금 추상적인 쪽에 속해 있었다고 할까, 어쨌든 기업에서 아주 구체적이고 기능적인 일을 해온 사람들과 책을 쓰고 만드는 작업을 하는 것은 쉬운 일이 아니었다. 자연과학과 공학, 그리고 인문학의 만남이었다. 선관위 발표 데이터 속에서 암호문자를 찾아내고 검증하고, 또 세상에 알리는 이 작업은 진정한 '융합 학문'의 세계였다.

로이킴(Roy Kim)은 유학할 때 쓰던 이름이라고 한다. 실명도 널리 알려져 있지만 굳이 이 이름을 쓰는 것은 실명이 더 알려지는 것이 실생활에 이로울 것이 없다고 그는 생각한다. 그의 이력을 자세히 살펴보면 미국에서 회계학을 공부했고, 한국에서는 몇 가지 사업을 했다. 아이들을 키우는 아버지고 그 사이 40대가 되었다. 처음 [follow_the_party]를 세상에 알렸을 때는 아직 30대였다. 이 발표 이후 사람들이 자신을 향해 돌팔매질을 해대는 것에 조금 마음의 상처를 입었다고 한다. 특히 공인이라고 할 수 있는 사람들이 전화 한 통화 해서 물어보는 노력도 없이 '괴담꾼' '사기꾼' 등등의 욕설을 던진 것에 대해 여러가지 생각이 많은 쪽이었다.

후사장은 한국에서 대학을 나왔고, 화학공학을 전공하여 정유 분야의 프로그래머로 오랫동안 일한 뒤 사업체를 운영하는 사람이다. 그는 특히 석유의 여러 성분을 적절하게 조절하여 상품성 있는 가솔린을 만들어내는 일을 오래 했다. 그는 한 치의 오차도 허용 않는 정밀하고 민감한 분야의 종사자였다. 그가 우리에게 처음 연락을 취해온 것은 로이킴의 [follow_the_party] 발견에 있어 데이터가 불확실한 점이 보인다는 제보를 위해서였다.

처음 만난 이후 세 사람이 같이 만나 밥 한 끼, 차 한 잔 나눈 적도 없다. 나는 분명 로이킴, 후사장과 두 권의 책을 집필하고 만드는 데 관여했지만 진정한 의미에서 교류라는 것을 갖지 못했다. 로이킴과의 전화통화는 언제나 손님이 물건을 계산할 때 바코드나 QR코드를 찍는 소리와 함께였고, 후사장은 자신의 사업으로 짬을 내기 어려워 전화통화조차 어려울 때가 많았다.

그럼에도 그들이 보내오는 분석 데이터는 놀랍도록 치밀했다. 두 사람은 마치 다른 끝에서 시작해온 서서히 다가오는 듯했는데 처음에는 멀어서 잘 안들린다는 듯한 표정이다가 조금씩 들린다, 알겠다로 바뀌어갔다. 나는 중간쯤에 서서 잘 안들리는 부분의 말을 들어 전달하는 역할같은 것을 하면서 『해커의 지문』을 정리했다. 그리고 만 2년 만에 『해커의 지문 발견기』를 다시 펴내는 것은 『해커의 지문』에는 로이킴이 어떻게 이 암호문자를 발견했는지에 대해서는 자세한 설명이 생략되어 있기 때문이다.

당시에도 이 부분을 채워넣기 위해 노력을 많이 기울였으나, 후사장은 자신이 알 수 없는 내용이라고 했고, 로이킴은 잘 설명할 수 없다고 했다. 후사장은 초정밀 공업 분야에서 종사해온 전문가답게 오차 가능성이 높거나, 어림짐작하는 내용은 말할 수 없다는 입장이었다. 로이킴 역시 발견자의 입장이었을 뿐 자신이 무엇을 정확히 어떻게 발견해냈는지 모를 뿐 아니라 발견의 과정에서 여러 가지 시행착오가 있었다는 것이다. 로이킴이 본문에서 설명하듯 갯벌에 문어잡으러 들어갔다가 금괴를 찾아낸 형국이라면 한 동안 금괴를 두드리며 문어는 아니지만 거대한 갑각류의 등이라고 생각하는 식이었다.

처음 세상에 [follow_the_party]가 나온 지 1년 반만에 『해커의 지문』을 내고, 다시 3년 반만에 『해커의 지문 발견기』를 내면서 중간쯤에 서 있었던 나는 서쪽 끝에서 걸어 들어오는 로이킴과 동쪽 끝에서 걸어 들어오는 후사장의 목소리를, 서로보다는 좀 더 잘 들을 수 있었던 게 아닌가 한다. 내게는 로이킴의 추리력이 없고, 후사장의 분석력이 없지만 각자에게 조금 더 가까운 거리에 있었다. 조금 더 잘 들리는 자리였다.

로이킴은 발견자지만, 후사장이 없었다면 자신이 발견한 것이 무엇인지 끝까지 이해하기 어려웠을지도 모른다. 인류의 과학발전의 역사에서 발견자가 자신이 발견한 것의 향유자가 된 예는 많지 않았다. 우리가 일상 생활에서 아주 흔히 사용하는 스티로폼(Styrofoam), 즉 발포폴리스티렌(Expanded Polystyrene)을 발견한 사람은 1839년 독일의 약종상 에두아르드 시몬(Eduard Simon, 1789~1856)이다. 그는 자신이 무엇을 발견했는지 몰랐다. 이것의 실체를 파악하고 정리하여 고분자 이론으로 발표한 화학자 헤르만 슈타우딩거(Hermann Staudinger, 1881~1965)가 1953년이 되어 이 발견으로 노벨화학상을 받았다고 한다.

에두아르드 시몬은 자신이 발견한 것이 나중에 온 세상 집들에서 단열재든 택배상자든 필수품이 되어 사용될 것을 생각하지 못했을 것이다. 로이킴의 발견은 100년 후쯤 어떻게 평가될지 아직은 모르겠다. 그러나 나중에 한국에서 있었던 2020년 4월 15일 선거 결과 데이터에서 발견된 조작자의 암호문자인 것이 그때쯤에는 사실로 확인되었다고 할 때, 무엇보다 선거가 끝난 지 한 달 여만에 이것을 찾아낸 로이킴과 한국인의 저력은 세계적으로 인정받게 될 것으로 본다. 로이킴의 발견이 사실이라고 전제할 때, 민경욱 전 의원을 통해 공표된 당시 조작자는 얼마나 모골이 송연했을 것인가? 다른 사람들은 몰라도 그 암호문자를 삽입한 자는 모를 리 없다.

2020년 총선의 결과만큼이나 [follow_the_party]의 발견은 대내외적으로 권력 세계에 보이지 않는 영향을 미치고 있다고 생각한다. 내가 많은 어려운 사정을 겪으면서 굳이 로이킴과 후사장의 잘 안들리는 목소리를 재차 재차 확인해가며 두 권의 책까지 내게 된 것은 이 작업으로 현재의 권력자들을 상대로 승부를 내기 위함이 아니다. 오늘도 생각하지만 100년 후도 생각하기 때문이다.

2020년 4월 15일 총선에서 선거 결과 데이터 속에서 발견된 암호문자 [follow_the_party]는 대법원 투표지 재검을 통해 예상치 못한 이상 투표지가 대량 발견된 사실과 관련이 있다는 것이 우리의 기본 입장이다. 이 중대한 사실은 언론의 침묵과 수사기관의 직무유기 속에서 묻혀져 가고 있다. 과연 한국인의 누가 자신에게 주어져 있는 이상한 투표지에 조용히 기표할 사람이 있을까? '배춧잎투표지'로 명명된 잉크가 여러겹 겹친 투표지, 도장이 뭉개진 '일장기투표지', 화살표가 붙어있는 투표지, 거뭇거뭇 질 낮은 인쇄물에 들어있는 일명 요고레 투표지, 좌우 여백이 다른 투표지, 손을 탄 흔적이 없는 빳빳한 투표지들. 이런 것으로 투표할 사람은 없다. 10억이든 100억이든 현상금을 걸어도 그런 투표자는 나타나지 않았고 앞으로 나타나지 않을 것이다. 왜? 이런 투표지들은 투표 현장에 존재한 적이 없었기 때문이다.

로이킴이 발견한 암호문자 [follow_the_party]는 이 이상 투표지 출현과 매우 깊은 관계가 있다고 보고 있다. 이 책에 대본을 수록하는 애니메이션《배투출비(배춧잎투표지 출생의 비밀)》는 이 연관관계를 세상에 알리기 위해 제작되었다고 할 수 있다. 30분으로 설명할 수 없지만, 일단 이런 사실이 있다는 것은 세상에 알려야 한다는 판단이었다. 문명국에서 만일 천원 짜리든 만원 짜리든 오만원 짜리든 지폐 한 장에 인쇄가 겹쳐진 '미스 프린트'가 있었다고 하면 이를 가만히 두겠는가? 왜 이 나라 사람들은 중앙선거관리위원회라는 국가 기관의 심각한 '미스 프린트'가 문제 없다고 생각하는가? 화폐의 '미스 프린트'가 과연 조폐공사의 '부실' 때문일까? 그럴 리가 없지 않나? 분명히 범죄의 흔적일 것이라 보고, 수사에 착수할 것이다. 만일 조폐공사 직원의 실수라고 하자. 그것은 범죄에 값하는 배임이고 직무유기다. 누군가 책임을 져야 한다. 대법원 재검에서 나타난 각종 이상 투표지가 과연 국가기관의 실수, 이른바 '부실' 때문인가? 왜 이 중대한 직무유기를 수사하지 않나? 유권자 한 사람의 투표지 한 장 가격은 고급 차 한 대값이라는 보도가 있었다. 5,000만원 짜리 수표에 위조가 의심되는 '미스 프린트'가 발견되어도 수사에 돌입하지 않나? 이해할 수 없는 이 무시무시한 침묵 속에서 우리는 거대한 권력과 금력이 사태의 배후에서 움직이고 있지 않는지에 대한 의구심을 갖고 있다. 이것은 하나의 묵시록적 징후로 감지된다. 말하자면 '천벌받을 일'이 이 나라에서 일어나고 있는 것이다.

우리가 해커의 지문이라는 별명을 붙인 암호문자 [follow_the_party]에 대해 특별한 주의를 기울이는 것은, 이것이 중앙선거관리위원회에서 발표한 공식적인 선거 결과 데이터에 나타나 있는 이상 인멸될 수 없는 증거라는 측면에 중요성을 두고 있다. 거대한 권력을 등에 업고 벌이는 이 무시무시한 범죄는 '인멸' 역시 쉬워서 선거가 끝난 후 중요한 선거 도구를 포함한 각종 소프트웨어가 중앙선거관리위원회에 의해 거의 멸실되었다. 그러나 그들이 발표한 결과 데이터만은 더 이상 손댈 수 없다. 이 데이터는 이상 통계를 포함하여 너무나 많은 증거를 품고 있다. 그 중에 단연 암호문자 [follow_the_party]가 있다.

그러나 다시 한번 탄식하는 것은 2020년 5월 [follow_the_party]에 관련된 발표가 있은 후 발견자 로이킴은 온갖 비난에 시달려야 했다. 이 암호문자는 선거 데이터에서 우연히 발견된 것이 아니라 로이킴이라는 한 유권자의 한 달 여에 걸친 치열한 연구 · 천착을 통해 발견된 것이다. 나는 소음과 같은 그들의 악담이 신경 쓰이지 않았다. 왜냐하면 로이킴의 발견은 최소 다섯 단계에 걸쳐 이루어져 있었기 때문이다. 첫 단계의 발견으로도 조작을 증명하는 것임이 분명했다. 아마 이 첫 단계의 발견에 대해서도 반론이 쉽지 않을 것이다. 실제로 지난 3년 반 동안 아무도 반증하지 않았다.

이 책에서 자세히 설명하는 로이킴의 발견을 다섯 단계로 나누어서 정리해 두기로 하자.

첫번째 발견 : 비중 그래프

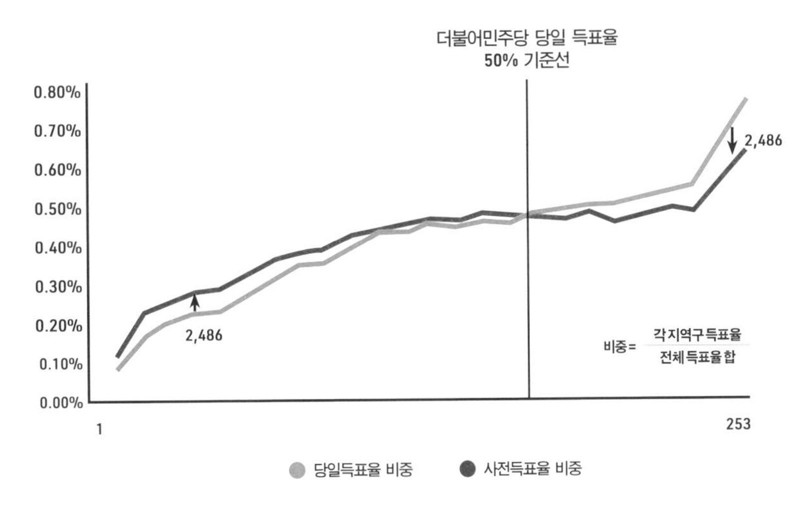

2020년 총선 더불어민주당 각 지역구 비중값 비교(출처 : 『해커의 지문』 p.80)

이 비중 그래프는 사전득표와 당일득표 간 득표율 차이가 큰 더불어민주당의 선거 결과를 분석 대상으로 하여 찾아진 것이다. 이 그래프는 각각의 지역구가 얻은 사전과 당일 득표율을 전체 득표율의 합으로 나누어 비중을 계산해 보았을 때 당일투표에서 50% 이상을 얻어 당선이 확정적이었던 모든 지역구에서 당일보다 사전에서의 비중이 낮았음을 보여준다. 반대로 이하에 속하는 지역구는 당일보다 사전 비중이 높았음을 보여준다. 거의 예외가 없는 뚜렷한 경향성이다.

두번째 발견 : 클러스터 그래프

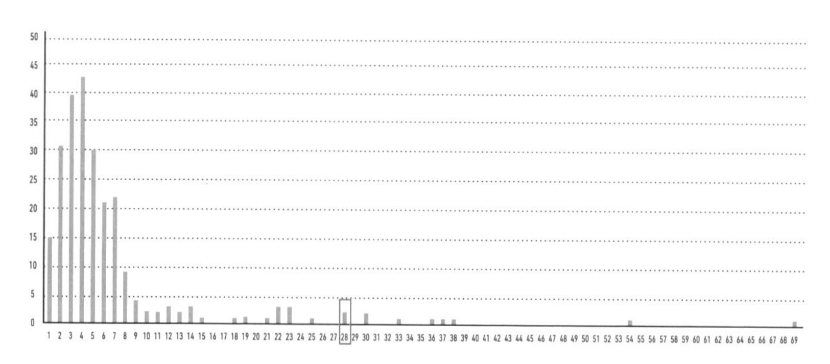

가로 : 사전-당일 비중차이값에 당일 득표수를 곱한 값의 지수, 세로 : 지역구 빈도수

로이킴은 첫번째 발견된 비중 그래프에서 인위적 조작의 혐의를 강하게 느끼고 어떤 연유로 발생되었는지 분석하기 위해 각 지역구의 사전과 당일 간의 비중 차이를 먼저 구한다. 처음에는 이 비중 차이값들에서 조작 함수를 발견할 수 있을 것으로 기대했다고 한다. 그리고 이 차이값에 각 지역구의 당일 득표수를 곱하여 다른 지역구들과 어떤 상관관계에 있는지 알아보려 했다고 한다. 그리하여 발견한 것이 위의 일명 클러스터 그래프이다. 로이킴은 이 그래프에서 각 지역구들이 어떤 원칙에 의거하여 그룹으로 뭉쳐 있다는 것을 각 지역구간 비율값 패턴을 통해 알 수 있었다.

세번째 발견, : 일곱 개씩 묶여 있는 36개의 그룹

그룹	선거구 번호	시도	선거구
1	100	광주	광산구을
	98	광주	광주북구을
	218	전남	담양함평영광장성
	99	광주	광산구갑
	95	광주	광주서구갑
	93	광주	동구남구갑
	221	전남	영암무안신안
2	217	전남	나주화순
	206	전북	익산시갑
	202	전북	전주시갑
	96	광주	광주서구을
	154	경기	시흥시을
	168	경기	화성시을
	204	전북	전주시병

그룹	선거구 번호	시도	선거구
3	94	광주	동구남구을
	214	전남	여수시을
	169	경기	화성시병
	208	전북	정읍고창
	207	전북	익산시을
	216	전남	순천광양곡성구례을
	20	서울	은평구갑
4	161	경기	파주시갑
	205	전북	군산시
	220	전남	해남완도진도
	135	경기	광명시을
	92	인천	인천서구을
	18	서울	노원구을
	14	서울	강북구을

일곱 개씩 묶여 있는 선거구 예시(출처 :『해커의 지문』p.119)

위의 클러스터 속에서 일곱 개씩 36개 그룹과 여분의 한 지역구로 분리해낸 것이다. 로이킴이 클러스터 비율값 계산을 통해 일곱 개씩의 그룹을 분리하게 된 이유와, 전국 253개 지역구를 앞에서 말한 더불어민주당 사전 당일 비중값의 차이에 당일 득표수를 곱해서 구한 값을 기준으로 작은 숫자부터 오름차순으로 정리하고 일곱 개 그룹을 끊게 된 이유는 본문에 자세히 설명되어 있다.

네번째 발견 : 암호문자를 형성하는 '나눈수' 규칙

상위그룹 (1LINE)	
그룹	1
순번합	924
순번합/100	9.24
trunc(순번합/100)	9
나눈수적용규칙	1
trunc+1	10
trunc	9
trunc-1	8
나눈수1	10
나눈수2	9
범위 시작	92
~ 종료	104

하위그룹 (2LINE)	
그룹	17
순번합	1163
순번합/100	11.63
trunc(순번합/100)	11
나눈수적용규칙	1
trunc+1	12
trunc	11
trunc-1	10
나눈수1	12
나눈수2	11
범위 시작	96
~ 종료	107

변수	식
a	=sum(지역구순번)
b	= a/100
c	= trunc(b)
d	
e	= c+1
f	=c
g	= c-1
h	= if(d=1,e,f)
i	= if(d=1,f,g)
j	= trunc(a/h)
k	= round(a/i)+1

범위 시작/종료 값 결정 로직 설명표 (출처 : 『해커의 지문』 p.191)

네번째 발견은 이렇게 정리된 선거구 그룹들이 어떤 수학적 연결이 있는지 검토하다가 수학이 아니라 암호문자를 형성하는 그룹들이라는 추리를 하게 된 것이다. 이것은 애초에 로이킴이 선거 결과 데이터를 분석하여 조작 함수와 같은 것을 찾아내려고 했던 시도를 마감하고, 이 암호문자 해독으로 초점을 옮겨간 계기가 된다. 암호를 추출하는 과정에서 이른바 '나눈수' 규칙에 대한 이해 때문에 논란이 일어나기도 했다. 위의 표는 나중에 후사장이 이 나눈수 규칙을 일목요연하게 정리해 준 것이다. 로이킴은 이 나눈수 규칙은 문자를 형성하기 위해 필연적인 것으로 누군가 인위적으로 명령하지 않으면 들어갈 수 없는 규칙이라고 설명한다.

다섯번째 발견 : 암호문자 [follow_the_party]

문자로변환 결과	f	o	l	l	o	w	_	t	h	e	_	p	a	r	t	y
1	`	k	f	j	k	j	Z	l	_	`	]	*g*	_	*o*	i	q
2	a	l	g	k	l	k	[	m	`	a	^	h	`	p	j	r
3	b	m	h	**l**	m	l	₩	n	a	b	**_**	i	**a**	q	k	s
4	c	n	i	m	n	m	]	o	b	c	`	j	b	**r**	l	*t*
5	d	**o**	j	n	**o**	n	^	p	c	d	a	k	c	s	m	u
6	e	p	k	o	p	o	**_**	q	d	**e**	b	l	d	t	n	v
7	**f**	q	**l**	p	q	p	`	r	e	f	c	m	e	u	o	w
8	g	r	m	q	r	q	a	s	f	g	d	n	f	v	p	x
9	h		n	r	s	r	b	**t**	g	h	e	o	g		q	**y**
10			o	s	t	s	c	u	**h**	i		**p**	*h*		r	z
11			p	t	u	t	d	v	i			q			s	{
12			q	u	v	u	e	w	j			r			**t**	|
13			r	v		v	f	x	k			s			u	}
14				w		**w**		y	l			t			v	
15								z				u				
16								{				v				

[follow_the_party] 전체 도출표(『해커의 지문』 p.201)

마침내 발견된 것이 나눈수 규칙을 적용했을 때 문자판에서 나타나는 [follow_the_party]라는 암호문자다. 처음에 로이킴이 36개 그룹에서 이 문자를 찾아낼 때는 첫 다섯 개 그룹에서 follow, 17번 그룹부터 다시 follow, 33번 그룹부터 다시 foll을 찾아 16개씩 문자가 반복되고 있음을 추리할 수 있었다고 한다. 나중에 [follow_the_party]가 아니고 'ghost', 'happy' 등 여러 가지 문장이 보인다는 항의가 있었으나 이런 항의들은 큰 의미는 없다. 만일 선관위 데이터에서 인위적인 조작자의 흔적을 발견하는 것이 목표였던 만큼 이미 이 단계에서 그 목표는 달성된 것이기 때문이다. 사람의 손을 타지 않으면 나타나지 않을 암호문자판의 추출은 이미 발견의 종결이다. 다만 [follow_the_party]도 나타난다면 그것은 심각한 의미가 있다. 이것은 중국 공산당의 공식 구호이기도 하다는 점에서 또 하나의 문제적 상황을 보여준다. 우리가 제작한 다큐멘터리《당신의 한 표가 위험하다》(2023년 5월 1일 유튜브 공동 상영)에서는 이런 의혹을 강하게 제기하였다.

◆ ◆ ◆

로이킴의 해커의 지문 발견은 앞으로도 연구의 대상이 될 주제이지만 발견과 해독의 과정은 치밀하고 합리적인 수학적 추리에 입각해 있음을 강조해 둔다. 후사장의 검증 작업은 로이킴의 비중 그래프가 보여주는 것은 낙선자를 당선자로 바꾸기 위한 작업의 결과가 아니라, 이미 당선자와 낙선자를 결정하는 '보정'이 끝난 청사진 위에 약간의 '최적화'를 통해 조작 표수를 조정한 결과라는 설명을 결론으로 남겼다. 그리고 이 최적화와 더불어 선거구 번호를 활용한 교묘한 작업자 표시가 그 위에 또 얹혀 있어 [follow_the_party]라는 암호가 해커의 지문처럼 찍혀 있다고 로이킴 발견의 실체를 규명했다.

독자 여러분들은 [follow_the_party]에 대해 이해하기 위해 다큐멘터리《당신의 한 표가 위험하다》, 그리고 애니메이션《배투출비(배춧잎 투표지 출생의 비밀)》를 관람한 후 2021년 12월 첫 출간된『해커의 지문』과 함께 이 책을 정독해 주시기 바란다. 이 책은 정답지가 아니라 논쟁의 장으로 들어가는 발제문과 같은 것이며, 어떤 종류의 반론과 비판에도 열려 있다. 다만 비난과 인신공격은 문명사회의 규칙을 위반하는 것이므로 사양한다.

무엇보다 IT 혁명의 시대에 태어나고 자라 유권자가 된 여러분들이 앞으로 이 논증의 장에 참여해 주시기를 바란다. 자유선거 수호의 몫은 여러분들의 어깨 위에 놓여 있다.

이 책을 기획하고 쓰면서 많은 사람들이 생각난다. 로이킴은 결론을 내면서 감사할 분들의 이름, 민경욱, 도태우, 장영후, 애니챈, 그렌트 뉴셤(Grent Newsham) 등 여러분들을 기억했지만 나는 이 모든 과정에서 이름 모를 블랙전사들을 떠올린다. 지금 이 순간, 한 사람의 이름을 적어 둔다면 얼마전 교체된 김규현 국가정보원장이다. 무슨 이유로 교체되었는지 민초들이 알 길은 없다. 다만 김규현 국정원장 재임시에 그동안 우리가 『해커의 지문』을 통해 제기했던 전방위적 전산 개입을 통한 선거 조작 가능성을 공신력 있게 입증해 준 것에 대해 놀라움과 감사를 표하지 않을 수 없다.

『해커의 지문』과 『해커의 지문 발견기』를 저술하는 데 참여한 로이킴과 후사장, 그리고 필자도 세상 가운데에서 고명한 셀럽이 아니라 무명의 블랙전사의 한 사람일 뿐이다. 한 사람 한 사람을 고귀하게 만들어주는 소중한 한 표 한 표가 우리의 노력이 도움이 되어 반드시 지켜지기를 소망한다.

2023년 12월

(사)법치와자유민주주의연대 사무총장 김미영

일러두기

1. [follow_the_party]로 통일시켜 표기하되 이 책에서 해커의 지문으로 지목된 숫자(문자)는 16개로 [ ]는 포함되지 않는다.
2. 본문의 표는 대부분 로데이터(raw data)를 그대로 옮긴 것으로 해득의 어려움이 있을 시 원자료는 vonnewskorea@gmail.com으로 문의하거나 npknet.org 자료실에서 다운로드 할 수 있다.

해커의 지문 발견기

[follow_the_party] 발견에 이르는 추리(Heuristics)

로이킴

2020년 4월 15일 제21대 총선을 치르고 개표가 마무리된 후 중앙선거관리위원회("선관위" 또는 "중앙선관위")가 다음날 16일 선거 결과가 담긴 데이터를 홈페이지에 업로드했다. 여당이 180석을 차지하는 결과가 잘 납득이 되지 않아 데이터를 면밀히 관찰해 보게 되었다. 쉽게 예상치 못할 이 선거 결과가 불법적 조작에 의한 것이라고 가정한다면, 이 데이터에서 어떤 종류의 인위적인 패턴을 찾을 수 있을 것으로 생각했다.

〈프로듀스 101〉 사건의 디지털 투개표 조작에서 착안

이런 아이디어가 떠오른 것은 음악전문채널 엠넷(Mnet)의 〈프로듀스 101〉 투표 조작 사건 때문이었다. 이 프로그램은 2016년에 제작된 아이돌 그룹 선발 오디션 프로그램으로 '국민 프로듀서'라는 개념을 도입하여 온라인 투표와 문자 투표로 참가자들의 합격과 탈락이 결정되는 방식이었다. 그러나 생방송에서 시청자들의 유료 문자 투표 결과가 인위적 알고리즘으로 조작한 것이 발각되어 관련자들이 징역형 포함 중형을 받았던 사건이다.

이 사건의 경우 온라인에서 조작 함수를 찾아 경우의 수를 사람들이 역으로 알아내며 이슈가 되었고, 검찰 조사를 통해 이러한 시청자들의 주장이 사실로 확인된 경우였다. 필자는 〈프로듀스 101〉의 조작방식에서 착안하여 선거부정이 있었다면 중앙선관위에서 발표한 최종 결과 데이터 숫자들 속에서 일정한 규칙성을 발견할 수 있다고 생각했던 것이다.

〈프로듀스 101〉의 투표 조작 방법은 미리 연습생 별로 조작된 득표율을 정하고, 그것과 전체 득표수를 곱한 후 소수점 아래 첫번째 자리에서 반올림하여 각 출연자의 득표수를 구하는 방법으로 조작이 이루어진 것으로 추정된다고 한다. 투표가 시작되기 전에 미리 선발될 사람과 순위까지 정해져 있었던 것이고, 문자 투표는 시청자들의 눈을 속이기 위한 일종의 쇼였다고 알려져 있었다. 말하자면 개표 전에 결과표가 미리 작성되어 하나의 청사진처럼 존재했다고 할 수 있다. 〈프로듀스 48〉과 〈프로듀스 101〉을 통해 데뷔한 조 모두가 아주 작은 오차로 소수점 아래 두번째 또는 세번째 이하 자리가 모두 0인 득표율을 가진 점이 시청자들의 의심을 샀다. 많게는 9명의 참가자가 1%의 득표율 차이 내에서 경합하는 상황에서 조작 득표율을 0.05%라는 큰 단위로 설정하여 출연자들 간의 득표율 차이가 같은 숫자인 경우가 여럿 관찰되어 조작 사실이 눈에 띄게 되었다는 것이다.

〈프로듀스 101〉 사건은 국회의원 선거에 비하면 규모가 비교할 수 없이 작은 사건이었다. 그러나 4.15총선 결과가 누가 보아도 매우 의심스러운 정황이 많았고, 또 여러 사람들이 이미 통계적 이상 현상에 대해 말하고 있었기 때문에 만일 〈프로듀스 48〉이나 〈프로듀스 101〉

처럼 디지털 사기가 있었다고 가정한다면, 선거 조작 방법을 찾아낼 수 있을 것으로 보았다.

문어를 찾으려 하다 금괴를 찾은 상황

총선 결과에 의문을 갖고 난 후 한달 이상 선관위 발표 결과 데이터에서 인위적인 조작의 흔적을 집중 추적했다. 선관위 데이터 속에서 어떤 종류의 인위적 공식이나 규칙을 발견하기 위한 여러 가지 시도 중 우리가 '해커의 지문'이라고 불러온 [follow_the_party]같은 뜻밖의 문자열을 찾아내게 된 것이다. 이 발견은 많은 논란을 불러 일으켰고 아직도 이 발견의 진실성에 대해서는 소수만이 공감하는 상황이다.

어떤 사람은 "이 해커의 지문이 사실로 입증된다면 거대한 갯벌에 문어를 잡으러 들어 갔다가 금괴를 캐낸 것에 비견할 수 있다"고 말했다. 이것은 이 발견의 가치를 평가해 주는 의미보다는 애초의 필자의 시도가 득표율을 조작하는 데 필요한 공식(fomula)을 찾고자 하여 호미질을 시작하였는데, 정작 전혀 뜻밖의 알고리즘(algorithm)이 발견되었다는 의미로 받아들였다. 문어든 백합이든 참게든 어떤 종류의 물고기든 애초에 갯벌에 들어갈 때 얻을 것으로 기대했던 해물과 같은 종류의 것이 아니었던 '금괴'를 찾았다면 그것은 더 획기적인 소득이 아닐 수 없다.

그러나 선거가 끝난 지 한 달 조금 더 지나서 세상에 [follow_the_party]가 공개되었을 때 온갖 조롱과 비웃음에 시달려야 했다. 말하자면 갯벌에서 기대했던 해물과 같은 것이, 당선자와 낙선자를 바꾸는 수식과 같은 것이었다면, 확실히 [follow_the_party]는 그런 종류의 것은 아니었다. 그러나 기대했던 해물이 아니어서 금괴가 가치가 없게 되는 것이 아닌 것처럼, 조작값을 실현하는 수식이 아니라 해도 [follow_the_party]의 발견이 사실이라면 그것은 명백히 선거 결과 데이터에 들어있는 하나의 명백한 인위적 패턴이다. 심지어 금괴가 아니라 돌덩어리같은 것이라 해도 한갓 조롱의 대상이 되기에는 '너무나 새로운 종류의 패턴'이다.

요컨대 특정 사람들을 합격자로 미리 정해 놓고 마치 자유롭게 시청자의 의사를 반영하는 것처럼 투표를 쇼로 만들었던 〈프로듀스 101〉에서 발견된 조작 함수같은 것을 찾아내 보려 했던 결과로, '조작 함수'와는 종류가 다르지만 선거 데이터에서 나올 수 없는 어떤 종류의 규칙이 확인된 것이다. 〈프로듀스 101〉이 일정한 상수값을 갖는 수식을 적용하여 조작을 실현했던 것이라면, 4.15 총선 데이터에서는 이런 종류의 수식을 찾아낼 수는 없었다. 이러한 시행착오는 단순한 실패로 끝나지 않았다. 앞에서 말했듯 기대했던 수식과는 전혀 다른 알고리즘을 발견하게 되었는데, 그것은 수식보다 더 큰 중대한 일종의 비밀 코드를 담고 있는 알고리즘이었다.

이 알고리즘의 의미에 대해서는 『해커의 지문』의 공동 저자이기도 한 장영후 프로그래머의 해설을 통해 분명해졌다. 그 역시 처음에는 [follow_the_party]에 관하여 반신반의했다. 그러나 1년 넘게 치열하게 검증한 끝에 그는 필자가 발견한 것의 실체를 훨씬 또렷하게 볼 수 있게 해 주었다. [follow_the_party] 발견으로 '사기꾼' '괴담꾼'으로 몰려 있었던 필자의 명예를 지켜준 여러분들 중에 장영후 프로그래머의 헌신은 가장 기념비적이었다고 생각된다. 깊이 감사한 마음을 전한다.

2020년 4월 15일 총선의 이채로운 결과 데이터

한국의 국회의원 선거는 2016년에 있었던 20대 총선부터 당일투표와 사전투표 제도를 도입했다. 20대, 21대 모두 이틀간 사전에 투표할 수 있도록 되었다. 21대 선거에서 사전투표는 2020년 4월 11일과 12일, 이틀에 걸쳐 진행되었다.

21대 총선 결과의 특이점은 집권 여당이 사전투표에서 당일투표보다 거의 전 지역에서 평균 10% 이상 득표했다는 점이다.(이러한 분석은 중앙선관위가 공식 홈페이지에 발표한 데이터를 바탕으로 한 것이다.) 매우 이채롭고 충격적으로 다가왔다. 더불어민주당은 300석 중 180석을 차지하여 행정부와 사법부를 압도하고도 남을 입법 권력을 획득하였다.

21대 총선은 만 18세 이상으로 투표권을 가진 유권자의 연령이 낮춰진 선거였다. 21세기에 태어난 사람이 처음으로 투표를 한 선거라는 점에서 상징적인 의미를 부여할 수도 있었다. 한편 이 선거는 문재인 정권 3년 차에 치러지는 중간평가적 성격을 가진 선거이기도 했다. 그로부터 2년 후에 치뤄지게 되는 제20대 대통령 선거의 직전 총선으로서, 서울 종로 지역구에서는 유력 대권 주자인 황교안 대 이낙연의 '전초전'이 펼쳐지는 중대한 선거이기도 했다.

특히 박근혜 집권기에 제정된 국회선진화법은 국회 의석 과반과 대통령을 갖고도 여당이 용이하게 법률을 제정할 수 없게 만들어 놓아 국회선진화법의 장벽을 간단히 극복할 수 있는 180석은 더불어민주당으로서는 매우 유혹적인 의석수였을 것이다. 여러 가지 객관적 악재에도 불구하고 더불어민주당은 이 180석을 결과적으로 달성했다.

2020년 총선은 4월 15일이 본선거일이었다. 앞으로 이 날의 선거를 '당일투표'로 부르기로 한다. 이 당일투표에 앞서 10일과 11일 06시부터 18시까지 미리 치러진 선거를 '사전투표'로 부르기로 한다.

2020년 4월 10일과 11일, 양일 오전 6시부터 오후 6시까지 전국 투표소 3,508곳에서 투표가 시행되었다. 사전투표 첫날인 4월 10일 투표율은 12.14%로 전체 유권자 중 5,339,786 명이 투표에 참여했다. 이는 2014년 지방선거부터 사전투표제가 시행된 이후 가장 높은 투표율이었다. 지역별로는 전남이 18.18%로 가장 높았고, 대구는 10.24%로 가장 낮았다. 사전투표는 최종 26.69%라는 역대 최고 투표율을 기록하며 마무리되었다. 이틀 간 11,742,677 명이 투표에 참여하였으며 지역별로는 전남이 35.77%로 가장 높았고 대구가 23.56%로 가장 낮았다. 이례적인 사전투표율에 대하여 언론은, 코로나19 우려로 사람이 몰리는 당일투표 대신 사전투표장을 찾는 사람이 늘었고, 치열한 양당 구도로 각 진영의 지지자가 결집되었으며, 사전투표 제도 자체에 익숙해진 유권자가 늘어난 점을 이유로 꼽았다. 당일투표까지 마친 총선 투표율은 66.2%로 마감되었으며 16년 만에 총선 투표율이 60%를 넘는 기록이었다. 울산이 68.6%로 가장 높았고, 충남이 62.4%로 가장 낮았다. 전국 기초자치단체에서는 경기 포천이 58.7%로 가장 낮았고, 전북 진안이 77.7%로 가장 높았다.

전체 인구	51,843,268명
전체 유권자 수	43,994,247명(20대 선거 보다 4.5% 증가)
18세 투표자 수	548,986명 (전체 중에 1.2%)
기권자 수	14,867,851명 (33.8%)
사전투표자 수	11,742,677명 (26.69%)
당일투표자 수	17,385,363명 (39.51%)
전체 투표자 수	29,126,396명 (66.2%)
투표소	14,330 개소
사전투표소	3,508 개소
개표소	251 개소

통계적 관점에서 한국 총선이 사기 가능성이 높다는 견해는 미국 미시간 대학의 미베인 교수가 선거 직후 제기했다. 미베인 교수는 전체 투표자수의 7.26%가 부정투표에 해당되는 것으로 추정하였다. 29,128,040명의 7.26%라면 2,114,696명에 해당된다.

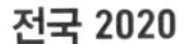

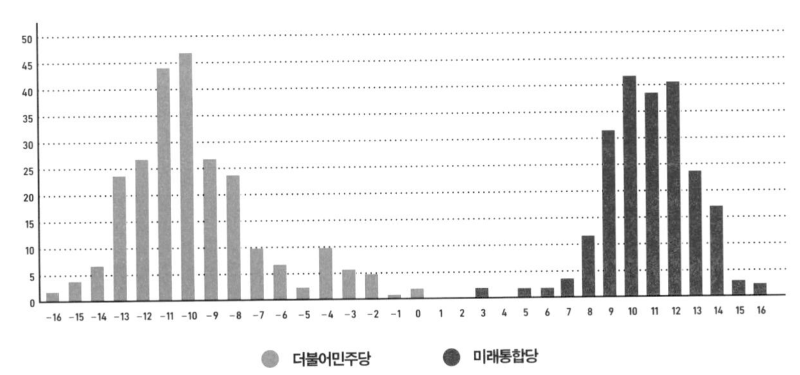

가로축 : (당일투표 득표율 - 사전투표 득표율)% | 세로축 : 구간 내 지역구 빈도수

당일투표 득표율에서 사전투표 득표율을 뺀 수치를 표시한 위 히스토그램에서 알 수 있듯이 253개 전국 지역구에서 더불어민주당은 당일에서 사전보다 평균 10.7% 적게 득표하고, 미래통합당은 평균 11.1% 높게 득표했다. 겹치는 지역이 전혀 없이 전국이 동일한 패턴을 보여주고 있다. 이와 같은 상황은 대수의 법칙(Law of Large Number)에서 이례적으로 멀어져 있는 비정상 분포를 보여주고 있다. 대규모 모집단 두 표본의 분포 차이는 0에 수렴하게 되어 있다.

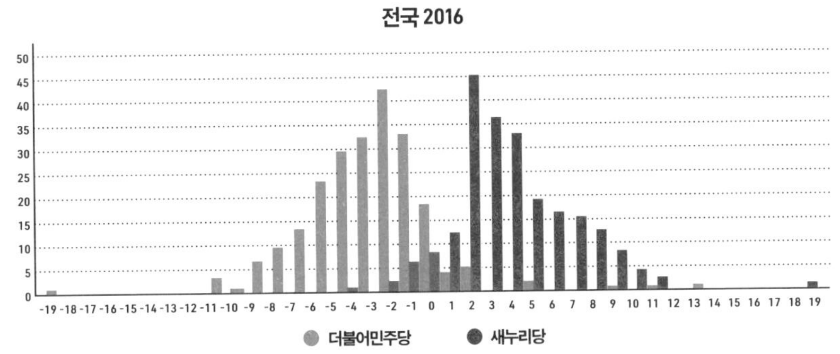

가로축 : (당일투표 득표율 - 사전투표 득표율)% | 세로축 : 구간 내 지역구 빈도수

실제로 2016년에 치러진 20대 총선에서는 서로 겹치기도 하여 지역구에 따라 민주당이 사전투표보다 당일투표에서 더 좋은 득표율을 올릴 수도 있고 통합당이 반대의 경우가 될 수도 있었다. 민주당은 평균 -2, 통합당은 +3% 정도로 크지 않은 격차가 났고 오차 범위 안에서 충분히 일어날 수 있는 현상이라고 보여졌다.

앞에서 설명했듯 일명 〈프로듀스 101〉 사건은 통계 수치에서 모종의 인위적인 조작을 감지한 시청자들의 의혹 제기에서 발단되었다. 필자는 4.15총선 결과 데이터에서 인위적인 조작을 감지한, 이해관계 없는 한 사람의 유권자의 입장에서 의혹을 제기했다는 점에서 〈프로듀스 101〉 사건의 시청자와 같은 입장이었다.

조작의 증거를 찾기 위해 분석에 들어감에 있어 필자는 두 가지 전제를 두었다.

첫째, 4.15총선의 사전투표와 당일투표를 다른 집합으로 구분하였다. 더불어민주당의 당일투표에서는 조작이 있었다 해도 사전에 비해서는 소규모였을 것을 추측하였다. 사전투표에서 폐쇄회로 카메라(CCTV)를 가렸던 것과 달리 당일투표에는 그런 제한이 없었으므로 유권자 절대수를 부풀리는 시도를 과감하게 하기는 어려웠을 것으로 보았다.

둘째, 관내와 관외로 구분이 되어 있었던 사전투표에서 조작표를 투입하기가 상대적으로 용이할 것으로 보았다. 따라서 당일투표에서는 조작이 있었다 해도 최소일 것으로 보고 당일투표 결과를 기준으로 삼아 사전투표 결과의 '이상성'을 추적해 보고자 했다.

이러한 전제 하에 먼저 사전투표와 당일투표의 상관관계를 알아보기로 하였다. 그리하여 필자는 각 지역구마다 인구수 등 개별적인 차이가 크므로 일종의 표준화를 시도하였다. 각 지역구의 사전투표와 당일투표는 사람의 키와 허리 높이처럼 일정한 상관관계를 갖고 있을 것으로 보았다. 키가 큰 사람은 허리 높이도 높아질 것이지만, 그럼에도 불구하고 '롱다리' '숏다리' 처럼 허리높이가 약간의 차이가 있을 것이다. 그리하여 표준화를 통해 키높이를 일정하게 맞추어놓고 허리높이를 비교하면 차이가 좀 더 선명하게 비교할 수 있을 것으로 보았다.

자연상태

표준화

먼저 사전투표를 동일한 키높이로 맞추는 방식으로 비교를 해보기 위해 각 지역구의 사전투표 득표율의 모두 더해 각 지역구 단위로 나눈값을 '비중값'으로 부르기로 하였다. 이런 비중값 계산은 수학적 법칙에 따른 것은 아니지만, 필자가 시도한 추단(추리에 따른 발견법, heuristics)의 시작이라고 보면 될 듯하다. 추단이란 결국 길이 없는 곳에서 풀숲을 헤쳐가며 길을 만들어가는 작업과 같은 것이다.

이러한 백분율 계산을 통한 표준화 방법은 역설적이게도 민주연구원이 발표한 「20대 총선 마이크로 선거지리학」(고한석, 최정묵, 민주연구원 2015년 5월 12일 발표 자료)에서 '핵심지수' 개념에서 착안한 방법이기도 하다.

[편집자 노트]

「20대 총선 마이크로 선거지리학」(2015. 5. 12)은 마이크로 선거지리학을 어떤 선거 현장에서 실무적으로 활용하는지를 보여준 민주연구원 발표 자료다. 마이크로 지리 정보학은 인간의 삶의 기반인 공간과 지역을 기반으로 데이터를 수집하고 이를 지도로 표현함으로써 정보와 통찰을 얻는 방법으로 소개된다. '마이크로'라는 단어에서 짐작할 수 있듯 매우 잘게 쪼갠 소지역 단위로 접근하는 특징을 갖고 있다. 전국 지역을 시도에서 시군구, 다시 읍면동, 다시 골목길 단위까지 잘게 쪼개어 대상을 최대한 세분화하는 것이 기본 방법론이다. 이 분야 전문가인 최정묵 씨는2018년 「마이크로 지리 정보학」(2018년)이라는 책을 펴내어 '데이터 마이닝'이라는 개념을 소개하기도 했다. 계량화된 사회경제적 데이터를 풍부하게 확보할 뿐 아니라, 수치 뒤에 숨은 사람의 속마음까지 반영할 수 있도록 정밀하게 설계된 여론조사를 덧붙여, 입체적으로 수집 분석한 정보를 지리학적 지도 위에 시각화하여 나타냄으로써 대상의 상황을 최대한도로 구체적으로 파악하는 방법으로 설명한다. 이 방법은 특히 정당의 선거운동을 위해 효과적으로 활용될 수 있다고 되어 있다. 민주연구원이 발표한 자료는 성남과 서울 관악구를 대상으로 하여 선거운동을 위한 마이크로 지리정보를 예시하고 있다. 로이킴은 이 자료에서 '핵심지수'라는 개념을 찾아내어 백분율 '표준화'의 방법을 이해할 수 있었다고 설명한다. 로이킴이 민주연구원의 자료에서 주목한 내용은 다음과 같다. 자세한 내용은 민주연구원의 원자료를 참고할 수 있다.

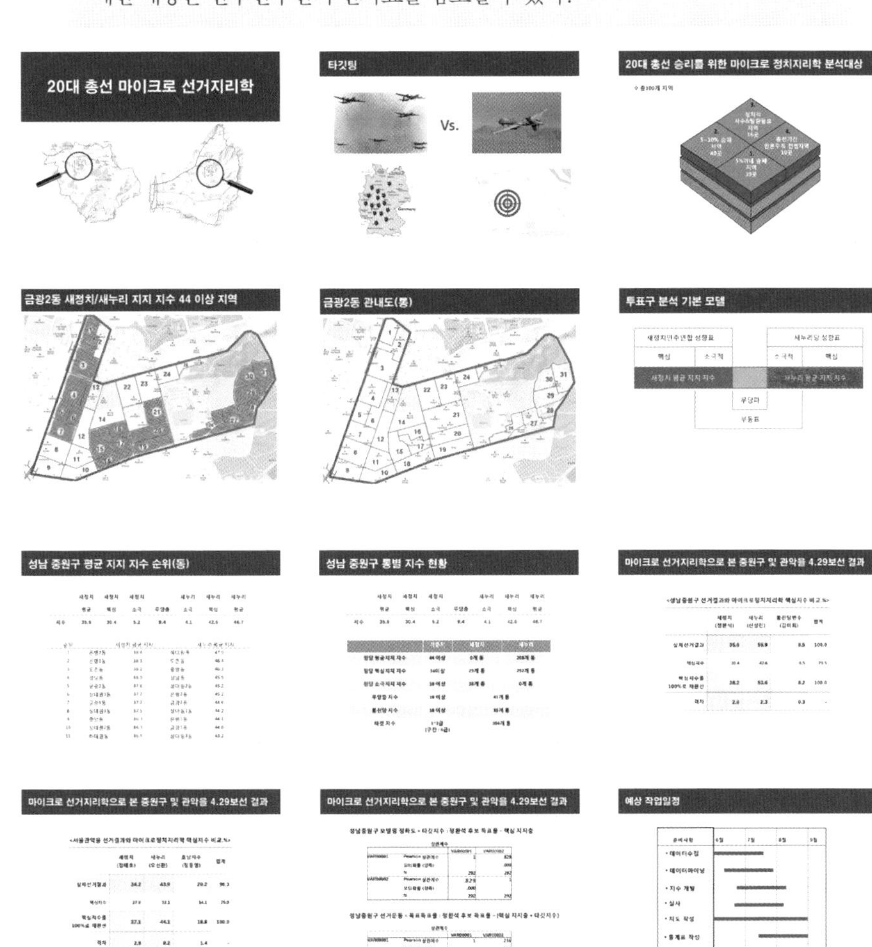

출처 :「20대 총선 마이크로 선거지리학」(민주연구원, 2015. 5. 12)

첫번째 발견 : 비중그래프

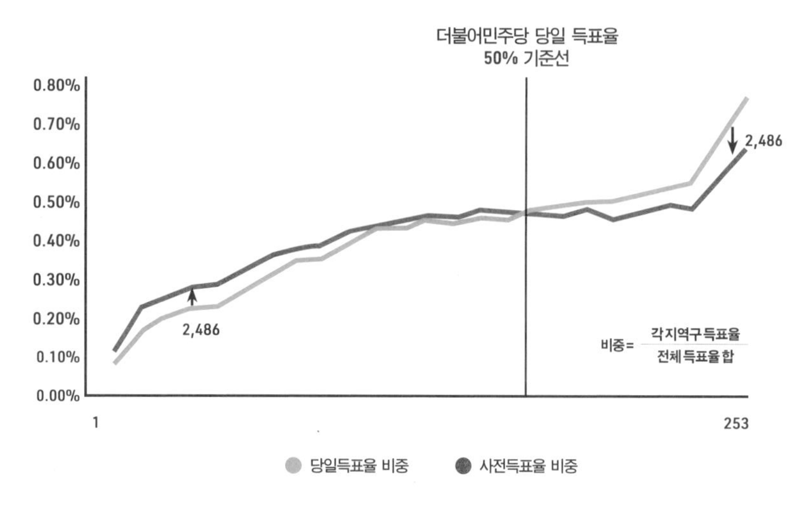

2020년 총선 더불어민주당 각 지역구 비중값 비교(출처 : 『해커의 지문』 p.80)

> 더불어민주당 각 지역구 사전과 당일 득표율을 전체 득표율 합으로 나눈 비중값. **50%** 이상 획득 지역구는 당일 비중이, 반대의 경우는 사전 비중이 높은 현상 발견.

가장 먼저 시도한 사전투표와 당일투표의 표준화 방식은 각 선거구의 전체에서의 비중값을 계산한 것이다.

각 선거구 당일 득표율 비중 = 전국 당일 득표율 총합 ÷ 각 선거구 당일 득표율
각 선거구 사전 득표율 비중 = 전국 사전 득표율 총합 ÷ 각 선거구 사전 득표율

각 지역구의 전체에서의 비중값을 구해 더불어민주당 당일 득표율

비중값을 먼저 낮은 지역구부터 오름차순으로 정렬하여 보았다.

지역구	지역	선거구	당일 득표율	당일득표율 비중
224	경북	경주시	11.94%	0.10394%
250	경남	산청함양거창합천	13.94%	0.12129%
231	경북	상주문경	14.09%	0.12263%
236	경남	창원시성산구	14.22%	0.12372%
71	대구	서구	14.83%	0.12906%
233	경북	군위의성청송영덕	15.98%	0.13908%
225	경북	김천시	16.90%	0.14710%
229	경북	영주영양봉화울진	17.02%	0.14814%
230	경북	영천청도	17.75%	0.15451%
234	경북	고령성주칠곡	20.51%	0.17852%
75	대구	수성구을	20.87%	0.18165%
111	울산	울산동구	21.58%	0.18782%
72	대구	대구북구갑	21.93%	0.19087%
226	경북	안동예천	22.20%	0.19324%
69	대구	동구갑	22.62%	0.19689%
232	경북	경산시	23.10%	0.20102%
76	대구	달서구갑	23.38%	0.20345%
78	대구	달서구병	23.42%	0.20380%
79	대구	달성군	23.78%	0.20697%
143	경기	고양시갑	23.83%	0.20736%
77	대구	달서구을	24.93%	0.21699%
246	경남	밀양의령함안창녕	25.41%	0.22115%
68	대구	중구남구	26.38%	0.22954%
227	경북	구미시갑	26.76%	0.23290%

70	대구	동구을	27.22%	0.23689%
44	서울	강남구병	27.93%	0.24307%
222	경북	포항시북구	28.07%	0.24425%
237	경남	창원시마산합포구	29.02%	0.25251%
108	울산	울산중구	29.02%	0.25258%
241	경남	진주시을	29.10%	0.25326%
73	대구	대구북구을	29.71%	0.25856%
40	서울	서초구갑	30.33%	0.26392%
223	경북	포항시남구울릉	30.91%	0.26903%
59	부산	해운대구갑	31.72%	0.27607%
182	강원	홍천횡성영월평창	31.89%	0.27753%
228	경북	구미시을	32.05%	0.27889%
235	경남	창원시의창구	32.45%	0.28242%
243	경남	사천남해하동	32.50%	0.28286%
242	경남	통영고성	32.88%	0.28613%
240	경남	진주시갑	33.17%	0.28868%
179	강원	강릉시	33.57%	0.29213%
174	경기	여주양평	33.82%	0.29434%
42	서울	강남구갑	33.94%	0.29532%
247	경남	거제시	34.05%	0.29631%
62	부산	사하구을	34.23%	0.29789%
74	대구	수성구갑	34.79%	0.30277%
63	부산	금정구	35.04%	0.30491%
65	부산	수영구	35.46%	0.30861%
110	울산	울산남구을	35.65%	0.31025%
189	충북	보은옥천영동괴산	36.03%	0.31354%
82	인천	동구미추홀구을	36.33%	0.31619%

51	부산	서구동구	36.70%	0.31940%
180	강원	동해태백삼척정선	37.06%	0.32249%
55	부산	부산남구갑	37.26%	0.32426%
54	부산	동래구	37.54%	0.32668%
84	인천	연수구을	37.72%	0.32827%
109	울산	울산남구갑	37.92%	0.32996%
147	경기	의왕과천	37.98%	0.33048%
113	울산	울주군	38.16%	0.33205%
238	경남	창원시마산회원구	38.23%	0.33273%
53	부산	부산진구을	38.26%	0.33294%
181	강원	속초인제고성양양	38.51%	0.33517%
41	서울	서초구을	38.57%	0.33564%
248	경남	양산시갑	39.02%	0.33957%
58	부산	북구강서구을	39.03%	0.33969%
198	충남	서산태안	39.03%	0.33970%
50	부산	중구영도구	39.30%	0.34202%
188	충북	제천단양	39.45%	0.34334%
52	부산	부산진구갑	39.61%	0.34475%
138	경기	동두천시연천군	39.67%	0.34525%
201	충남	홍성예산	39.67%	0.34525%
176	강원	춘천화천철원양구을	39.91%	0.34728%
200	충남	당진시	40.01%	0.34820%
187	충북	충주시	40.21%	0.34996%
194	충남	공주부여청양	40.25%	0.35028%
4	서울	용산구	40.34%	0.35105%
163	경기	이천시	40.74%	0.35455%
43	서울	강남구을	40.77%	0.35480%

46	서울	송파구을	40.78%	0.35488%
60	부산	해운대구을	40.85%	0.35549%
173	경기	포천가평	40.99%	0.35670%
67	부산	기장군	41.06%	0.35737%
157	경기	용인시갑	41.16%	0.35817%
124	경기	성남시분당구을	41.91%	0.36471%
112	울산	북구	41.97%	0.36524%
45	서울	송파구갑	41.98%	0.36532%
137	경기	평택시을	41.99%	0.36543%
134	경기	광명시갑	42.42%	0.36915%
177	강원	원주시갑	42.51%	0.36995%
64	부산	연제구	42.62%	0.37091%
239	경남	창원시진해구	42.94%	0.37365%
183	충북	청주시상당구	43.02%	0.37440%
66	부산	사상구	43.12%	0.37527%
80	인천	중구강화옹진	43.16%	0.37556%
209	전북	남원임실순창	43.44%	0.37803%
35	서울	영등포구을	43.55%	0.37901%
123	경기	성남시분당구갑	43.57%	0.37915%
193	충남	천안시병	43.63%	0.37966%
195	충남	보령서천	44.15%	0.38423%
81	인천	동구미추홀구갑	44.20%	0.38468%
6	서울	광진구을	44.38%	0.38622%
191	충남	천안시갑	44.44%	0.38672%
212	전남	목포시	44.49%	0.38719%
249	경남	양산시을	44.56%	0.38776%
107	대전	대덕구	44.58%	0.38799%

33	서울	금천구	44.63%	0.38842%
184	충북	청주시서원구	44.76%	0.38952%
199	충남	논산계룡금산	44.80%	0.38991%
251	제주	제주시갑	44.82%	0.39001%
196	충남	아산시갑	44.82%	0.39002%
102	대전	대전중구	44.84%	0.39022%
61	부산	사하구갑	44.85%	0.39032%
245	경남	김해시을	44.89%	0.39065%
190	충북	증평진천음성	45.06%	0.39214%
56	부산	부산남구을	45.14%	0.39280%
101	대전	대전동구	45.40%	0.39512%
156	경기	하남시	45.51%	0.39602%
175	강원	춘천화천철원양구갑	45.56%	0.39652%
38	서울	관악구갑	45.65%	0.39729%
167	경기	화성시갑	45.68%	0.39756%
3	서울	중구성동구을	45.74%	0.39803%
37	서울	동작구을	45.74%	0.39807%
26	서울	양천구갑	45.82%	0.39877%
48	서울	강동구갑	45.83%	0.39879%
151	경기	남양주시병	45.90%	0.39942%
159	경기	용인시병	45.93%	0.39967%
244	경남	김해시갑	46.05%	0.40075%
57	부산	북구강서구갑	46.37%	0.40357%
142	경기	안산시단원구을	46.41%	0.40384%
7	서울	동대문구갑	46.55%	0.40514%
136	경기	평택시갑	46.62%	0.40571%
164	경기	안성시	46.94%	0.40848%

47	서울	송파구병	46.94%	0.40852%
178	강원	원주시을	47.32%	0.41183%
144	경기	고양시을	47.33%	0.41190%
25	서울	마포구을	47.45%	0.41293%
22	서울	서대문구갑	47.61%	0.41431%
39	서울	관악구을	47.65%	0.41471%
16	서울	도봉구을	47.73%	0.41534%
5	서울	광진구갑	47.88%	0.41664%
153	경기	시흥시갑	48.01%	0.41780%
160	경기	용인시정	48.19%	0.41939%
19	서울	노원구병	48.25%	0.41985%
118	경기	수원시병	48.25%	0.41988%
125	경기	의정부시갑	48.28%	0.42013%
146	경기	고양시정	48.29%	0.42027%
31	서울	구로구갑	48.42%	0.42137%
2	서울	중구성동구갑	48.50%	0.42205%
127	경기	안양시만안구	48.51%	0.42215%
162	경기	파주시을	48.66%	0.42342%
15	서울	도봉구갑	48.71%	0.42390%
129	경기	안양시동안구을	48.75%	0.42427%
49	서울	강동구을	48.91%	0.42568%
8	서울	동대문구을	48.98%	0.42621%
91	인천	인천서구갑	49.11%	0.42735%
145	경기	고양시병	49.17%	0.42793%
36	서울	동작구갑	49.19%	0.42809%
122	경기	성남시중원구	49.32%	0.42920%
85	인천	남동구갑	49.44%	0.43021%

186	충북	청주시청원구	49.52%	0.43094%
165	경기	김포시갑	49.67%	0.43226%
24	서울	마포구갑	49.75%	0.43297%
1	서울	종로구	49.87%	0.43403%
128	경기	안양시동안구갑	49.92%	0.43442%
166	경기	김포시을	50.01%	0.43522%
106	대전	유성구을	50.08%	0.43579%
34	서울	영등포구갑	50.08%	0.43582%
86	인천	남동구을	50.18%	0.43671%
253	제주	서귀포시	50.26%	0.43735%
114	세종	세종갑	50.33%	0.43803%
131	경기	부천시을	50.34%	0.43805%
28	서울	강서구갑	50.47%	0.43924%
29	서울	강서구을	50.67%	0.44098%
103	대전	대전서구갑	50.72%	0.44137%
252	제주	제주시을	50.88%	0.44280%
32	서울	구로구을	50.99%	0.44375%
120	경기	수원시무	51.15%	0.44515%
211	전북	완주진안무주장수	51.25%	0.44599%
185	충북	청주시흥덕구	51.30%	0.44647%
88	인천	부평구을	51.49%	0.44809%
105	대전	유성구갑	51.53%	0.44846%
21	서울	은평구을	51.64%	0.44941%
17	서울	노원구갑	51.70%	0.44989%
13	서울	강북구갑	51.72%	0.45006%
27	서울	양천구을	51.84%	0.45114%
126	경기	의정부시을	51.85%	0.45119%

83	인천	연수구갑	51.96%	0.45219%
104	대전	대전서구을	51.98%	0.45234%
141	경기	안산시단원구갑	51.99%	0.45246%
115	세종	세종을	52.09%	0.45328%
170	경기	광주시갑	52.15%	0.45382%
87	인천	부평구갑	52.18%	0.45410%
171	경기	광주시을	52.44%	0.45637%
155	경기	군포시	52.46%	0.45653%
133	경기	부천시정	52.64%	0.45808%
119	경기	수원시정	52.70%	0.45865%
9	서울	중랑구갑	52.73%	0.45888%
152	경기	오산시	52.74%	0.45893%
140	경기	안산시상록구을	52.96%	0.46093%
30	서울	강서구병	53.42%	0.46493%
90	인천	계양구을	53.43%	0.46502%
148	경기	구리시	53.49%	0.46547%
149	경기	남양주시갑	53.70%	0.46733%
139	경기	안산시상록구갑	53.88%	0.46892%
12	서울	성북구을	54.03%	0.47021%
10	서울	중랑구을	54.32%	0.47276%
150	경기	남양주시을	54.55%	0.47475%
116	경기	수원시갑	54.69%	0.47591%
11	서울	성북구갑	54.72%	0.47618%
121	경기	성남시수정구	54.84%	0.47725%
97	광주	광주북구갑	54.96%	0.47827%
130	경기	부천시갑	55.35%	0.48169%
192	충남	천안시을	55.45%	0.48253%

158	경기	용인시을	55.65%	0.48425%
23	서울	서대문구을	55.71%	0.48485%
89	인천	계양구갑	55.82%	0.48576%
197	충남	아산시을	55.84%	0.48593%
215	전남	순천광양곡성구례갑	55.92%	0.48666%
132	경기	부천시병	56.14%	0.48854%
117	경기	수원시을	56.60%	0.49259%
161	경기	파주시갑	57.11%	0.49700%
92	인천	인천서구을	57.45%	0.49996%
172	경기	양주시	57.96%	0.50443%
18	서울	노원구을	57.98%	0.50457%
205	전북	군산시	58.31%	0.50745%
20	서울	은평구갑	58.56%	0.50963%
203	전북	전주시을	58.75%	0.51129%
14	서울	강북구을	59.14%	0.51470%
135	경기	광명시을	59.70%	0.51954%
213	전남	여수시갑	60.04%	0.52254%
219	전남	고흥보성장흥강진	60.23%	0.52415%
169	경기	화성시병	60.79%	0.52906%
168	경기	화성시을	60.90%	0.53000%
216	전남	순천광양곡성구례을	61.46%	0.53483%
204	전북	전주시병	61.96%	0.53922%
210	전북	김제부안	63.02%	0.54847%
154	경기	시흥시을	63.43%	0.55199%
220	전남	해남완도진도	63.63%	0.55374%
208	전북	정읍고창	66.30%	0.57701%
214	전남	여수시을	68.02%	0.59192%

94	광주	동구남구을	68.96%	0.60015%
202	전북	전주시갑	69.74%	0.60695%
207	전북	익산시을	69.75%	0.60696%
96	광주	광주서구을	72.65%	0.63227%
221	전남	영암무안신안	73.07%	0.63593%
93	광주	동구남구갑	74.01%	0.64406%
217	전남	나주화순	74.08%	0.64464%
99	광주	광산구갑	75.74%	0.65912%
206	전북	익산시갑	76.06%	0.66190%
98	광주	광주북구을	76.92%	0.66938%
218	전남	담양함평영광장성	78.53%	0.68337%
95	광주	광주서구갑	79.82%	0.69467%
100	광주	광산구을	82.27%	0.71597%
총합			11490.94%	100.00000%

이어서 더불어민주당 사전 득표율 비중값을 낮은 지역구부터 오름차순으로 정렬하여 보았다.

순번	지역	선거구	사전 득표율	사전 득표율 비중
224	경북	경주시	17.34%	0.12323%
236	경남	창원시성산구	18.18%	0.12920%
233	경북	군위의성청송영덕	20.46%	0.14536%
250	경남	산청함양거창합천	20.86%	0.14822%
231	경북	상주문경	20.87%	0.14833%
71	대구	서구	22.24%	0.15805%
225	경북	김천시	23.86%	0.16957%

229	경북	영주영양봉화울진	24.47%	0.17390%
230	경북	영천청도	27.63%	0.19632%
234	경북	고령성주칠곡	28.01%	0.19905%
111	울산	울산동구	28.21%	0.20046%
226	경북	안동예천	29.35%	0.20854%
75	대구	수성구을	30.90%	0.21956%
72	대구	대구북구갑	30.99%	0.22020%
69	대구	동구갑	31.41%	0.22319%
143	경기	고양시갑	32.76%	0.23282%
76	대구	달서구갑	32.93%	0.23402%
79	대구	달성군	33.17%	0.23576%
232	경북	경산시	33.61%	0.23884%
78	대구	달서구병	34.05%	0.24196%
77	대구	달서구을	34.23%	0.24325%
246	경남	밀양의령함안창녕	34.67%	0.24636%
222	경북	포항시북구	36.23%	0.25748%
70	대구	동구을	36.34%	0.25825%
68	대구	중구남구	36.88%	0.26211%
227	경북	구미시갑	38.13%	0.27096%
241	경남	진주시을	38.59%	0.27426%
223	경북	포항시남구울릉	38.95%	0.27681%
73	대구	대구북구을	40.09%	0.28493%
228	경북	구미시을	40.16%	0.28542%
237	경남	창원시마산합포구	40.62%	0.28864%
243	경남	사천남해하동	41.10%	0.29206%
108	울산	울산중구	41.72%	0.29645%
247	경남	거제시	42.79%	0.30412%

44	서울	강남구병	43.04%	0.30587%
235	경남	창원시의창구	43.34%	0.30802%
179	강원	강릉시	44.23%	0.31435%
240	경남	진주시갑	44.35%	0.31516%
182	강원	홍천횡성영월평창	44.85%	0.31872%
242	경남	통영고성	45.06%	0.32020%
74	대구	수성구갑	45.08%	0.32039%
189	충북	보은옥천영동괴산	45.09%	0.32043%
82	인천	동구미추홀구을	45.28%	0.32179%
62	부산	사하구을	45.76%	0.32518%
59	부산	해운대구갑	45.88%	0.32607%
40	서울	서초구갑	46.15%	0.32798%
110	울산	울산남구을	46.67%	0.33167%
209	전북	남원임실순창	46.83%	0.33278%
238	경남	창원시마산회원구	46.94%	0.33356%
248	경남	양산시갑	47.18%	0.33528%
63	부산	금정구	47.21%	0.33553%
174	경기	여주양평	47.48%	0.33743%
51	부산	서구동구	47.94%	0.34068%
84	인천	연수구을	48.21%	0.34262%
65	부산	수영구	48.50%	0.34467%
42	서울	강남구갑	48.53%	0.34489%
55	부산	부산남구갑	48.94%	0.34779%
180	강원	동해태백삼척정선	49.04%	0.34853%
201	충남	홍성예산	49.09%	0.34885%
198	충남	서산태안	49.19%	0.34955%
188	충북	제천단양	49.59%	0.35240%

187	충북	충주시	49.66%	0.35288%
113	울산	울주군	50.03%	0.35556%
181	강원	속초인제고성양양	50.12%	0.35620%
138	경기	동두천시연천군	50.15%	0.35641%
67	부산	기장군	50.19%	0.35666%
53	부산	부산진구을	50.36%	0.35791%
66	부산	사상구	50.43%	0.35840%
54	부산	동래구	50.47%	0.35868%
109	울산	울산남구갑	50.52%	0.35902%
58	부산	북구강서구을	50.55%	0.35920%
147	경기	의왕과천	50.62%	0.35975%
50	부산	중구영도구	50.73%	0.36050%
212	전남	목포시	51.02%	0.36254%
163	경기	이천시	51.03%	0.36267%
137	경기	평택시을	51.60%	0.36670%
80	인천	중구강화옹진	51.64%	0.36699%
194	충남	공주부여청양	51.66%	0.36709%
157	경기	용인시갑	52.07%	0.37004%
52	부산	부산진구갑	52.09%	0.37016%
183	충북	청주시상당구	52.14%	0.37055%
176	강원	춘천화천철원양구을	52.53%	0.37331%
112	울산	북구	52.56%	0.37348%
195	충남	보령서천	52.68%	0.37440%
60	부산	해운대구을	52.86%	0.37563%
173	경기	포천가평	53.19%	0.37801%
81	인천	동구미추홀구갑	53.48%	0.38008%
251	제주	제주시갑	53.60%	0.38090%

41	서울	서초구을	53.64%	0.38117%
43	서울	강남구을	53.72%	0.38176%
46	서울	송파구을	53.78%	0.38219%
134	경기	광명시갑	54.12%	0.38457%
239	경남	창원시진해구	54.13%	0.38467%
167	경기	화성시갑	54.41%	0.38668%
196	충남	아산시갑	54.64%	0.38831%
193	충남	천안시병	54.78%	0.38932%
4	서울	용산구	54.81%	0.38954%
136	경기	평택시갑	54.96%	0.39060%
64	부산	연제구	55.05%	0.39118%
107	대전	대덕구	55.17%	0.39203%
177	강원	원주시갑	55.21%	0.39234%
191	충남	천안시갑	55.27%	0.39275%
164	경기	안성시	55.29%	0.39292%
45	서울	송파구갑	55.32%	0.39310%
249	경남	양산시을	55.43%	0.39392%
33	서울	금천구	55.55%	0.39473%
190	충북	증평진천음성	55.73%	0.39602%
184	충북	청주시서원구	55.85%	0.39691%
57	부산	북구강서구갑	55.90%	0.39722%
245	경남	김해시을	56.07%	0.39847%
102	대전	대전중구	56.42%	0.40095%
61	부산	사하구갑	56.68%	0.40277%
124	경기	성남시분당구을	56.76%	0.40339%
101	대전	대전동구	56.90%	0.40434%
199	충남	논산계룡금산	57.05%	0.40542%

244	경남	김해시갑	57.18%	0.40637%
56	부산	부산남구을	57.23%	0.40671%
151	경기	남양주시병	57.42%	0.40807%
153	경기	시흥시갑	57.47%	0.40843%
123	경기	성남시분당구갑	57.55%	0.40895%
156	경기	하남시	57.60%	0.40934%
175	강원	춘천화천철원양구갑	57.64%	0.40961%
186	충북	청주시청원구	57.70%	0.41001%
6	서울	광진구을	57.81%	0.41080%
35	서울	영등포구을	58.05%	0.41257%
165	경기	김포시갑	58.17%	0.41341%
200	충남	당진시	58.18%	0.41346%
142	경기	안산시단원구을	58.30%	0.41430%
91	인천	인천서구갑	58.57%	0.41624%
125	경기	의정부시갑	58.60%	0.41647%
118	경기	수원시병	58.66%	0.41687%
205	전북	군산시	58.85%	0.41824%
97	광주	광주북구갑	58.87%	0.41834%
48	서울	강동구갑	58.91%	0.41866%
166	경기	김포시을	58.92%	0.41870%
3	서울	중구성동구을	59.10%	0.42002%
19	서울	노원구병	59.23%	0.42094%
127	경기	안양시만안구	59.28%	0.42124%
211	전북	완주진안무주장수	59.30%	0.42138%
144	경기	고양시을	59.55%	0.42321%
16	서울	도봉구을	59.60%	0.42356%
7	서울	동대문구갑	59.63%	0.42374%

37	서울	동작구을	59.63%	0.42377%
215	전남	순천광양곡성구례갑	59.78%	0.42481%
22	서울	서대문구갑	59.82%	0.42511%
26	서울	양천구갑	59.84%	0.42524%
8	서울	동대문구을	59.91%	0.42575%
86	인천	남동구을	59.93%	0.42587%
47	서울	송파구병	59.93%	0.42591%
159	경기	용인시병	59.95%	0.42601%
38	서울	관악구갑	59.98%	0.42624%
122	경기	성남시중원구	60.05%	0.42673%
252	제주	제주시을	60.44%	0.42950%
141	경기	안산시단원구갑	60.48%	0.42977%
120	경기	수원시무	60.54%	0.43024%
15	서울	도봉구갑	60.56%	0.43039%
2	서울	중구성동구갑	60.56%	0.43039%
129	경기	안양시동안구을	60.59%	0.43055%
39	서울	관악구을	60.64%	0.43093%
253	제주	서귀포시	60.78%	0.43193%
178	강원	원주시을	60.82%	0.43219%
85	인천	남동구갑	60.84%	0.43237%
145	경기	고양시병	61.18%	0.43475%
5	서울	광진구갑	61.20%	0.43491%
170	경기	광주시갑	61.21%	0.43497%
103	대전	대전서구갑	61.36%	0.43602%
25	서울	마포구을	61.38%	0.43621%
185	충북	청주시흥덕구	61.41%	0.43644%
49	서울	강동구을	61.46%	0.43673%

160	경기	용인시정	61.52%	0.43720%
114	세종	세종갑	61.58%	0.43759%
162	경기	파주시을	61.61%	0.43782%
126	경기	의정부시을	61.70%	0.43845%
88	인천	부평구을	61.71%	0.43854%
31	서울	구로구갑	61.81%	0.43928%
87	인천	부평구갑	61.84%	0.43943%
106	대전	유성구을	62.02%	0.44073%
146	경기	고양시정	62.04%	0.44088%
219	전남	고흥보성장흥강진	62.12%	0.44142%
131	경기	부천시을	62.15%	0.44165%
83	인천	연수구갑	62.22%	0.44219%
128	경기	안양시동안구갑	62.26%	0.44245%
36	서울	동작구갑	62.33%	0.44295%
105	대전	유성구갑	62.49%	0.44405%
152	경기	오산시	62.61%	0.44495%
29	서울	강서구을	62.74%	0.44583%
28	서울	강서구갑	62.99%	0.44764%
9	서울	중랑구갑	63.03%	0.44795%
24	서울	마포구갑	63.09%	0.44834%
104	대전	대전서구을	63.23%	0.44936%
192	충남	천안시을	63.39%	0.45045%
119	경기	수원시정	63.47%	0.45103%
115	세종	세종을	63.56%	0.45169%
171	경기	광주시을	63.64%	0.45227%
17	서울	노원구갑	63.66%	0.45239%
13	서울	강북구갑	63.66%	0.45241%

34	서울	영등포구갑	63.78%	0.45321%
27	서울	양천구을	63.78%	0.45322%
140	경기	안산시상록구을	63.83%	0.45362%
32	서울	구로구을	64.06%	0.45526%
21	서울	은평구을	64.12%	0.45566%
155	경기	군포시	64.34%	0.45722%
133	경기	부천시정	64.36%	0.45736%
149	경기	남양주시갑	64.43%	0.45789%
197	충남	아산시을	64.44%	0.45796%
139	경기	안산시상록구갑	64.60%	0.45904%
116	경기	수원시갑	64.68%	0.45963%
121	경기	성남시수정구	65.06%	0.46237%
90	인천	계양구을	65.06%	0.46238%
203	전북	전주시을	65.32%	0.46421%
10	서울	중랑구을	65.39%	0.46470%
130	경기	부천시갑	65.40%	0.46474%
1	서울	종로구	65.56%	0.46588%
12	서울	성북구을	65.73%	0.46714%
148	경기	구리시	66.02%	0.46919%
117	경기	수원시을	66.14%	0.47002%
89	인천	계양구갑	66.21%	0.47049%
92	인천	인천서구을	66.24%	0.47072%
216	전남	순천광양곡성구례을	66.25%	0.47078%
158	경기	용인시을	66.34%	0.47146%
150	경기	남양주시을	66.42%	0.47202%
213	전남	여수시갑	66.65%	0.47366%
30	서울	강서구병	66.92%	0.47553%

161	경기	파주시갑	66.95%	0.47579%
11	서울	성북구갑	66.97%	0.47593%
23	서울	서대문구을	66.99%	0.47610%
210	전북	김제부안	67.27%	0.47804%
132	경기	부천시병	67.28%	0.47813%
172	경기	양주시	67.61%	0.48048%
220	전남	해남완도진도	68.09%	0.48391%
169	경기	화성시병	68.84%	0.48920%
18	서울	노원구을	68.88%	0.48951%
168	경기	화성시을	69.27%	0.49229%
204	전북	전주시병	69.72%	0.49550%
208	전북	정읍고창	69.77%	0.49582%
20	서울	은평구갑	70.04%	0.49774%
135	경기	광명시을	70.06%	0.49786%
14	서울	강북구을	70.95%	0.50421%
154	경기	시흥시을	71.30%	0.50668%
94	광주	동구남구을	72.97%	0.51856%
207	전북	익산시을	73.05%	0.51913%
214	전남	여수시을	73.42%	0.52175%
202	전북	전주시갑	75.14%	0.53400%
96	광주	광주서구을	76.89%	0.54642%
221	전남	영암무안신안	77.05%	0.54753%
99	광주	광산구갑	77.30%	0.54931%
93	광주	동구남구갑	78.23%	0.55591%
217	전남	나주화순	78.48%	0.55774%
98	광주	광주북구을	78.86%	0.56041%
206	전북	익산시갑	80.69%	0.57343%

218	전남	담양함평영광장성	80.81%	0.57425%
95	광주	광주서구갑	82.57%	0.58680%
100	광주	광산구을	83.14%	0.59083%
총합			14071.69%	100.00000%

위의 비중값을 좌표 상에 표시하여 보았다.

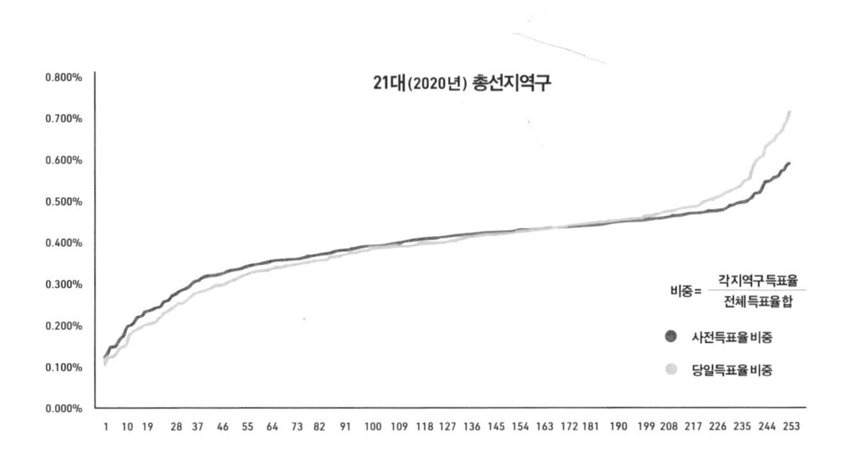

필자는 위의 그래프 상에서 발견되는 하나의 교점을 주의하여 살펴 보았다. 기본적으로 이와 같은 교점은 인위적인 조작이 없이 발생할 수 없는 것으로 보였다. 그리하여 2016년 20대 총선을 같은 방식으로 정리하여 그래프로 표시하여 보았다.

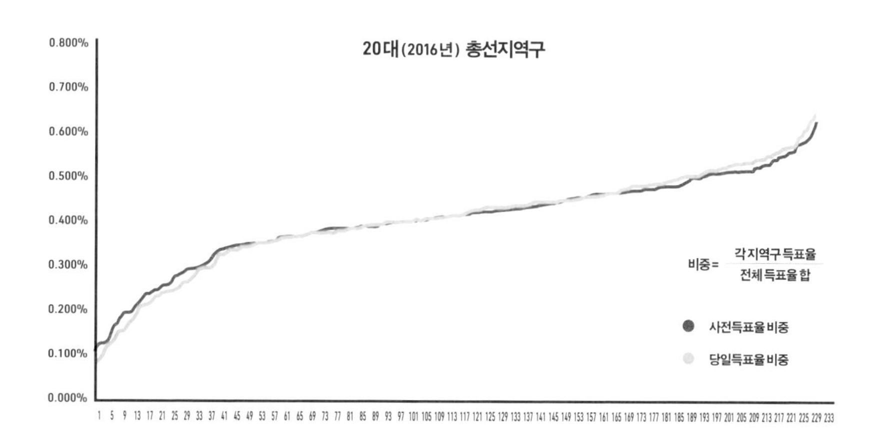

2016년 총선의 민주당 득표율 비중값 그래프를 보면 대부분의 지역에서 겹치거나 다수의 교점이 발견된다. 2016년의 그래프는 2020년의 그래프에 비하여서 '자연적인' 정상 그래프로 보인다. 애초에 2020년 총선에서 나타난 '눈에 띄는' 이상성을 과학적으로 설명하기 위해 돌입한 추단의 결과로서 처음으로 확인된 매우 특이한 그래프라고 할 수 있다. 이 교점의 존재 자체가 또 다른 사실로 접근해 가는 데 있어 괄목할 수밖에 없는 발견이었다. 말하자면 당일투표에서 더불어민주당의 후보자가 50% 이상의 득표율을 얻은 곳에서는 모두 사전의 비중이 당일의 비중보다 낮았다. 반대로 50% 미만을 얻은 지역구는 모두 당일의 비중이 사전의 비중보다 낮았다. 이렇게 각 지역구마다 사전 비중에서 당일 비중을 뺀 차이값을 모두 더하면 50% 이상 득표율을 얻은 지역구 총합은 (-)2.486, 다른 쪽은 (+)2.486이 나왔다. 당일투표를 기준으로 더불어민주당 후보다 50% 이상의 득표율을 얻은 지역구를 기준으로 양 증감량이 동일하다는 것은 매우 흥미로운 데이터가 아닐 수 없었다.

두번째 발견 : 클러스터 그래프

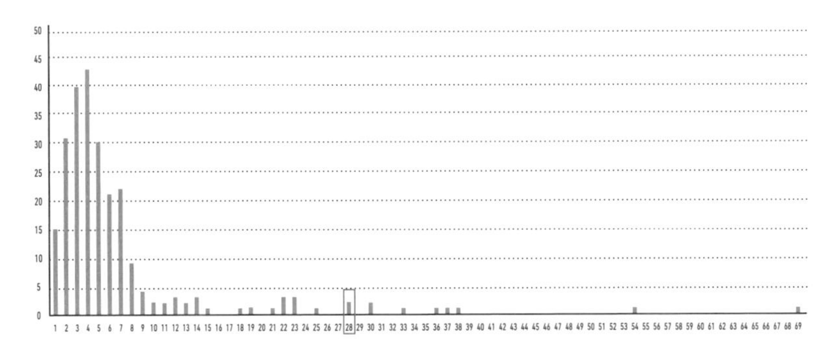

가로 : 사전-당일 비중차이값에 당일 득표수를 곱한 값의 지수, 세로 : 지역구 빈도수

> **사전 당일 비중 차이값에 당일 득표수를 곱했을 때 나타나는 그래프. 특정 원칙에 따라 지역구들이 그룹으로 뭉쳐 클러스터를 형성하고 있음을 발견.**

더불어민주당 후보가 당일투표에서 50% 이상을 얻은 모든 지역구에서 사전보다 당일 비중이 더 높았다는 사실을 통해 착안한 것은, 그렇다면 실질적으로 각 지역구에서 갖는 한 표 한 표의 가치는 어떤 차이가 나는지 알아보고 싶었다. 대구에서 얻은 한 표와 광주에서 얻은 한 표가 다르다면 실제로 어떻게 다른지 알아보기 위해서 비교가 용이한 환경을 만들기 위해서 표준화를 통해 비중값을 구했고, 이 차이가 의미하는 바를 좀 더 구체적으로 인식하기 위해 두번째 단계로 각 지역구의 더불어민주당 사전투표와 당일투표의 비중값 차이를 구했다. 이 차이값은 각 지역구마다 조금씩 다르게 나타났다.

당일투표에서의 조작은 사전투표에 비해 상대적으로 난이도가 높다는 점을 감안하여 당일투표에서 얻은 표수가 조작이 덜 가해진 수라고 보고 각 지역의 당일 최종 득표수에 사전과 당일 비중 차이값을 곱해 보았다. 이 시도는 당일투표의 득표율에 따라 사전 득표율이 유기적으로 어떤 관련성을 갖고 결정되었을 수도 있다는 가정에 따른 것이었다.

더불어민주당 지역구 중 당일에서 50% 이상을 획득한 지역구는 사전 비중이 낮아지는 것을 보여주는 그래프는 확실히 조작의 혐의를 강하게 던졌다. 그리하여 각 지역구의 당일 득표수가 기준이 되어 어떤 연관성에 따라 유기적으로 자동 결정된 것이 아닐까 가정했다. 이러한 연관성이 어떤 종류의 수식으로 표현될 수 있다는 기대를 해 보았다. 따라서 더불어민주당의 당일과 사전 비중값에 당일 득표수를 곱하면 어떤 규칙성이 발견될 것을 기대하고 각 지역구별로 이 값을 구하여 당일득표율이 낮은 지역부터 오름차순으로 정렬했다.

지역구	지역	선거구	당일 득표수	당일 득표율	사전 - 당일 득표율 비중 차이값	득표수 x 비중 차이값
224	경북	경주시	9,375	11.94%	0.0186%	1.74
250	경남	산청함양거창합천	7,741	13.94%	0.0072%	0.56
231	경북	상주문경	6,896	14.09%	0.0220%	1.52
236	경남	창원시성산구	11,944	14.22%	0.0238%	2.84
71	대구	서구	9,366	14.83%	0.0185%	1.74

233	경북	군위의성청송 영덕	6,215	15.98%	0.0182%	1.13
225	경북	김천시	6,390	16.90%	0.0217%	1.39
229	경북	영주영양봉화 울진	10,736	17.02%	0.0250%	2.69
230	경북	영천청도	8,807	17.75%	0.0411%	3.62
234	경북	고령성주칠곡	12,677	20.51%	0.0198%	2.51
75	대구	수성구을	13,226	20.87%	0.0181%	2.39
111	울산	울산동구	11,515	21.58%	0.0200%	2.30
72	대구	대구북구갑	14,581	21.93%	0.0280%	4.08
226	경북	안동예천	14,249	22.20%	0.0262%	3.74
69	대구	동구갑	10,887	22.62%	0.0256%	2.78
232	경북	경산시	21,120	23.10%	0.0311%	6.56
76	대구	달서구갑	15,261	23.38%	0.0298%	4.55
78	대구	달서구병	12,982	23.42%	0.0312%	4.05
79	대구	달성군	21,969	23.78%	0.0312%	6.84
143	경기	고양시갑	21,817	23.83%	0.0339%	7.39
77	대구	달서구을	24,387	24.93%	0.0255%	6.23

246	경남	밀양의령함안 창녕	20,776	25.41%	0.0245%	5.09
68	대구	중구남구	20,565	26.38%	0.0272%	5.60
227	경북	구미시갑	18,803	26.76%	0.0246%	4.63
70	대구	동구을	21,107	27.22%	0.0245%	5.17
44	서울	강남구병	19,741	27.93%	0.0272%	5.36
222	경북	포항시북구	27,825	28.07%	0.0293%	8.15
237	경남	창원시마산 합포구	17,837	29.02%	0.0236%	4.21
108	울산	울산중구	23,214	29.02%	0.0316%	7.34
241	경남	진주시을	14,144	29.10%	0.0314%	4.45
73	대구	대구북구을	28,204	29.71%	0.0294%	8.28
40	서울	서초구갑	21,575	30.33%	0.0274%	5.92
223	경북	포항시남구 울릉	26,913	30.91%	0.0267%	7.19
59	부산	해운대구갑	26,376	31.72%	0.0273%	7.21
182	강원	홍천횡성영월 평창	20,506	31.89%	0.0276%	5.66
228	경북	구미시을	19,756	32.05%	0.0284%	5.61
235	경남	창원시의창구	32,032	32.45%	0.0312%	10.00

243	경남	사천남해하동	19,435	32.50%	0.0316%	6.14
242	경남	통영고성	19,205	32.88%	0.0319%	6.12
240	경남	진주시갑	20,993	33.17%	0.0308%	6.47
179	강원	강릉시	22,839	33.57%	0.0275%	6.29
174	경기	여주양평	24,968	33.82%	0.0254%	6.33
42	서울	강남구갑	22,722	33.94%	0.0257%	5.85
247	경남	거제시	26,179	34.05%	0.0281%	7.37
62	부산	사하구을	22,450	34.23%	0.0275%	6.16
74	대구	수성구갑	32,073	34.79%	0.0245%	7.85
63	부산	금정구	30,298	35.04%	0.0260%	7.89
65	부산	수영구	22,811	35.46%	0.0234%	5.35
110	울산	울산남구을	19,586	35.65%	0.0226%	4.42
189	충북	보은옥천영동 괴산	18,494	36.03%	0.0210%	3.89
82	인천	동구 미추홀구을	25,151	36.33%	0.0186%	4.68
51	부산	서구동구	24,204	36.70%	0.0173%	4.19
180	강원	동해태백삼척 정선	27,190	37.06%	0.0175%	4.75

55	부산	부산남구갑	18,214	37.26%	0.0176%	3.21
54	부산	동래구	37,787	37.54%	0.0173%	6.53
84	인천	연수구을	30,575	37.72%	0.0159%	4.86
109	울산	울산남구갑	24,359	37.92%	0.0171%	4.17
147	경기	의왕과천	31,388	37.98%	0.0173%	5.44
113	울산	울주군	29,270	38.16%	0.0161%	4.71
238	경남	창원시마산회원구	27,844	38.23%	0.0161%	4.48
53	부산	부산진구을	23,746	38.26%	0.0187%	4.45
181	강원	속초인제고성양양	21,362	38.51%	0.0170%	3.63
41	서울	서초구을	32,454	38.57%	0.0192%	6.23
248	경남	양산시갑	26,903	39.02%	0.0159%	4.28
58	부산	북구강서구을	38,733	39.03%	0.0160%	6.20
198	충남	서산태안	27,565	39.03%	0.0162%	4.48
50	부산	중구영도구	20,708	39.30%	0.0152%	3.14
188	충북	제천단양	20,745	39.45%	0.0143%	2.97
52	부산	부산진구갑	26,001	39.61%	0.0132%	3.44

138	경기	동두천시 연천군	16,151	39.67%	0.0130%	2.11
201	충남	홍성예산	21,500	39.67%	0.0132%	2.84
176	강원	춘천화천철원 양구을	18,968	39.91%	0.0117%	2.23
200	충남	당진시	20,019	40.01%	0.0116%	2.32
187	충북	충주시	25,620	40.21%	0.0119%	3.04
194	충남	공주부여청양	24,892	40.25%	0.0117%	2.90
4	서울	용산구	30,715	40.34%	0.0149%	4.59
163	경기	이천시	25,752	40.74%	0.0117%	3.02
43	서울	강남구을	24,837	40.77%	0.0116%	2.87
46	서울	송파구을	36,528	40.78%	0.0144%	5.27
60	부산	해운대구을	26,389	40.85%	0.0139%	3.68
173	경기	포천가평	27,096	40.99%	0.0131%	3.56
67	부산	기장군	24,372	41.06%	0.0152%	3.71
157	경기	용인시갑	33,813	41.16%	0.0146%	4.94
124	경기	성남시 분당구을	37,246	41.91%	0.0090%	3.34
112	울산	북구	31,623	41.97%	0.0097%	3.06

45	서울	송파구갑	28,016	41.98%	0.0120%	3.35
137	경기	평택시을	33,517	41.99%	0.0139%	4.67
134	경기	광명시갑	23,139	42.42%	0.0110%	2.55
177	강원	원주시갑	22,370	42.51%	0.0105%	2.35
64	부산	연제구	34,308	42.62%	0.0101%	3.47
239	경남	창원시진해구	25,469	42.94%	0.0078%	1.99
183	충북	청주시상당구	25,665	43.02%	0.0095%	2.43
66	부산	사상구	33,992	43.12%	0.0087%	2.95
80	인천	중구강화옹진	29,928	43.16%	0.0104%	3.11
209	전북	남원임실순창	14,211	43.44%	0.0096%	1.36
35	서울	영등포구을	23,925	43.55%	0.0096%	2.29
123	경기	성남시 분당구갑	42,334	43.57%	0.0097%	4.09
193	충남	천안시병	26,347	43.63%	0.0102%	2.69
195	충남	보령서천	20,678	44.15%	0.0062%	1.29
81	인천	동구 미추홀구갑	33,647	44.20%	0.0066%	2.23
6	서울	광진구을	28,276	44.38%	0.0054%	1.53

191	충남	천안시갑	26,637	44.44%	0.0053%	1.41
212	전남	목포시	24,458	44.49%	0.0050%	1.22
249	경남	양산시을	26,045	44.56%	0.0046%	1.20
107	대전	대덕구	26,118	44.58%	0.0052%	1.36
33	서울	금천구	35,516	44.63%	0.0056%	1.98
184	충북	청주시서원구	29,399	44.76%	0.0058%	1.70
199	충남	논산계룡금산	29,169	44.80%	0.0063%	1.83
251	제주	제주시갑	35,707	44.82%	0.0065%	2.32
196	충남	아산시갑	21,868	44.82%	0.0077%	1.69
102	대전	대전중구	34,915	44.84%	0.0100%	3.49
61	부산	사하구갑	22,826	44.85%	0.0117%	2.68
245	경남	김해시을	40,495	44.89%	0.0120%	4.87
190	충북	증평진천음성	25,962	45.06%	0.0115%	2.98
56	부산	부산남구을	22,450	45.14%	0.0119%	2.67
101	대전	대전동구	31,409	45.40%	0.0105%	3.31
156	경기	하남시	41,613	45.51%	0.0100%	4.15

175	강원	춘천화천철원 양구갑	34,053	45.56%	0.0108%	3.69
38	서울	관악구갑	43,346	45.65%	0.0104%	4.51
167	경기	화성시갑	33,001	45.68%	0.0107%	3.52
3	서울	중구성동구을	32,957	45.74%	0.0106%	3.49
37	서울	동작구을	31,465	45.74%	0.0108%	3.40
26	서울	양천구갑	42,057	45.82%	0.0105%	4.42
48	서울	강동구갑	44,116	45.83%	0.0113%	4.98
151	경기	남양주시병	44,769	45.90%	0.0124%	5.56
159	경기	용인시병	48,014	45.93%	0.0130%	6.25
244	경남	김해시갑	38,859	46.05%	0.0120%	4.66
57	부산	북구강서구갑	27,250	46.37%	0.0100%	2.73
142	경기	안산시 단원구을	24,739	46.41%	0.0117%	2.89
7	서울	동대문구갑	26,694	46.55%	0.0106%	2.83
136	경기	평택시갑	38,084	46.62%	0.0104%	3.97
164	경기	안성시	26,562	46.94%	0.0090%	2.40
47	서울	송파구병	43,426	46.94%	0.0091%	3.95

178	강원	원주시을	24,379	47.32%	0.0061%	1.49
144	경기	고양시을	45,836	47.33%	0.0061%	2.78
25	서울	마포구을	36,828	47.45%	0.0064%	2.34
22	서울	서대문구갑	25,392	47.61%	0.0059%	1.50
39	서울	관악구을	37,238	47.65%	0.0058%	2.16
16	서울	도봉구을	28,961	47.73%	0.0053%	1.54
5	서울	광진구갑	30,808	47.88%	0.0058%	1.80
153	경기	시흥시갑	42,487	48.01%	0.0050%	2.14
160	경기	용인시정	45,894	48.19%	0.0036%	1.67
19	서울	노원구병	30,230	48.25%	0.0032%	0.96
118	경기	수원시병	27,740	48.25%	0.0042%	1.17
125	경기	의정부시갑	30,831	48.28%	0.0043%	1.31
146	경기	고양시정	51,647	48.29%	0.0042%	2.19
31	서울	구로구갑	43,238	48.42%	0.0037%	1.58
2	서울	중구성동구갑	36,466	48.50%	0.0031%	1.13
127	경기	안양시만안구	39,862	48.51%	0.0030%	1.21

162	경기	파주시을	27,175	48.66%	0.0019%	0.51
15	서울	도봉구갑	27,536	48.71%	0.0016%	0.45
129	경기	안양시 동안구을	26,118	48.75%	0.0017%	0.45
49	서울	강동구을	32,029	48.91%	0.0031%	0.99
8	서울	동대문구을	32,950	48.98%	0.0028%	0.94
91	인천	인천서구갑	43,485	49.11%	0.0022%	0.94
145	경기	고양시병	46,031	49.17%	0.0017%	0.80
36	서울	동작구갑	36,967	49.19%	0.0016%	0.58
122	경기	성남시중원구	33,924	49.32%	0.0006%	0.21
85	인천	남동구갑	41,510	49.44%	0.0000%	0.00
186	충북	청주시청원구	32,323	49.52%	0.0003%	0.09
165	경기	김포시갑	37,585	49.67%	-0.0008%	-0.30
24	서울	마포구갑	27,763	49.75%	-0.0013%	-0.37
1	서울	종로구	23,959	49.87%	0.0000%	0.00
128	경기	안양시동안구갑	31,256	49.92%	-0.0002%	-0.07
50% 기준						

166	경기	김포시을	37,511	50.01%	−0.0010%	−0.36
106	대전	유성구을	27,459	50.08%	−0.0005%	−0.14
34	서울	영등포구갑	38,488	50.08%	−0.0003%	−0.13
86	인천	남동구을	44,623	50.18%	−0.0010%	−0.44
253	제주	서귀포시	28,333	50.26%	−0.0013%	−0.38
114	세종	세종갑	25,373	50.33%	−0.0015%	−0.39
131	경기	부천시을	49,772	50.34%	−0.0012%	−0.59
28	서울	강서구갑	35,229	50.47%	−0.0021%	−0.76
29	서울	강서구을	36,859	50.67%	−0.0032%	−1.20
103	대전	대전서구갑	41,883	50.72%	−0.0036%	−1.49
252	제주	제주시을	37,600	50.88%	−0.0042%	−1.59
32	서울	구로구을	29,694	50.99%	−0.0050%	−1.50
120	경기	수원시무	48,709	51.15%	−0.0051%	−2.51
211	전북	완주진안무주장수	22,741	51.25%	−0.0058%	−1.33
185	충북	청주시흥덕구	43,503	51.30%	−0.0058%	−2.51
88	인천	부평구을	41,953	51.49%	−0.0072%	−3.00

105	대전	유성구갑	30,643	51.53%	-0.0070%	-2.14
21	서울	은평구을	42,452	51.64%	-0.0077%	-3.26
17	서울	노원구갑	31,212	51.70%	-0.0077%	-2.39
13	서울	강북구갑	26,062	51.72%	-0.0067%	-1.75
27	서울	양천구을	35,724	51.84%	-0.0069%	-2.47
126	경기	의정부시을	43,290	51.85%	-0.0061%	-2.64
83	인천	연수구갑	24,690	51.96%	-0.0053%	-1.30
104	대전	대전서구을	37,474	51.98%	-0.0051%	-1.92
141	경기	안산시단원구갑	25,635	51.99%	-0.0048%	-1.24
115	세종	세종을	22,978	52.09%	-0.0046%	-1.07
170	경기	광주시갑	31,008	52.15%	-0.0041%	-1.27
87	인천	부평구갑	44,477	52.18%	-0.0038%	-1.68
171	경기	광주시을	31,979	52.44%	-0.0054%	-1.73
155	경기	군포시	53,778	52.46%	-0.0050%	-2.68
133	경기	부천시정	33,407	52.64%	-0.0064%	-2.14
119	경기	수원시정	45,314	52.70%	-0.0070%	-3.16

9	서울	중랑구갑	29,474	52.73%	-0.0064%	-1.88
152	경기	오산시	39,028	52.74%	-0.0064%	-2.51
140	경기	안산시상록구을	26,001	52.96%	-0.0080%	-2.09
30	서울	강서구병	33,254	53.42%	-0.0104%	-3.45
90	인천	계양구을	28,857	53.43%	-0.0101%	-2.91
148	경기	구리시	38,429	53.49%	-0.0090%	-3.45
149	경기	남양주시갑	36,781	53.70%	-0.0107%	-3.93
139	경기	안산시상록구갑	34,387	53.88%	-0.0118%	-4.04
12	서울	성북구을	39,427	54.03%	-0.0130%	-5.11
10	서울	중랑구을	41,840	54.32%	-0.0144%	-6.04
150	경기	남양주시을	42,843	54.55%	-0.0158%	-6.79
116	경기	수원시갑	44,962	54.69%	-0.0143%	-6.41
11	서울	성북구갑	42,829	54.72%	-0.0145%	-6.22
121	경기	성남시수정구	40,018	54.84%	-0.0138%	-5.50
97	광주	광주북구갑	26,029	54.96%	-0.0143%	-3.72
130	경기	부천시갑	31,734	55.35%	-0.0177%	-5.61

192	충남	천안시을	49,881	55.45%	-0.0174%	-8.66
158	경기	용인시을	53,190	55.65%	-0.0178%	-9.49
23	서울	서대문구을	31,317	55.71%	-0.0164%	-5.13
89	인천	계양구갑	25,522	55.82%	-0.0165%	-4.20
197	충남	아산시을	27,328	55.84%	-0.0162%	-4.41
215	전남	순천광양곡성 구례갑	37,814	55.92%	-0.0167%	-6.30
132	경기	부천시병	49,490	56.14%	-0.0185%	-9.15
117	경기	수원시을	51,413	56.60%	-0.0218%	-11.23
161	경기	파주시갑	54,779	57.11%	-0.0257%	-14.08
92	인천	인천서구을	48,827	57.45%	-0.0270%	-13.19
172	경기	양주시	38,478	57.96%	-0.0296%	-11.40
18	서울	노원구을	42,811	57.98%	-0.0295%	-12.63
205	전북	군산시	43,282	58.31%	-0.0322%	-13.95
20	서울	은평구갑	44,529	58.56%	-0.0343%	-15.25
203	전북	전주시을	34,580	58.75%	-0.0340%	-11.75
14	서울	강북구을	32,992	59.14%	-0.0373%	-12.30

135	경기	광명시을	34,836	59.70%	-0.0398%	-13.86
213	전남	여수시갑	24,120	60.04%	-0.0394%	-9.49
219	전남	고흥보성장흥 강진	28,416	60.23%	-0.0357%	-10.14
169	경기	화성시병	53,555	60.79%	-0.0403%	-21.57
168	경기	화성시을	60,517	60.90%	-0.0384%	-23.26
216	전남	순천광양곡성 구례을	44,559	61.46%	-0.0400%	-17.85
204	전북	전주시병	51,168	61.96%	-0.0441%	-22.58
210	전북	김제부안	22,520	63.02%	-0.0515%	-11.59
154	경기	시흥시을	42,811	63.43%	-0.0549%	-23.49
220	전남	해남완도진도	27,695	63.63%	-0.0503%	-13.92
208	전북	정읍고창	28,978	66.30%	-0.0710%	-20.59
214	전남	여수시을	29,188	68.02%	-0.0741%	-21.62
94	광주	동구남구을	27,336	68.96%	-0.0817%	-22.34
202	전북	전주시갑	32,433	69.74%	-0.0859%	-27.87
207	전북	익산시을	25,965	69.75%	-0.0737%	-19.13
96	광주	광주서구을	30,004	72.65%	-0.0866%	-25.98

221	전남	영암무안신안	33,351	73.07%	-0.0891%	-29.72
93	광주	동구남구갑	34,957	74.01%	-0.0955%	-33.37
217	전남	나주화순	33,060	74.08%	-0.0895%	-29.58
99	광주	광산구갑	36,149	75.74%	-0.1021%	-36.91
206	전북	익산시갑	27,537	76.06%	-0.1022%	-28.15
98	광주	광주북구을	55,497	76.92%	-0.0967%	-53.65
218	전남	담양함평영광장성	34,336	78.53%	-0.1098%	-37.71
95	광주	광주서구갑	33,476	79.82%	-0.1086%	-36.36
100	광주	광산구을	54,885	82.27%	-0.1259%	-69.08

위의 표에서 알 수 있듯 더불어민주당 당일 득표율 50% 이상의 구간에 있는 지역구는 모두 89개, 미만에는 164개가 있다. 당일 득표율 49.67%인 경기 김포시갑, 49.75%인 서울 마포구갑, 49.92%인 경기 안양시동안구갑 등 50%에 거의 근접하는 지역 세 곳이 [-]이고, 50.01%인 경기 김포시을부터 50% 이상인 전 지역은 [+] 값을 나타냈다. 따라서 약 50% 지역을 기준으로 두 갈래로 나뉘어지는 것으로 간주된다. 필자는 이런 결과를 보고, 당일투표에서 50% 이상이 달성되는 지역구는 승리가 거의 확정적인 지역으로 분류될 수 있어 조작을 통해 표를 얻을 필요가 거의 없는 지역구로 판단했다.

그리하여 도리어 50%가 넘어서 조작이 불필요한 지역은 남는 표를 조금씩 이동하여 불리한 지역에 도움을 주는 방식으로 계획한 것이 아닌가 가정해 보았다. 그래서 옮겨지는 양을 '이동값'이라고 이름을 붙였다. 나중에 필자의 발견을 다각적으로 분석하여 『해커의 지문』을 주로 집필한 장영후 프로그래머는 '이동값'이 오해를 일으킬 소지가 있다고 보고 '(최적화)보정비율' 또는 '(최적화)조작비율'로 개념을 바꿀 것을 권유했고, 필자도 이를 수용하여 더 이상 '이동값'이라는 개념을 쓰지 않게 되었다. '이동값'이라는 개념은 전체 득표율에서 각 지역구 득표율을 나누는 표준화를 통해 사전과 당일의 연관성을 알아보려 했던 시도만큼 많은 오해를 불러왔다. 이런 시도는 선거 데이터에서 조작값을 실현하는 방정식과 같은 수식을 찾아내기를 기대하고 착수한 것은 맞지만, 시작 단계에서 의외의 패턴이 발견되었기 때문에 방향이 달라지게 된 것이었다. 필자 자신도 이 부분에 대해서는 장영후 프로그래머의 도움이 없었더라면 명확한 이해에 도달하지 못했을 지도 모른다.

'이동값'이라는 개념을 쓴 것은 '이미 50% 이상의 득표율에 달한 지역구들에서 미달한 지역구 쪽으로 남는 표를 이동시켰다'는 가설에서 기인한 것이다. 그러나 장영후 프로그래머는 당선과 낙선에 영향을 주기 위해서는 이런 식의 이동이 무의미했다는 의견이었다. 이동이 아니라 조작비율을 '더 높이거나 덜 높이거나'의 개념이고 이것은 당락 조정이 아니라 계획을 각 지역구의 특수성을 고려하여 최적화하는 데 기여한 바는 있으나 이동의 개념은 아니라고 해설해 주었다. 더불어민주당 당일 득표율 약 50%를 기준으로 정한 것은 전체 유권자수라는 한계가 있는 이상 인구를 늘리지 않고 이러한 최적화를 가장 안전하게 실행하는 있는 기준선이 될 수 있다는 설명이었다.

장영후 프로그래머는 이와 같은 설명을 위해 조작의 단계를 다음과 같이 나누어 설명해 주었다.

총선 실행 계획 청사진

	설계				실행
입력정보	빅데이터 자료	전략 목표	제약조건, 선거모델 최적화 알고리즘	부분 최적화 알고리즘	개표종료시점 목표 달성 콘트롤 알고리즘
단계	기초 판세표	기본 판세표	전략목표 판세표	전술목표 판세표	개표결과 판세표
결과정보	기본 당선자수	목표 당선자수, 보정규모	선거구별 1차 투표율, 득표율, follow_the_party	선거구별 최종 목표 투표율,득표율	지역구 + 비례대표 당선자
	당락 후보 및 의석수 결정 = 디지털 게리맨더링		제작자 표시 설계 및 1차 최적화	최종 최적화 및 설계 청사진 완료	투표 및 개표 완료

필자의 발견 과정에서 이런 수준의 이해는 없었다. 선거가 끝나고 한 달 남짓 걸려서 발견이 완료되었기 때문에 한동안 당일 득표율 약 50%선에서 갈라지는 비중 그래프 패턴은 당락 조작으로 인하여 발생된 것으로 생각하여 '이동값'이라는 개념을 쓰게 된 것이었다. 장영후 프로그래머가 그린 위의 청사진에서 필자가 발견한 [follow_the_party]는 최초의 빅데이터와 그것을 바탕으로 한 1차 보정(조작) 계획표에는 들어있지 않았던 것으로 보인다. 이는 '전략목표판세표'라고 표현된

단계에서 포함된 알고리즘으로, 이 청사진을 통해서 미루어보면 기초 기본 판세표 작성자와 전략전술 목표판세표 작성자는 다른 주체일 것으로 보인다. 앞의 작성자가 고객이라면 뒤의 작성자는 고객의 요구를 충족하면서 자신들의 계획표를 좀 더 정교화 또는 최적화하면서 동시에 암호문자를 넣어두었다는 것이다. 이 부분에 대해서는 뒤에서 더 설명하기로 하고, 필자가 비중 그래프 약 50% 선에서 교점을 갖고 양쪽으로 나뉘는 패턴을 보고 각 지역구가 얻거나 잃었다고 생각한, 그 값을 각 지역구 표수로 환산하기 위해 시도한 것이 앞에서 말한 대로 [당일 득표수 x (사전-당일 비중값 차이)]를 계산하여 도표화한 것이다.

다만 다음의 도표는 조금 주의하여 볼 필요가 있다. 앞에서 이동값 개념을 사용했던 것처럼 필자의 가정은 남는 데서 모자라는 데로 옮겨 주었다는 것이었다. 말하자면 당일 득표율 50% 이상 획득한 지역구의 비중값 총합이 (-)2.468, 다른 쪽이 (+)2.468인 것이 관찰된 이상 실제 표수도 일정하게 배분되어 양쪽의 총수가 같아질 것으로 보았다. 그러나 비중 차이값에 당일 득표수를 곱했을 때 (-)69에서 0까지, 그리고 0부터 (+)10까지 숫자가 나타났고, 각각의 총합은 (-)920과 (+)599로 계산되었다. 동일한 양이 데칼코마니처럼 주고 받아진 것이라는 가정에 맞지 않게 통상적인 오차 범위를 크게 벗어난 총합의 수가 도출되었다. 그리하여 어떤 방식으로 늘고 줄었는지 보기 위하여 우선 (-)69에서 (+)10까지를 절대값 형태로 바꾸어 0부터 69의 양의 실수로 표시하고 도표를 그렸다.

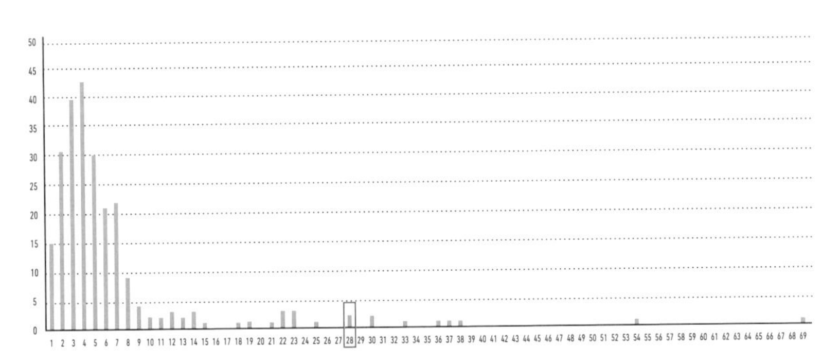

가로 : 사전-당일 비중차이값에 당일 득표수를 곱한 값의 지수, 세로 : 지역구 빈도수

앞에서도 여러 차례 강조했지만 필자의 이와 같은 시도는 정해진 길을 따라간 것은 아니었다. 추리의 과정으로 보는 것이 낫고, 추리에는 필연적으로 시행착오가 있게 마련이다. 실망스럽게도 처음에 이 표를 보았을 때는 눈에 띄는 규칙성이 없었다. 다만 사전과 당일 비중 차이값과 당일 득표수를 곱한 수치의 절대값이 끝까지 순차적으로 나타나지 않는 것에 주목해 보았다. 1에서 15까지 순차적으로 가다가 16부터 69까지 사이에 나타나는 수치에서 어떤 종류의 패턴이 발견되었다. 16, 17은 없고 18, 19는 있으며 20은 없고 21, 22, 23은 있고, 다시 24는 없고 25는 있고, 그리고 더욱 띄엄띄엄 28, 30, 33, 36, 37, 38, 54, 69라는 수치가 나타나는 것을 보고 이런 수치들이 발생하는 것에 이유가 있을 것으로 보았다. 위의 그래프를 좀 더 보기 쉽게 나타내면 다음과 같다.

	당일득표수 x 당일 사전 득표율 비중 차이 절대값	지역구 갯수
●	1	15
●	2	31
●	3	40
●	4	43
●	5	30
●	6	21
●	7	22
●	8	9
●	9	4
●	10	2
●	11	2
●	12	3
●	13	2
●	14	3
●	15	1
	16	0
	17	0
●	18	1
●	19	1
	20	0
●	21	1
●	22	3

●	23	3
	24	0
●	25	1
	26	0
	27	0
●	28	2
	29	0
●	30	2
	31	0
	32	0
●	33	1
	34	0
	35	0
●	36	1
●	37	1
●	38	1
	39	0
	40	0
	41	0
	42	0
	43	0
	44	0
	45	0
	46	0

	47	0
	48	0
	49	0
	50	0
	51	0
	52	0
	53	0
●	54	1
	55	0
	56	0
	57	0
	58	0
	59	0
	60	0
	61	0
	62	0
	63	0
	64	0
	65	0
	66	0
	67	0
	68	0
●	69	1

16부터는 어떤 종류의 변칙이 반영된 결과라고 간주되었다. 그러나 단순한 변칙이라고 하기에는 54, 69와 같은 수치가 나타나는 것은 이례적인 것이 아닐 수 없었다. 전혀 예상하지 못한 배분의 규칙이 들어 있을 수 있다는 생각이 들었다. 그리하여 이 배분의 규칙을 찾기 위해 사전득표율 총합 140.72을 위의 숫자들에 곱하여 보았다.

순번	전체 민주당 사전득표율 x [당일 득표수 x (사전비중과 당일 비중의 차이값)의 반올림 수]	[당일 득표수 x (사전비중과 당일 비중의 차이값)]의 반올림 수
1	140.72	1
2	281.43	2
3	422.15	3
4	562.87	4
5	703.58	5
6	844.30	6
7	985.02	7
8	1125.74	8
9	1266.45	9
10	1407.17	10
11	1547.89	11
12	1688.60	12
13	1829.32	13
14	1970.04	14
15	2110.75	15
16	2532.90	18
17	2673.62	19

18	2955.06	21
19	3095.77	22
20	3236.49	23
21	3517.92	25
22	3940.07	28
23	4221.51	30
24	4643.66	33
25	5065.81	36
26	5206.53	37
27	5347.24	38
28	7598.71	54
29	9709.47	69

29개의 숫자에 들어있는 비밀이 무엇일까 생각하다가 우선 사전 득표율을 곱하여 본 것은 순전히 숨은 규칙을 더듬어 찾아가는 시도였고, 조금 적극적으로 표현한다고 해도 영감에 따른 것이었다.

[더불어민주당 사전득표율 총합(140.72) x (당일 득표수 x 사전 당일 비중차이값)]을 반올림하여 보았을 때 다음의 특징을 발견할 수 있었다.

NO	{전체 민주당 사전득표율 x [당일 득표수 x (사전비중과 당일비중의 차이값)]의 반올림 수} (소수점 반올림)	비율	차이값
1	141	3.6%	
2	281	7.1%	3.6%
3	422	10.7%	3.6%
4	563	14.3%	3.6%
5	704	17.9%	3.6%
6	844	21.4%	3.6%
7	985	25.0%	3.6%
합	3,940	100.0%	

첫번째 141과 281값은 위 일곱 개 데이터 그룹 전체에서 각각의 비율을 구해 보면 3.6%씩의 차이값을 가지고 있다. 아홉번째 1266값부터 다시 일곱 개의 데이터를 살펴보면 다음과 같다.

NO	{전체 민주당 사전득표율 x [당일 득표수 x (사전비중과 당일비중의 차이값)]의 반올림 수} (소수점 반올림)	비율	차이값
1	1,266	10.7%	
2	1,407	11.9%	1.2%
3	1,548	13.1%	1.2%
4	1,689	14.3%	1.2%

5	1,829	15.5%	1.2%
6	1,970	16.7%	1.2%
7	2,111	17.9%	1.2%
합	11,820	100%	

다시 1266값부터 일곱 개 데이터 그룹 전체에서 각각의 비율을 구해 보면 1.2%의 차이값을 갖고 있음을 알 수 있다. 그 다음 데이터에서 일정량 증가되는 비율을 가진 데이터는 다음과 같다.

	{전체 민주당 사전득표율 x [당일 득표수 x (사전비중과 당일비중의 차이값)]의 반올림 수} (소수점 반올림)	비율	차이값
1	2,674	21.6%	
2	2,955	23.9%	2.3%
3	3,236	26.1%	2.3%
4	3,518	28.4%	2.3%
합	12,383		

	{전체 민주당 사전득표율 x [당일 득표수 x (사전비중과 당일비중의 차이값)]의 반올림 수} (소수점 반올림)	비율	차이값
1	4,222	30.3%	
2	4,644	33.3%	3.0%
3	5,066	36.4%	3.0%
합	13,932		

위의 비율값들이 갖는 규칙성은 무시해 버릴 수 있는 성격의 것이 아니었다. 어떤 데이터는 2.3%, 또 다른 곳은 3.0%의 비율로 증가되었다. 그리고 3096, 3940, 5027, 7599, 9709 등의 데이터값은 독립적으로 존재한다. 그러나 이들 값에서도 어떤 조합이 도출된다. (아래 표시 값들은 이해를 돕기 위해 소수점을 표시하였다.)

(i) 3095.77은 앞의 데이터 중 1,688.6와 1,407.17의 합이다.

(ii) 3940.07은 첫번째 데이터 141.72, 281.43, 422.15, 562.87, 703.58, 844.30, 985.02 일곱개의 합이다.

(iii) 5206.53은 3940.07과 1266.45의 합이다.

(iv) 5347.24 은 3940.07과 1407.17의 합이다.

(v) 7598.71는 2110.75과 3517.92의 합이다.

(vi) 9709.47는 4643.66와 5065.81의 합이다.

가령 3940은 141, 281, 422, 563, 704, 844, 985 등 총 일곱 개의 데이터를 합한 값으로 일곱 개가 클러스터로 묶여있지 않다면 나올 수 없는 값이다. 또한 앞의 3.6%씩 상승하는 그룹과 1.2%씩 상승하는 그룹 외 2.3%씩 증가하는 그룹과 3.0%씩 증가하는 그룹은 동일선상에서 이루어지는 것이 아니다. 이들 그룹은 독립된 데이터로 보이지만 사실은 어떤 상관관계를 갖고 묶여 있음을 다음의 도표를 통해 알 수 있다.

STRUCTURE 1

3.6% / 상승

-3940

BASE

-141 -281 -422 -563 -704 -844 -985

-1266 -1407 -1548 -1689 -1829

STRUCTURE 2

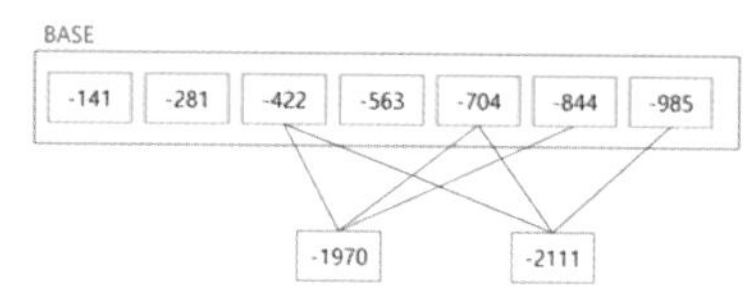

STRUCTURE 3

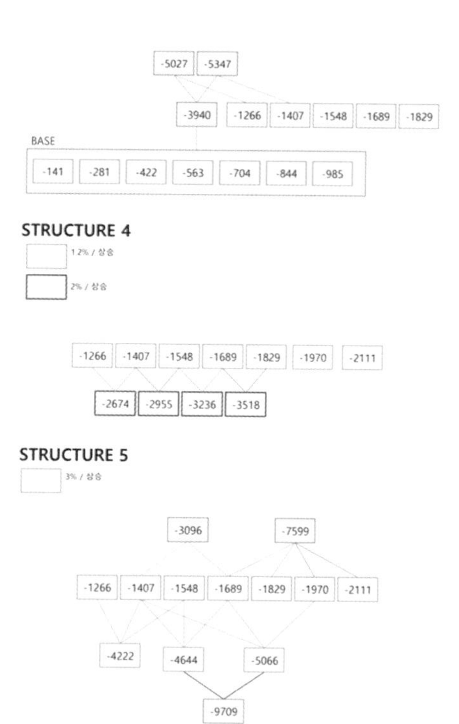

[저자 노트]

왼쪽의 구조도(Structure1~5)를 발표했을 때 가장 큰 비난이 돌아왔던 것으로 기억한다. 변희재 씨까지 가세하여 '피보나치(Fibonacci) 수열'이라는 표현을 집중 공격했다. 피보나치 수열이란 처음 두 합을 1과 1로 한 후, 그 다음 항부터는 바로 앞의 두 개 항을 더해 만드는 수열을 말한다. 물론 필자의 구조도가 피보나치 정의에 정확히 들어맞는 구조는 아니지만 필자가 주목한 것은 레벨이 다른 숫자들이 앞의 수열과는 다른 구조로 생성되는 것이었다. 이 구조도를 작성하는 데 있어 오히려 필자의 시행착오라고 하면 더불어민주당 전체 사전득표율(14071.69%의 소수값)을 곱하여 사전과 당일 간의 인위적 패턴을 발견하는 데 힌트를 얻을 수 있을 것으로 본 것이다. 이 수를[당일득표수 x (사전 당일 차이값)]에 곱했을 때 나타나는 패턴을 왼쪽의 구조도로 표현한 것이다. 이러한 노력으로 지역구들이 몇 가지 비율값으로 뭉쳐있는 것을 발견할 수 있었다. 돌이켜 보면 140.72를 굳이 곱할 필요가 없었겠지만 이 과정은 필자에게 분명한 수적 영감을 주었다. 필자의 작업을 지지하는 혹자는 이 수를 '확대경'으로 삼은 것으로 본다고 했다. 따라서 다음 쪽의 표들은 이 확대경을 좀 더 이해하기 쉽게 '100'으로 정하고, 이를 곱한 값을 'R(rate)-Data'로 정의하였다. 수많은 논란에 휩쓸렸던 경험으로 인하여 필자가 최대한 발견의 과정을 불필요한 시도와 오류까지 구체적으로 공개할 필요를 느낀다. 한 달음에 오르지 않고 사다리를 타고 올라온 것으로 독자들의 이해를 구한다. 왼쪽 구조도는 다음의 간단한 구조도와 동일한 개념에 따른 것이다. 이런 과정이 발견에 있어 필연적인 과정은 아니었겠지만 필자는 결과적으로 이런 시행착오의 과정을 거쳐서 다음의 표를 그릴 수 있었다.

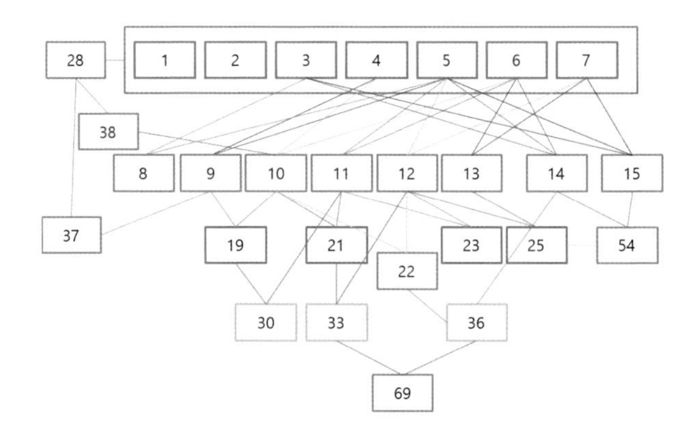

유심히 관찰하는 독자들은 모든 데이터가 독립적이지 않고 마치 그물처럼 서로 연계되어 있음을 알 수 있을 것이다. 녹색 박스에 들어있는 데이터들과 청색 데이터들이 한 선상에 있을 수 없고, 또 적색 데이터와 황색 데이터 역시 녹색이나 청색 데이터와 같은 선상에 있을 수 없다. 필자는 2020년 4월 15일 선거에 나타난 이런 이상 비율값의 발생에 대해 세상에 알렸으나 이해하는 사람은 찾기 어려웠다. 도리어 두 개 또는 여러 개의 조합이 마치 '피보나치 수열'처럼 연결된다고 말했다가 뭇매를 맞았다.

두 개 이상의 데이터의 조합으로 이루어지는 값을 보여주고 선거에 인위적인 조작의 흔적이 이와 같은 규칙성으로도 설명된다고 했는데, 부정선거에 강한 의문을 표시하는 사람들조차 거의 귀를 기울이지 않았다.

선거가 끝난 지 한 달 여만의 발견이었으므로 필자 역시 이런 이상 데이터들에 대해 명확하게 설명할 수 없었다는 것이 이런 현상을 빚은 이유의 하나일 것이다. 부정선거에 대해 의심하지 않는 사람들은 어떤

'사기꾼'이 국가기관을 상대로 '장난'을 친다고 생각하는 듯했다. 부정선거에 대해 의심하는 사람들조차 아직 이런 현상까지 자세히 들여다볼 여유가 없는 것 같았다. 그러나 앞에서 말한 비중 그래프와 함께 이 비율값의 발견은 자연스러운 표심을 반영하는 선거 데이터에서는 나올 수 없고, 2020년 4월 15일 총선이 아닌, 인위적 조작이 없는 어떤 선거 결과에서도 나오지 않았다고 본다. 이런 식의 일정한 비율값의 발견은 조작 없이 가능한 것이 아니다. 만일 가능하다면 누구든지 입증하여 반박해 주기를 기다린다. 필자로서는 이 발견이 공론에서 논의되는 상황을 무척 고대한다.

앞서 보여준 도식을 다시 정리해 보기로 하자. [더불어민주당 각 지역구 당일 득표수 x (사전 당일 비중 차이값)]의 반올림수를 다시 도표로 나타내면 다음과 같다. 전체 더불어민주당 사전득표율 140.72을 곱해본 것은 어떤 새로운 사실을 발견하기 위한 시도였고, 그 결과로 비율의 규칙성을 발견했다. 다시 말하면 일률적으로 140.72을 곱하지 않고도 동일한 비율값의 규칙성은 확인될 수 있었으므로 140.72을 굳이 곱해야 할 이유는 없었던 것이다. 순전히 불필요한 곱셈이었다. 다만 큰 수를 곱하여 본 것은 일종의 확대경같은 역할을 해 주었다. 따라서 다음의 도표에서는 140.72 대신 100을 곱하여 일종의 확대경과 같이 데이터를 명징하게 나타내 보기로 한다.*

* 이러한 배분의 규칙성, 즉 두개 이상의 데이터가 합쳐져 다음의 값을 정하는 방식의 구조는 미국 대선에서도 발견된 적이 있다.

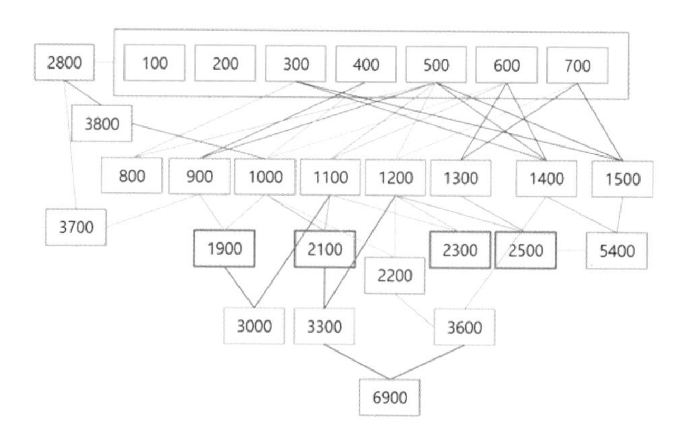

[당일 득표수 x (사전-당일 비중값 차이)]**에**
100을 곱한 절대값의 구조도

결국 더불어민주당 사전과 당일 비중의 차이값을 각 지역구 당일 득표수에 곱하여 당일 50% 이상 득표한 모든 지역구에서 사전이 당일보다 비중이 낮았다는 것과 함께, 각 조작값들의 구성이 어떤 일정한 상관관계 속에 있는 구조를 확인했다. 조작값들이 일정한 규칙을 통해 설정되어 있었던 것이다.

처음 "[당일 득표수 x (사전-당일 비중값 차이)]의 반올림 수"가 작은수 0부터 69까지 수로 되어 있어서 이 수를 큰 수로 바꿔서 조금 더 알아보기 위해 전체 민주당 사전득표율 140.72 개념을 곱하여 보았다. 그랬더니 엉뚱하게 독특한 일정한 비율 값을 발견할 수 있었다. 하지만 이때 민주당 사전득표율 총 합 140.72를 곱해야할 필연성은 알 수 없었다. 그래서 140.72 대신 그 독특한 일정한 비율값을 쉽게 보기 위하여 "100배" 확대경으로 보듯 100을 곱해 보기로 하였고 이를 R(rate)-Data라고 정하였다.

① R-Data 절대값 100인 지역구는 총 31곳이다.

NO	지역구	지역	선거구	R-Data
1	178	강원	원주시을	100
2	131	경기	부천시을	-100
3	141	경기	안산시단원구갑	-100
4	170	경기	광주시갑	-100
5	118	경기	수원시병	100
6	125	경기	의정부시갑	100
7	127	경기	안양시만안구	100
8	162	경기	파주시을	100
9	145	경기	고양시병	100
10	250	경남	산청함양거창합천	100
11	249	경남	양산시을	100
12	233	경북	군위의성청송영덕	100
13	225	경북	김천시	100
14	103	대전	대전서구갑	-100
15	107	대전	대덕구	100
16	28	서울	강서구갑	-100
17	29	서울	강서구을	-100
18	32	서울	구로구을	-100
19	19	서울	노원구병	100
20	2	서울	중구성동구갑	100
21	49	서울	강동구을	100

22	8	서울	동대문구을	100
23	36	서울	동작구갑	100
24	115	세종	세종을	-100
25	83	인천	연수구갑	-100
26	91	인천	인천서구갑	100
27	212	전남	목포시	100
28	211	전북	완주진안무주장수	-100
29	209	전북	남원임실순창	100
30	195	충남	보령서천	100
31	191	충남	천안시갑	100

② R-Data 절대값 200인 지역구는 총 40곳이다.

NO	지역구	지역	선거구	R-Data
1	176	강원	춘천화천철원양구을	200
2	177	강원	원주시갑	200
3	171	경기	광주시을	-200
4	133	경기	부천시정	-200
5	140	경기	안산시상록구을	-200
6	138	경기	동두천시연천군	200
7	164	경기	안성시	200
8	153	경기	시흥시갑	200
9	160	경기	용인시정	200

10	146	경기	고양시정	200
11	239	경남	창원시진해구	200
12	224	경북	경주시	200
13	231	경북	상주문경	200
14	71	대구	서구	200
15	75	대구	수성구을	200
16	105	대전	유성구갑	-200
17	104	대전	대전서구을	-200
18	17	서울	노원구갑	-200
19	13	서울	강북구갑	-200
20	27	서울	양천구을	-200
21	9	서울	중랑구갑	-200
22	35	서울	영등포구을	200
23	6	서울	광진구을	200
24	33	서울	금천구	200
25	25	서울	마포구을	200
26	22	서울	서대문구갑	200
27	39	서울	관악구을	200
28	16	서울	도봉구을	200
29	5	서울	광진구갑	200
30	31	서울	구로구갑	200
31	111	울산	울산동구	200
32	87	인천	부평구갑	-200

33	81	인천	동구미추홀구갑	200
34	252	제주	제주시을	-200
35	251	제주	제주시갑	200
36	200	충남	당진시	200
37	199	충남	논산계룡금산	200
38	196	충남	아산시갑	200
39	183	충북	청주시상당구	200
40	184	충북	청주시서원구	200

③ R-Data 절대값 300인 곳은 총 43곳이다.

NO	지역구	지역	선거구	R-Data
1	120	경기	수원시무	-300
2	126	경기	의정부시을	-300
3	155	경기	군포시	-300
4	119	경기	수원시정	-300
5	152	경기	오산시	-300
6	148	경기	구리시	-300
7	163	경기	이천시	300
8	124	경기	성남시분당구을	300
9	134	경기	광명시갑	300
10	142	경기	안산시단원구을	300
11	144	경기	고양시을	300

12	236	경남	창원시성산구	300
13	229	경북	영주영양봉화울진	300
14	234	경북	고령성주칠곡	300
15	69	대구	동구갑	300
16	102	대전	대전중구	300
17	101	대전	대전동구	300
18	55	부산	부산남구갑	300
19	50	부산	중구영도구	300
20	52	부산	부산진구갑	300
21	64	부산	연제구	300
22	66	부산	사상구	300
23	61	부산	사하구갑	300
24	56	부산	부산남구을	300
25	57	부산	북구강서구갑	300
26	21	서울	은평구을	−300
27	30	서울	강서구병	−300
28	43	서울	강남구을	300
29	45	서울	송파구갑	300
30	3	서울	중구성동구을	300
31	37	서울	동작구을	300
32	7	서울	동대문구갑	300
33	112	울산	북구	300
34	88	인천	부평구을	−300

35	90	인천	계양구을	-300
36	80	인천	중구강화옹진	300
37	201	충남	홍성예산	300
38	194	충남	공주부여청양	300
39	193	충남	천안시병	300
40	185	충북	청주시흥덕구	-300
41	188	충북	제천단양	300
42	187	충북	충주시	300
43	190	충북	증평진천음성	300

④ R-Data 절대값 400인 곳은 총 30곳이다.

NO	지역구	지역	선거구	R-Data
1	181	강원	속초인제고성양양	400
2	175	강원	춘천화천철원양구갑	400
3	149	경기	남양주시갑	-400
4	139	경기	안산시상록구갑	-400
5	173	경기	포천가평	400
6	123	경기	성남시분당구갑	400
7	156	경기	하남시	400
8	167	경기	화성시갑	400
9	136	경기	평택시갑	400
10	237	경남	창원시마산합포구	400

11	241	경남	진주시을	400
12	238	경남	창원시마산회원구	400
13	248	경남	양산시갑	400
14	230	경북	영천청도	400
15	226	경북	안동예천	400
16	97	광주	광주북구갑	-400
17	72	대구	대구북구갑	400
18	78	대구	달서구병	400
19	51	부산	서구동구	400
20	53	부산	부산진구을	400
21	60	부산	해운대구을	400
22	67	부산	기장군	400
23	26	서울	양천구갑	400
24	47	서울	송파구병	400
25	110	울산	울산남구을	400
26	109	울산	울산남구갑	400
27	89	인천	계양구갑	-400
28	197	충남	아산시을	-400
29	198	충남	서산태안	400
30	189	충북	보은옥천영동괴산	400

⑤ R-Data 절대값 500인 곳은 총 21곳이다.

NO	지역구	지역	선거구	R-Data
1	180	강원	동해태백삼척정선	500
2	147	경기	의왕과천	500
3	157	경기	용인시갑	500
4	137	경기	평택시을	500
5	246	경남	밀양의령함안창녕	500
6	245	경남	김해시을	500
7	244	경남	김해시갑	500
8	227	경북	구미시갑	500
9	76	대구	달서구갑	500
10	70	대구	동구을	500
11	65	부산	수영구	500
12	12	서울	성북구을	500
13	44	서울	강남구병	500
14	4	서울	용산구	500
15	46	서울	송파구을	500
16	38	서울	관악구갑	500
17	48	서울	강동구갑	500
18	23	서울	서대문구을	500
19	113	울산	울주군	500
20	82	인천	동구미추홀구을	500
21	84	인천	연수구을	500

⑥ R-Data 절대값 600인 곳은 총 22곳이다.

NO	지역구	지역	선거구	R-Data
1	10	서울	중랑구을	-600
2	11	서울	성북구갑	-600
3	40	서울	서초구갑	600
4	41	서울	서초구을	600
5	42	서울	강남구갑	600
6	58	부산	북구강서구을	600
7	62	부산	사하구을	600
8	68	대구	중구남구	600
9	77	대구	달서구을	600
10	116	경기	수원시갑	-600
11	121	경기	성남시수정구	-600
12	130	경기	부천시갑	-600
13	151	경기	남양주시병	600
14	159	경기	용인시병	600
15	174	경기	여주양평	600
16	179	강원	강릉시	600
17	182	강원	홍천횡성영월평창	600
18	215	전남	순천광양곡성구례갑	-600
19	228	경북	구미시을	600
20	240	경남	진주시갑	600

21	242	경남	통영고성	600
22	243	경남	사천남해하동	600

⑦ R-Data 절대값 700인 곳은 총 9곳이다.

NO	지역구	지역	선거구	R-Data
1	150	경기	남양주시을	-700
2	143	경기	고양시갑	700
3	247	경남	거제시	700
4	232	경북	경산시	700
5	223	경북	포항시남구울릉	700
6	79	대구	달성군	700
7	59	부산	해운대구갑	700
8	54	부산	동래구	700
9	108	울산	울산중구	700

그렇다면 첫번째 그룹에 속한 지역구는 총 196개 지역구로 전체의 77.5%에 해당한다.

NO	R-Data(절대값)	비율	차이값	지역구수
1	100	3.6%		31
2	200	7.1%	3.6%	40
3	300	10.7%	3.6%	43
4	400	14.3%	3.6%	30

5	500	17.9%	3.6%	21
6	600	21.4%	3.6%	22
7	700	25.0%	3.6%	9
합	2,800	100.0%		196

다음 두번째 그룹에 속한 지역구를 살펴 보면 다음과 같다.

① R-Data 절대값 800인 곳은 총 4곳이다.

NO	지역구	지역	선거구	R-Data
21	222	경북	포항시북구	800
22	73	대구	대구북구을	800
23	74	대구	수성구갑	800
24	63	부산	금정구	800

② R-Data 절대값 900인 곳은 총 4곳이다.

NO	지역구	지역	선거구	R-Data
1	192	충남	천안시을	-900
2	158	경기	용인시을	-900
3	132	경기	부천시병	-900
4	213	전남	여수시갑	-900

③ R-Data 절대값 1,000인 곳은 총 2곳이다.

NO	지역구	지역	선거구	R-Data
1	219	전남	고흥보성장흥강진	-1,000
2	235	경남	창원시의창구	1,000

④ R-Data 절대값 1,100인 곳은 총 2곳이다.

NO	지역구	지역	선거구	R-Data
1	117	경기	수원시을	– 1,100
2	172	경기	양주시	– 1,100

⑤ R-Data 절대값 1,200인 곳은 총 3곳이다.

NO	지역구	지역	선거구	R-Data
1	203	전북	전주시을	–1,200
2	14	서울	강북구을	–1,200
3	210	전북	김제부안	–1,200

⑥ R-Data 절대값 1,300인 곳은 총 2곳이다.

NO	지역구	지역	선거구	R-Data
1	92	인천	인천서구을	–1,300
2	18	서울	노원구을	–1,300

⑦ R-Data 절대값 1,400인 곳은 총 4곳이다.

NO	지역구	지역	선거구	R-Data
1	161	경기	파주시갑	-1,400
2	205	전북	군산시	-1,400
3	135	경기	광명시을	-1,400
4	220	전남	해남완도진도	-1,400

⑧ R-Data 절대값 1,500인 곳은 총 1곳이다.

NO	지역구	지역	선거구	R-Data
1	20	서울	은평구갑	-1,500

그렇다면 두번째 그룹에 속한 지역구는 총 22개 지역구로 전체의 8.7%에 해당한다.

NO	R-Data (소수점 반올림)	비율	차이값	지역구수
1	800	8.7%		4
2	900	9.8%	1.1%	4
3	1,000	10.9%	1.1%	2
4	1,100	12.0%	1.1%	2
5	1,200	13.0%	1.1%	3

6	1,300	14.1%	1.1%	2
7	1,400	15.2%	1.1%	4
8	1,500	16.3%	1.1%	1
합	9,200	100%		22

앞서 두개의 그룹에 해당하는 지역구는 총 196개와 22개를 더한 218개 지역구로 전체의 86.1%에 해당한다. 어떤 곳은 R값이 0인 곳도 15곳이 있다.

NO	지역구	지역	선거구	R-Data
1	129	경기	안양시동안구을	0
2	122	경기	성남시중원구	0
3	165	경기	김포시갑	0
4	128	경기	안양시동안구갑	0
5	166	경기	김포시을	0
6	106	대전	유성구을	0
7	15	서울	도봉구갑	0
8	24	서울	마포구갑	0
9	1	서울	종로구	0
10	34	서울	영등포구갑	0
11	114	세종	세종갑	0
12	85	인천	남동구갑	0
13	86	인천	남동구을	0

14	253	제주	서귀포시	0
15	186	충북	청주시청원구	0

이렇게 7개씩 데이터가 모여 클러스터를 이룬 218개의 지역구가 여기에 속한다는 것을 알 수 있다. 위 두개 클러스터에 속한 218개 지역구와 R-Data가 0인 15개 지역구의 합은 233 지역구이다. 그리고 총 20개 지역구가 변칙적인 수치를 보이며 남게 된다. 그 나머지 20개 지역구는 다음과 같다.

NO	지역구 순번	지역	선거구	R-Data
1	100	광주	광산구을	−6,900
2	98	광주	광주북구을	−5,400
3	218	전남	담양함평영광장성	−3,800
4	99	광주	광산구갑	−3,700
5	95	광주	광주서구갑	−3,600
6	93	광주	동구남구갑	−3,300
7	221	전남	영암무안신안	−3,000
8	217	전남	나주화순	−3,000
9	202	전북	전주시갑	−2,800
10	206	전북	익산시갑	−2,800
11	96	광주	광주서구을	−2,500
12	168	경기	화성시을	−2,300
,13	204	전북	전주시병	−2,300

14	154	경기	시흥시을	−2,300
15	169	경기	화성시병	−2,200
16	214	전남	여수시을	−2,200
17	94	광주	동구남구을	−2,200
18	208	전북	정읍고창	−2,100
19	207	전북	익산시을	−1,900
20	216	전남	순천광양곡성구례을	−1,800

세번째 발견 : 일곱 개씩 묶여 있는 36개의 그룹

그룹	선거구 번호	시도	선거구
1	100	광주	광산구을
	98	광주	광주북구을
	218	전남	담양함평영광장성
	99	광주	광산구갑
	95	광주	광주서구갑
	93	광주	동구남구갑
	221	전남	영암무안신안
2	217	전남	나주화순
	206	전북	익산시갑
	202	전북	전주시갑
	96	광주	광주서구을
	154	경기	시흥시을
	168	경기	화성시을
	204	전북	전주시병
3	94	광주	동구남구을
	214	전남	여수시을
	169	경기	화성시병
	208	전북	정읍고창
	207	전북	익산시을
	216	전남	순천광양곡성구례을
	20	서울	은평구갑
4	161	경기	파주시갑
	205	전북	군산시
	220	전남	해남완도진도
	135	경기	광명시을
	92	인천	인천서구을
	18	서울	노원구을
	14	서울	강북구을

일곱 개씩 묶여 있는 선거구 예시(출처 : 『해커의 지문』 p.119)

클러스터 속에서 각 지역구가 일곱 개씩 36개의 그룹 발견. 사전 당일 비중 차이값을 오름차순으로 정리하여 지역구 순번합으로 만든 암호코드 발견.

첫번째 발견이 더불어민주당 당일 득표율 50%를 기준으로 두 그룹이 나뉘어지는 현상이었다면, 두번째 발견을 통해서 나뉘어진 지역구들이 어떤 규칙에 의해 클러스터를 형성하고 있다는 사실이었다. 일정한 비율로 뭉쳐져 있는 이 클러스터(뭉치)의 실체를 알기는 쉽지 않았다. 필자는 상당 기간 이 클러스터들이 당선과 낙선을 가르기 위한 조작의 결과로 형성된 것으로 판단하였다. 그리하여 정확하게 얼마 정도 수치의 표가 이동하는지 알아보기를 원했다. 그래서 먼저 이 클러스터들을 풀어볼 필요가 있었다.

지금에 와서 생각해 보면 필자의 목표는 첫번째 발견과 두번째 발견를 통해서 이미 달성되었다고 해도 될 만큼 선거 결과에서 발견될 수 없는 또렷한 이상성이었다. 특히 두번째 발견의 비율값이 일정하게 차이를 내면서 뭉쳐져 있는 클러스터는 더욱 분명한 이상성으로 인식한다. 어떤 정치권력적 이유 때문에 이 발견의 중요성이 무시된다고 해도 당대가 아니라 후대라 해도 이 발견은 반드시 훨씬 더 구체적으로 해석될 것으로 본다.

그러나 [follow_the_party]라는 해커의 지문이 일으킨 여러 가지 소음 때문에 앞의 두 가지 발견은 묻혀 버렸다. 우선 위의 두 가지 발견을 토대로 최종 단계라고 할 수 있는 해커의 지문 발견은 어떻게 가능했는지 기술해 보기로 한다.

비중 그래프와 비율값 클러스터의 실체에 접근하기 위해 다시 더불어민주당 사전과 당일 비중 차이값에 주목하였다. 차이값이 적은 순부터 오름차순으로 정리했을 때 전국 지역구가 일정하게 배열되지 않고 그야 말로 서울 부산 광주 경남 경북 할 것없이 뒤죽박죽 섞여 있는 것이 눈에 띄었다. '더불어민주당 50% 기준의 사전 당일 비중 교점'과 '일정한 비율로 뭉쳐있는 클러스터들'의 발견은 비교적 빨리 찾아낼 수 있었다. 그러나 이것들이 무엇을 의미하는지를 찾아내는 것은 결코 쉽지 않았다. 어쩌면 장영후 프로그래머의 등장과 그의 1년에 걸친 분석이 없었다면 조작으로 당락에 영향을 주려는 조작 설계자들의 흔적이라는 애초의 의심을 풀 수 없었을 것이다.

실제로 필자는 이를 '디지털 게리맨더링'이라는 개념으로 설명하여 국제보고서에 제출하기도 하였다. '게리맨더링(gerrymandering)'이란 특정 후보의 당선을 유리하게 하거나 특정 정당이 더 많은 의석을 확보하도록 선거구를 기형으로 분할하는 것을 뜻한다. 그리하여 한국에서는 이를 막기 위해 선거구를 기본적으로, 역사적으로 형성된 행정구역을 경계로 획정해 온 것이다. 필자가 '디지털 게리맨더링'이라고 말한 것은 실질적인 게리맨더링은 거의 불가능하고, 실행한다고 해도 정당 간의 큰 분쟁의 소지가 되므로 선거 과정, 즉 투표 개표 과정에서 디지털 도구를 동원하여 또 다른 선거구를 획정한다는 의미다.

비중 그래프나 클러스터 그래프의 발견은 디지털 개입을 심히 의심케 했고, 이런 그래프들이 당선자를 바꾸는 데 개입함으로써 발생했을 것으로 가정했다. 그러나 장영후 프로그래머가 [follow_the_party]를 해설해준 바에 따르면 필자의 발견은 '게리맨더링'이 아니라 조작 계획표를 작성하는 과정에서 목표 득표수를 최적화하는 과정에서 삽입된 일종의 작업자 또는 제작자 표시라는 것이었다. [follow_the_party] 발표 직후 VON뉴스의 김미영 대표가 '디지털 게리맨더링'이 아니라 '일종의 워터마크'와 같다고 한 적이 있지만, 장영후 프로그래머의 자세한 해설이 나올 때까지 필자는 [follow_the_party]의 용도를 명확하게 인식하지 못하였다. 다만 확실한 것은 더 이상의 표가 필요없다고 여겨지는 지역구는 사전비중이 당일비중보다 낮아지고 반대의 경우는 높아지는 경향을 통해 당락 조정에 사전투표 조작이 있었다는 가설은 확고하였다. 이 내용은 뒤에서 더 다루기로 하자.

비중 그래프와 클러스터 그래프 발견 이후 필자가 돌입한 것은 이들 그래프를 통해 구체적으로 표 이동이 어떤 방식으로 이루어졌는지 살펴보고자 한 것은 분명하다. 그리하여 더불어민주당 사전과 당일 비중값 차이에 따라 오름차순으로 전체 253개 지역구를 배열하였을 때 '표수'를 통한 수학적 규칙성을 발견하기는 어려웠다. 그러나 예상 밖으로 각 지역구가 고유하게 갖고 있는 지역구 순번에 주목하게 되었다. 어떤 수학적 규칙성이 발견되지 않는데 이렇게 이채로운 비중 그래프와 클러스터 그래프가 도출되었다면 어떤 다른 종류의 알고리즘의 결과일 수도 있다는 생각이 들었다. 그 때 떠올린 것이 경제학의 새로운 패러다임을 갖고 온 수학자 존 내시 이야기를 그린 영화《뷰티풀 마인드》(A Beautiful Mind: The Life of Mathematical Genius and Nobel Laureate John Nash)의 한 장면이었다.

영화《뷰티풀 마인드》의 한 장면. 주인공은 난수 속에서 적진의 유의미한 암호 코드를 발견한다.

무질서하게 얼크러져 있는 듯한 난수 속에서 문자로 된 암호코드를 읽어낼 수 있음을 착안했다. 우리는 '해커의 지문'이라고 별명을 붙였지만 이것은 일종의 암호일 수 있다고 생각했다. 만일 암호를 넣기 위해 숫자를 사용한다면 절대 상수값에 해당하는 선거구 일련번호와 관련이 있을 수 있다고 추리했다. 그리하여 전국 지역구를 더불어민주당 사전과 당일 비중 차이값을 기준으로 오름차순으로 정열하고 지역구 순번을 표시하였다. (참고 - 선거구의 순번 정의 현황에 대해서는 『해커의 지문』 110~118쪽에 자세히 서술되어 있다.) 전국의 선거구는 모든 도로가 시작되는 원표가 있는 서울 종로구를 1번으로 하여 원표에서 가장 먼 제주도 서귀포시를 마지막 253번으로 하는 행정구역 번호를 사용한다. 서울을 중심으로 광역시, 자치시, 서울에서 가까운 도 소재지 순서로 번호가 부여된다.

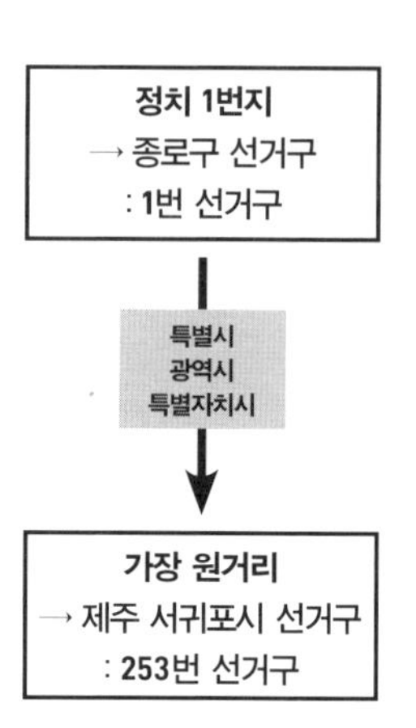

선거구 번호 부여 결과

선거구 번호	시도	선거구명
1	서울	종로구
2	서울	중구성동구갑
3	서울	중구성동구을
4	서울	용산구
5	서울	광진구갑
6	서울	광진구을
7	서울	동대문구갑
8	서울	동대문구을
9	서울	중랑구갑
10	서울	중랑구을
11	서울	성북구갑
12	서울	성북구을
13	서울	강북구갑
14	서울	강북구을

15	서울	도봉구갑
중략		
240	경남	진주시갑
241	경남	진주시을
242	경남	통영시고성군
243	경남	사천남해하동
244	경남	김해시갑
245	경남	김해시을
246	경남	밀양의령함안창녕
247	경남	거제시
248	경남	양산시갑
249	경남	양산시을
250	경남	산청함양거창합천
251	제주	제주시갑
252	제주	제주시을
253	제주	서귀포시

21대 총선이 끝난 2020년 4월 16일 중앙선거관리위원회가 발표한 데이터를 바탕으로 조작의 흔적을 추적하고 있는 상황이었기 때문에 당시에는 이런 조작을 가했는지, 왜 이런 이상 데이터가 도출되는지 알 수 없었다. 다만 애초에 계획이 있었고, 그 계획이 실현되었기 때문에 이와 같은 흔적이 선거 결과 데이터에 나타나 있는 것이라고 보았다. 조작자가 암호를 새겨 넣었다면 움직이지 않는 절대 상수에 해당하는 지역구 번호를 사용했을 수 있다는 것은 어렵지 않은 추리였다.

숫자 속에 원하는 단어나 문장을 넣는 것을 목표로 했다면 어떤 경우에도 움직이지 않을 숫자, 즉 지역구 순번에 해당하는 숫자를 통해서 암호를 구성했을 가능성을 생각해 보았다. 숫자를 문자로 치환하기 위해 필요한 아스키코드(ASCII)는 다음과 같이 되어 있다.

아스키코드(ASCII) 문자표

10진수	2진수	할당 문자	설 명	10진수	2진수	할당 문자	설명
63	00111111	?	Question mark	95	01011111	_	
64	01000000	@	At symbol	96	01100000	`	
65	01000001	A		97	01100001	a	
66	01000010	B		98	01100010	b	
67	01000011	C		99	01100011	c	
68	01000100	D		100	01100100	d	
69	01000101	E		101	01100101	e	
70	01000110	F		102	01100110	f	
71	01000111	G		103	01100111	g	
72	01001000	H		104	01101000	h	
73	01001001	I		105	01101001	i	
74	01001010	J		106	01101010	j	
75	01001011	K		107	01101011	k	
76	01001100	L		108	01101100	l	
77	01001101	M		109	01101101	m	
78	01001110	N		110	01101110	n	
79	01001111	O		111	01101111	o	
80	01010000	P		112	01110000	p	
81	01010001	Q		113	01110001	q	
82	01010010	R		114	01110010	r	
83	01010011	S		115	01110011	s	
84	01010100	T		116	01110100	t	
85	01010101	U		117	01110101	u	
86	01010110	V		118	01110110	v	
87	01010111	W		119	01110111	w	
88	01011000	X		120	01111000	x	
89	01011001	Y		121	01111001	y	
90	01011010	Z		122	01111010	z	
91	01011011	[		123	01111011	{	
92	01011100	\		124	01111100	|	
93	01011101	]		125	01111101	}	
94	01011110	^		126	01111110	~	

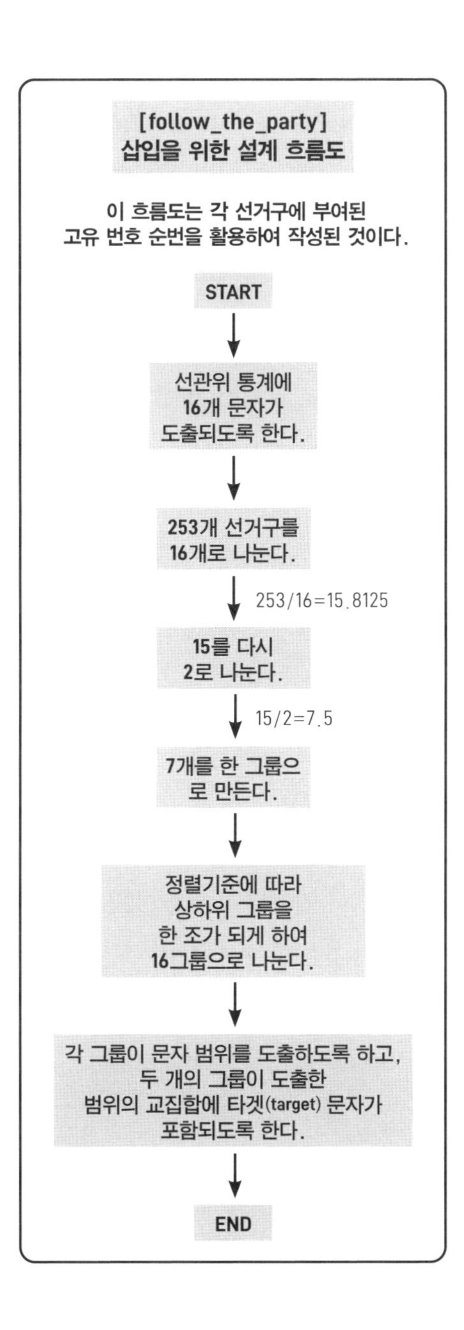
[follow_the_party]
삽입을 위한 설계 흐름도
이 흐름도는 각 선거구에 부여된
고유 번호 순번을 활용하여 작성된 것이다.
START
선관위 통계에
16개 문자가
도출되도록 한다.
253개 선거구를
16개로 나눈다.
253/16=15.8125
15를 다시
2로 나눈다.
15/2=7.5
7개를 한 그룹으
로 만든다.
정렬기준에 따라
상하위 그룹을
한 조가 되게 하여
16그룹으로 나눈다.
각 그룹이 문자 범위를 도출하도록 하고,
두 개의 그룹이 도출한
범위의 교집합에 타겟(target) 문자가
포함되도록 한다.
END

위에서 알파벳 문자는 65(대문자 A)부터 122(소문자 a)까지로 57개 숫자안에 모여있다. 따라서 지역구 순번은 1에서 253번까지로 1대 1로 매치되는 것은 아니다. 그렇다면 어떤 종류의 규칙을 만들어 문자나 문장을 새겨 넣었을 수 있다고 보았다. 어떤 문자나 문장을 새겨 넣었는지는 추측할 수 없다. 나중에 장영후 프로그래머는 작업의 순서를 완전히 뒤바꾸어 미리 [follow_the_party]를 삽입할 암호를 정해놓고 선거결과 계획표에서 약간의 숫자를 바꾸어 넣으려고 시도했다면 프로그래머의 입장에서 매우 간단한 일이라고 말해 주었다.

앞의 흐름도에서 보듯이 어쩌면 지나치게 간단하여 따로 설명이 필요없을 정도다. 253개 지역구 번호를 이용하여 띄어쓰기까지 16개의 문자를 넣기 위해서는 32개씩 7개 묶음의 글자가 있으면 되고, 원 계획을 흐트러뜨리지 않기 위해서는 안전한 기준점을 찾아 안착시키면 된다. 그러나 반대로 전혀 암호를 모른다고 가정할 때는 16개씩 두 그룹을 나눈다거나, 특정 정렬 기준을 통해 7개 지역구씩을 묶는다거나 하는 것이 모두 모래밭에서 바늘을 찾는 것과 같이 요원한 일일 것이다.

필자가 지역구 순번에서 암호의 열쇠를 찾은 것은 어떤 상황에서도 움직이지 않을 절대 상수값으로 주어져 있는 숫자이기 때문이다.

상하위 두 그룹으로 나눈 것은 비중 그래프에서 사전 당일 비중값 차이가 양수 음수로 극명하게 나뉘었기 때문이다.

7개씩 한 묶음이 되는 것은 비율값의 클러스터 속에서 7개씩 묶음이 두 개 이상 발견되었기 때문이다.

[follow_the_party]를 찾아가는 과정에서 가장 크게 논란이 된 것도 정답을 모르는 상황에서 어떻게 이 문자들에 더듬어 접근해 갈 수 있

었는가 때문이다. 필자 역시 '더듬어 접근해 갔다'라는 표현이 적확하다고 여겨질 만큼 여러 가지 시행착오를 거듭했다고 할 수 있다.

그룹짓기(grouping)의 규칙

프로그래머와 달리 컴퓨터에게 명령을 내리는 방식이 아니라, 모래사장에서 바늘을 찾는 방식인데도 한 달 여 만에 [follow_the_party]를 해커의 지문으로 특정하게 된 과정을 간단하게 짚어보자.

더불어민주당 사전과 당일 득표율이 큰 차이가 나는 것에 집중하여 각 지역구가 전체에서 차지하는 비중을 백분위 표준화를 통해 구하고 비교를 용이하게 하고자 했다.

50% 이상의 당일 득표율을 가진 모든 지역구가 사전의 비중이 당일의 비중보다 적은 것에 착안하여 표의 이동, 또는 더하고 덜함에 인위적인 조작이 있다고 보았다.

각 지역구가 이동 또는 얻거나 잃은 표의 규모를 알아보고자 하여 사전 당일 비중 차이값에 각 지역구의 당일 득표수를 곱하여서 인위적인 묶음 다발들을 발견하였다.

전체 지역구의 83.7%에 해당하는 213개 지역구가 7개씩 비율값이 그루핑(grouping)되는 범위내에 있었으므로 묶음이 기본적으로 7개씩이라고 유추할 수 있었다. 나머지 지역도 7개씩의 묶음이 있고 또 예외 지역이 있겠지만 선거 결과 데이터에는 여러 가지 변수로 인하여 완전하게 반영되어 있지 않았을 뿐 원래 계획된 청사진에는 전반적으로 7개씩 끊어지는 그루핑을 통해 암호문자를 숨겼을 수 있다고 유추하였다.

앞에서 정리했듯이 7개씩 끊어지는 비율값의 존재로 보았을 때 253개의 선거구가 전반적으로 7개씩 그룹이 되어 암호 형성에 이용되고 있을 것으로 추리하고 사전 당일 비중 차이값을 낮은 곳부터 오름차순으로 정렬하였다. 오름차순 정렬은 다음과 같다.

그룹	지역	선거구	선거구 번호	사전득표율비중값-당일득표율비중값차이값
1	광주	광산구을	100	-0.12514%
	전남	담양함평영광장성	218	-0.10912%
	광주	광주서구갑	95	-0.10788%
	전북	익산시갑	206	-0.10149%
	광주	광산구갑	99	-0.10139%
	광주	광주북구을	98	-0.09595%
	광주	동구남구갑	93	-0.09475%
2	전남	나주화순	217	-0.08874%
	전남	영암무안신안	221	-0.08840%
	광주	광주서구을	96	-0.08586%
	전북	전주시갑	202	-0.08520%
	광주	동구남구을	94	-0.08102%
	전남	여수시을	214	-0.07335%
	전북	익산시을	207	-0.07297%
3	전북	정읍고창	208	-0.07032%
	경기	시흥시을	154	-0.05414%
	전북	김제부안	210	-0.05073%
	전남	해남완도진도	220	-0.04953%
	전북	전주시병	204	-0.04340%
	경기	화성시병	169	-0.03955%
	전남	순천광양곡성구례을	216	-0.03933%

4	경기	광명시을	135	-0.03906%
	전남	여수시갑	213	-0.03863%
	경기	화성시을	168	-0.03771%
	서울	강북구을	14	-0.03657%
	전남	고흥보성장흥강진	219	-0.03495%
	서울	은평구갑	20	-0.03354%
	전북	전주시을	203	-0.03324%
5	전북	군산시	205	-0.03152%
	경기	양주시	172	-0.02889%
	서울	노원구을	18	-0.02878%
	인천	인천서구을	92	-0.02630%
	경기	파주시갑	161	-0.02499%
	경기	수원시을	117	-0.02113%
	경기	부천시병	132	-0.01776%
6	경기	용인시을	158	-0.01712%
	경기	부천시갑	130	-0.01696%
	충남	천안시을	192	-0.01665%
	전남	순천광양곡성구례갑	215	-0.01594%
	인천	계양구갑	89	-0.01574%
	서울	서대문구을	23	-0.01566%
	충남	아산시을	197	-0.01543%
7	경기	남양주시을	150	-0.01512%
	서울	성북구갑	11	-0.01380%
	서울	중랑구을	10	-0.01372%
	광주	광주북구갑	97	-0.01357%
	경기	수원시갑	116	-0.01354%
	경기	성남시수정구	121	-0.01303%
	서울	성북구을	12	-0.01225%

8	경기	안산시상록구갑	139	-0.01103%
	경기	남양주시갑	149	-0.00997%
	서울	강서구병	30	-0.00966%
	인천	계양구을	90	-0.00936%
	경기	구리시	148	-0.00825%
	경기	안산시상록구을	140	-0.00730%
	서울	은평구을	21	-0.00696%
9	서울	노원구갑	17	-0.00694%
	인천	부평구을	88	-0.00644%
	대전	유성구갑	105	-0.00627%
	경기	수원시정	119	-0.00625%
	서울	양천구을	27	-0.00618%
	서울	강북구갑	13	-0.00601%
	경기	오산시	152	-0.00571%
10	경기	부천시정	133	-0.00569%
	서울	중랑구갑	9	-0.00567%
	경기	의정부시을	126	-0.00537%
	전북	완주진안무주장수	211	-0.00511%
	충북	청주시흥덕구	185	-0.00504%
	경기	광주시을	171	-0.00469%
	인천	연수구갑	83	-0.00456%
11	경기	수원시무	120	-0.00442%
	대전	대전서구을	104	-0.00439%
	서울	구로구을	32	-0.00432%
	경기	군포시	155	-0.00425%
	경기	안산시단원구갑	141	-0.00412%
	세종	세종을	115	-0.00392%
	제주	제주시을	252	-0.00351%

12	경기	광주시갑	170	−0.00337%
	인천	부평구갑	87	−0.00307%
	대전	대전서구갑	103	−0.00283%
	서울	강서구을	29	−0.00252%
	서울	강서구갑	28	−0.00142%
	세종	세종갑	114	−0.00083%
	제주	서귀포시	253	−0.00062%
13	서울	마포구갑	24	−0.00060%
	경기	부천시을	131	−0.00046%
	인천	남동구을	86	−0.00026%
	경기	김포시을	166	−0.00025%
	경기	김포시갑	165	−0.00006%
	대전	유성구을	106	0.00023%
	서울	영등포구갑	34	0.00039%
14	경기	안양시동안구갑	128	0.00049%
	인천	남동구갑	85	0.00071%
	서울	종로구	1	0.00072%
	충북	청주시청원구	186	0.00099%
	경기	성남시중원구	122	0.00135%
	서울	동작구갑	36	0.00230%
	서울	도봉구갑	15	0.00234%
15	경기	안양시동안구을	129	0.00246%
	경기	고양시병	145	0.00246%
	경기	파주시을	162	0.00258%
	인천	인천서구갑	91	0.00288%
	서울	동대문구을	8	0.00357%
	경기	안양시만안구	127	0.00377%
	서울	강동구을	49	0.00382%

16	서울	중구성동구갑	2	0.00382%
	서울	노원구병	19	0.00391%
	경기	용인시정	160	0.00435%
	서울	구로구갑	31	0.00438%
	경기	수원시병	118	0.00492%
	경기	고양시정	146	0.00497%
	경기	의정부시갑	125	0.00498%
17	경남	양산시을	249	0.00534%
	전남	목포시	212	0.00573%
	경기	시흥시갑	153	0.00576%
	대전	대덕구	107	0.00593%
	충남	천안시갑	191	0.00603%
	서울	도봉구을	16	0.00604%
	서울	광진구을	6	0.00612%
18	서울	금천구	33	0.00631%
	충북	청주시서원구	184	0.00650%
	서울	관악구을	39	0.00653%
	서울	광진구갑	5	0.00656%
	서울	서대문구갑	22	0.00664%
	경기	고양시을	144	0.00680%
	강원	원주시을	178	0.00683%
19	충남	보령서천	195	0.00695%
	충남	논산계룡금산	199	0.00700%
	서울	마포구을	25	0.00709%
	제주	제주시갑	251	0.00721%
	인천	동구미추홀구갑	81	0.00735%
	경남	산청함양거창합천	250	0.00791%
	충남	아산시갑	196	0.00845%

20	경남	창원시진해구	239	0.00854%
	부산	사상구	66	0.00940%
	경기	성남시분당구을	124	0.00969%
	경기	안성시	164	0.00975%
	서울	송파구병	47	0.00982%
	충북	청주시상당구	183	0.01018%
	전북	남원임실순창	209	0.01028%
21	서울	영등포구을	35	0.01031%
	울산	북구	112	0.01039%
	경기	성남시분당구갑	123	0.01039%
	경기	하남시	156	0.01070%
	대전	대전중구	102	0.01072%
	부산	북구강서구갑	57	0.01073%
	부산	연제구	64	0.01085%
22	충남	천안시병	193	0.01094%
	인천	중구강화옹진	80	0.01112%
	서울	관악구갑	38	0.01114%
	경기	평택시갑	136	0.01116%
	강원	원주시갑	177	0.01122%
	서울	양천구갑	26	0.01124%
	대전	대전동구	101	0.01125%
23	서울	중구성동구을	3	0.01131%
	서울	동대문구갑	7	0.01133%
	경기	화성시갑	167	0.01139%
	서울	동작구을	37	0.01154%
	강원	춘천화천철원양구갑	175	0.01155%
	경기	광명시갑	134	0.01175%
	서울	강동구갑	48	0.01201%

24	충북	증평진천음성	190	0.01220%
	서울	강남구을	43	0.01229%
	충남	당진시	200	0.01230%
	충남	공주부여청양	194	0.01238%
	경기	안산시단원구을	142	0.01240%
	경기	이천시	163	0.01244%
	부산	사하구갑	61	0.01246%
25	강원	춘천화천철원양구을	176	0.01247%
	충북	충주시	187	0.01258%
	부산	부산남구을	56	0.01262%
	서울	송파구갑	45	0.01268%
	경남	김해시갑	244	0.01271%
	경남	김해시을	245	0.01274%
	경기	남양주시병	151	0.01315%
26	경기	용인시병	159	0.01374%
	경기	동두천시연천군	138	0.01377%
	경기	포천가평	173	0.01385%
	부산	부산진구갑	52	0.01394%
	충남	홍성예산	201	0.01395%
	경기	평택시을	137	0.01465%
	부산	해운대구을	60	0.01467%
27	충북	제천단양	188	0.01506%
	서울	송파구을	46	0.01516%
	경기	용인시갑	157	0.01532%
	서울	용산구	4	0.01566%
	부산	중구영도구	50	0.01590%
	부산	기장군	67	0.01594%
	인천	연수구을	84	0.01662%

28	경남	양산시갑	248	0.01663%
	부산	북구강서구을	58	0.01672%
	울산	울주군	113	0.01680%
	경남	창원시마산회원구	238	0.01682%
	충남	서산태안	198	0.01696%
	강원	속초인제고성양양	181	0.01771%
	울산	울산남구갑	109	0.01782%
29	부산	동래구	54	0.01799%
	부산	서구동구	51	0.01803%
	경기	의왕과천	147	0.01805%
	강원	동해태백삼척정선	180	0.01819%
	부산	부산남구갑	55	0.01836%
	대구	수성구을	75	0.01881%
	경북	군위의성청송영덕	233	0.01897%
30	대구	서구	71	0.01927%
	경북	경주시	224	0.01930%
	인천	동구미추홀구을	82	0.01934%
	부산	부산진구을	53	0.01946%
	서울	서초구을	41	0.01992%
	경북	고령성주칠곡	234	0.02053%
	울산	울산동구	111	0.02073%
31	충북	보은옥천영동괴산	189	0.02175%
	경북	김천시	225	0.02246%
	경북	상주문경	231	0.02274%
	울산	울산남구을	110	0.02331%
	부산	수영구	65	0.02417%
	경남	창원시마산합포구	237	0.02430%
	경남	창원시성산구	236	0.02451%

32	대구	수성구갑	74	0.02520%
	경남	밀양의령함안창녕	246	0.02521%
	대구	동구을	70	0.02522%
	경북	구미시갑	227	0.02535%
	경북	영주영양봉화울진	229	0.02576%
	경기	여주양평	174	0.02609%
	대구	달서구을	77	0.02626%
33	대구	동구갑	69	0.02630%
	서울	강남구갑	42	0.02646%
	부산	금정구	63	0.02676%
	경북	안동예천	226	0.02696%
	경북	포항시남구울릉	223	0.02743%
	서울	강남구병	44	0.02789%
	대구	중구남구	68	0.02795%
34	부산	해운대구갑	59	0.02804%
	서울	서초구갑	40	0.02814%
	부산	사하구을	62	0.02818%
	강원	강릉시	179	0.02825%
	강원	홍천횡성영월평창	182	0.02834%
	대구	대구북구갑	72	0.02869%
	경남	거제시	247	0.02887%
35	경북	구미시을	228	0.02912%
	경북	포항시북구	222	0.03001%
	대구	대구북구을	73	0.03009%
	대구	달서구갑	76	0.03057%
	경남	진주시갑	240	0.03153%
	경북	경산시	232	0.03180%
	대구	달성군	79	0.03188%

36	경남	창원시의창구	235	0.03193%
	대구	달서구병	78	0.03195%
	경남	진주시을	241	0.03215%
	경남	사천남해하동	243	0.03231%
	울산	울산중구	108	0.03235%
	경남	통영고성	242	0.03259%
	경기	고양시갑	143	0.03461%
	경북	영천청도	230	0.04181%

위에서 이미 설명했지만, 비중 그래프와 클러스터 그래프 발견을 통하여 지역구들을 배치하는 규칙이 더불어민주당 당일 득표율 비중값을 기준으로 하고 있음을 알 수 있었다. 말하자면 선거구 번호를 1번부터 원칙없이 나열하는 것이 아니라 당일 득표율 비중값을 기준으로 배열하고 있음을 확인하였는데 단순히 당일 비중 50% 선에서 가까운 곳은 적고 먼 곳은 많은 수준이 아니라 1%, 1.2%, 1.5%, 2% 등으로 일정한 비율 차이를 두고 선거구들이 배열되는 것을 알 수 있었다. 이 차이가 7개씩 묶음으로 끊어지는 것을 확인했다. 오름차순으로 배열한 것은 15, 19, 21, 25, 33, 36, 37, 38, 54, 69 등의 값을 가진 변칙적인 지역을 예외로 잡는 것이 낫다고 보았고 클러스터로 모여있는 지역구들이 포함되도록 하기 위해 내림차순이 아닌 오름차순 배열을 택한 것이었다.

뒤에 장영후 프로그래머는 오름차순으로 7개씩 끊어 배열한 것에 대해 높이 평가해 주었다. 필자의 배열을 수용하여 장영후 프로그래머는 좀 더 정교하게 배치해 주었는데 그는 필자의 배열에 투개표 과정에서 있었던 몇 가지 변수를 반영하여 수정 배열하였다. 그는 필자가 선거결과 판세표에 의지해 찾아낸 것과 달리 필자의 의견에 기초하여 선거

전에 작성되었을 조작 청사진에 해당하는 조작자들의 계획표를 복원해 냈다. 이 표는 장영후 프로그래머는 '전략/전술판세표'라고 명명했다. 말하자면 빅데이터를 통해 작성한 전국 표심 지도가 '기초 판세표'라면, 이를 기초로 당선과 낙선을 확정한 '기본 판세표' 위에 [follow_the_party] 알고리즘을 약간의 최적화와 함께 암호문자처럼 넣어둔 판세표를 '전략 판세표'라고 부르고 최종적으로 미세 조정을 통해 목표를 수립한 것을 '전술 판세표'라고 표현했다.

총선 실행 계획 청사진

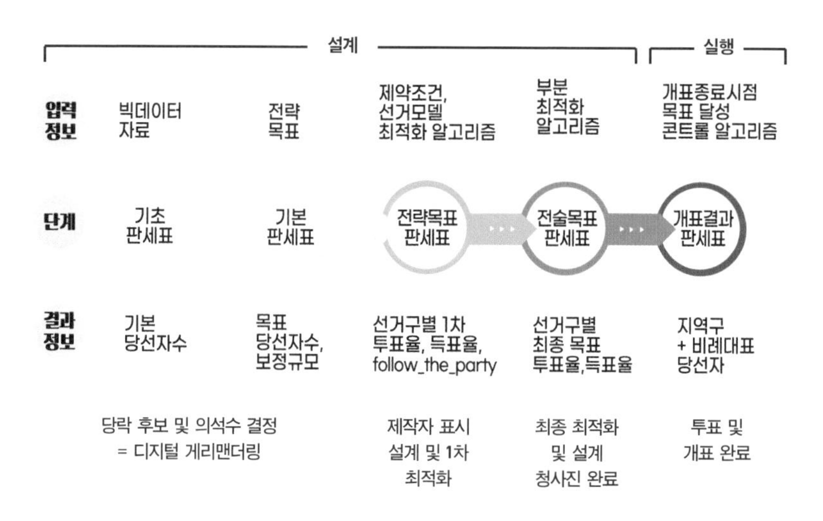

장영후 프로그래머는 필자의 작업을 한 단계 세밀화한 점에서 중요하고, 무엇보다 필자가 일종의 '게리맨더링'의 결과, 즉 낙선 지역을 당선 지역으로 바꾸기 위한 작업으로 나타난 결과라고 생각해던 것을 일부 교정하여 사실은 필자가 발견한 비중 그래프나 클러스터 그래프,

배분의 규칙 등은 모두 당락과 상관없이 최적화와 해커의 지문, 즉 암호문자를 새겨넣기 위한 약간의 조정 결과라는 설명을 해 준 것이었다. 다음은 장영후 프로그래머가 수정한 판세표이다.

전략목표판세표					더불어민주당						미래통합당	기타	
FTP 그룹 번호	FTP 순서	선거 구번 호	시도	선거구명	당일 득표수	사전 득표수	당일 득표율	사전 득표율	시-당 득표율 차이	총 득표수	총 득표수	총 득 표 수	당선당
	1	100	광주	광산구을	54883	41923	82.3%	83.1%	0.9%	96806	0		더불어민주당
	2	98	광주	광주북구을	55492	53954	76.9%	80.7%	3.8%	109446	0		더불어민주당
	3	218	전남	담양함평영광장성	34333	51975	78.5%	80.8%	2.3%	86308	0		더불어민주당
1	4	99	광주	광산구갑	36148	31814	75.7%	78.5%	2.7%	67962	0		더불어민주당
	5	95	광주	광주서구갑	33475	35809	79.8%	82.6%	2.8%	69284	3543		더불어민주당
	6	93	광주	동구남구갑	34956	36234	74.0%	77.3%	3.3%	71190	0		더불어민주당
	7	221	전남	영암무안신안	33347	41305	73.1%	77.0%	4.0%	74652	3509		더불어민주당
	8	217	전남	나주화순	33040	42355	74.0%	78.2%	4.1%	75395	0		더불어민주당
	9	206	전북	익산시갑	27534	30787	76.1%	78.9%	2.8%	58321	5513		더불어민주당
	10	202	전북	전주시갑	32429	34599	69.7%	73.4%	3.7%	67028	0		더불어민주당
2	11	96	광주	광주서구을	29999	31269	72.6%	76.9%	4.2%	61268	0		더불어민주당
	12	154	경기	시흥시을	42806	25995	63.4%	70.0%	6.6%	68801	32700		더불어민주당
	13	168	경기	화성시을	60515	38094	60.9%	69.3%	8.4%	98609	52802		더불어민주당
	14	204	전북	전주시병	51162	52899	62.0%	69.8%	7.8%	104061	0		더불어민주당
	15	94	광주	동구남구을	27334	34286	69.0%	73.0%	4.1%	61620	0		더불어민주당
	16	214	전남	여수시을	29186	25924	68.0%	73.0%	5.0%	55110	2868		더불어민주당
	17	169	경기	화성시병	53554	35260	60.8%	68.9%	8.1%	88814	47377		더불어민주당
3	18	208	전북	정읍고창	28976	36893	66.3%	71.3%	5.0%	65869	0		더불어민주당
	19	207	전북	익산시을	25962	31902	69.7%	75.1%	5.4%	57864	0		더불어민주당
	20	216	전남	순천광양곡성구례을	44554	50392	61.4%	69.7%	8.3%	94946	6192		더불어민주당
	21	20	서울	은평구갑	44526	40001	58.6%	67.0%	8.4%	84527	45589		더불어민주당
	22	161	경기	파주시갑	54774	30036	57.1%	66.4%	9.3%	84810	52122		더불어민주당
	23	205	전북	군산시	43271	51848	58.3%	67.0%	8.7%	95119	5319		더불어민주당
	24	220	전남	해남완도진도	27694	33256	63.6%	70.9%	7.3%	60950	0		더불어민주당
4	25	135	경기	광명시을	34835	22480	59.7%	67.6%	7.9%	57315	27671		더불어민주당
	26	92	인천	인천서구을	48824	35060	57.4%	66.6%	9.2%	83884	50763		더불어민주당
	27	18	서울	노원구을	42732	28029	57.9%	66.8%	8.9%	70761	41792		더불어민주당
	28	14	서울	강북구을	32987	22775	59.1%	67.3%	8.1%	55762	30708		더불어민주당
	29	203	전북	전주시을	34576	33967	58.7%	67.3%	8.5%	68543	7101		더불어민주당
	30	210	전북	김제부안	22519	30674	63.0%	70.0%	7.0%	53193	0		더불어민주당
	31	172	경기	양주시	38478	31104	58.0%	66.9%	9.0%	69582	40414		더불어민주당
5	32	117	경기	수원시을	51410	33187	56.6%	66.3%	9.7%	84597	53334		더불어민주당
	33	219	전남	고흥보성장흥강진	28413	49152	60.2%	68.8%	8.6%	77565	0		더불어민주당
	34	213	전남	여수시갑	24119	24815	60.0%	68.1%	8.1%	48934	2846		더불어민주당
	35	158	경기	용인시을	53167	36156	55.6%	65.7%	10.1%	89323	57671		더불어민주당
	36	132	경기	부천시병	49487	27654	56.1%	66.2%	10.1%	77141	41642		더불어민주당
	37	192	충남	천안시을	49876	29310	55.4%	65.6%	10.1%	79186	46389		더불어민주당
	38	150	경기	남양주시을	42842	25139	54.6%	64.7%	10.1%	67981	36526		더불어민주당
6	39	116	경기	수원시갑	44961	32103	54.7%	65.1%	10.4%	77064	51428		더불어민주당
	40	215	전남	순천광양곡성구례갑	37814	45062	55.9%	66.2%	10.3%	82876	4058		더불어민주당
	41	11	서울	성북구갑	42825	38979	54.7%	65.1%	10.3%	81804	49727		더불어민주당
	42	10	서울	중랑구을	41840	31898	54.3%	64.6%	10.3%	73738	47603		더불어민주당

전략목표판세표					더불어민주당						미래통합당	기타	
FTP 그룹 번호	FTP 순서	선거구 번호	시도	선거구명	당일 득표수	사전 득표수	당일 득표율	사전 득표율	시-당 득표율 차이	총 득표수	총 득표수	총득표수	당선당
	43	130	경기	부천시갑	31732	16267	55.3%	65.4%	10.0%	47999	29266		더불어민주당
	44	121	경기	성남시수정구	40000	36942	54.8%	65.3%	10.5%	76942	45617		더불어민주당
	45	23	서울	서대문구을	31271	26578	55.6%	65.9%	10.3%	57849	35853		더불어민주당
7	46	12	서울	성북구을	39422	30694	54.0%	64.4%	10.4%	70116	45543		더불어민주당
	47	197	충남	아산시을	27327	18502	55.8%	66.2%	10.4%	45829	30584		더불어민주당
	48	89	인천	계양구갑	25519	18926	55.8%	66.1%	10.3%	44445	26890		더불어민주당
	49	139	경기	안산시상록구갑	34387	24572	53.9%	64.4%	10.5%	58959	38367		더불어민주당
	50	149	경기	남양주시갑	36781	22972	53.7%	64.4%	10.7%	59753	39318		더불어민주당
	51	97	광주	광주북구갑	26028	36636	55.0%	65.4%	10.4%	62664	2423		더불어민주당
	52	30	서울	강서구병	33251	29926	53.4%	64.1%	10.6%	63177	39355		더불어민주당
8	53	148	경기	구리시	38426	25568	53.5%	64.3%	10.9%	63994	43456		더불어민주당
	54	21	서울	은평구을	42439	35378	51.6%	62.2%	10.6%	77817	49796		더불어민주당
	55	119	경기	수원시정	45309	34343	52.7%	63.7%	11.0%	79652	52585		더불어민주당
	56	88	인천	부평구을	41952	32540	51.5%	62.1%	10.7%	74492	47789		더불어민주당
	57	90	인천	계양구을	28853	22627	53.4%	64.1%	10.7%	51480	34222		더불어민주당
	58	155	경기	군포시	53774	37070	52.5%	63.6%	11.2%	90844	64167		더불어민주당
	59	126	경기	의정부시을	43285	28755	51.8%	62.7%	10.9%	72040	49640		더불어민주당
9	60	152	경기	오산시	39026	23322	52.7%	63.8%	11.0%	62348	44834		더불어민주당
	61	185	충북	청주시흥덕구	43501	31754	51.3%	62.1%	10.8%	75255	57656		더불어민주당
	62	120	경기	수원시무	48706	34103	51.1%	62.0%	10.9%	82809	56793		더불어민주당
	63	27	서울	양천구을	35723	30468	51.8%	62.6%	10.8%	66191	47897		더불어민주당
	64	17	서울	노원구갑	31188	22207	51.7%	62.3%	10.6%	53395	36782		더불어민주당
	65	105	대전	유성구갑	30642	24715	51.5%	62.2%	10.7%	55357	39588		더불어민주당
	66	133	경기	부천시정	33406	15969	52.6%	63.7%	11.0%	49375	32094		더불어민주당
10	67	140	경기	안산시상록구을	26000	17597	53.0%	63.8%	10.9%	43597	30747		더불어민주당
	68	104	대전	대전서구을	37454	33112	52.0%	63.0%	11.0%	70566	50140		더불어민주당
	69	9	서울	중랑구갑	29474	26013	52.7%	63.8%	11.0%	55487	34670		더불어민주당
	70	13	서울	강북구갑	26047	22982	51.7%	62.4%	10.8%	49029	33840		더불어민주당
	71	171	경기	광주시을	31975	20460	52.4%	63.6%	11.1%	52435	38910		더불어민주당
	72	87	인천	부평구갑	44476	33853	52.2%	63.5%	11.3%	78329	57148		더불어민주당
	73	252	제주	제주시을	37599	30280	50.9%	61.8%	10.9%	67879	49862		더불어민주당
11	74	32	서울	구로구을	29694	25454	51.0%	61.8%	10.8%	55148	37018		더불어민주당
	75	103	대전	대전서구갑	41864	33271	50.7%	61.7%	11.0%	75135	57720		더불어민주당
	76	211	전북	완주진안무주장수	22737	35836	51.2%	62.0%	10.8%	58573	4447		더불어민주당
	77	83	인천	연수구갑	24689	21044	52.0%	63.0%	11.0%	45733	33646		더불어민주당
	78	170	경기	광주시갑	31003	23000	52.1%	63.4%	11.2%	54003	40469		더불어민주당
	79	141	경기	안산시단원구갑	25635	17081	52.0%	63.1%	11.1%	42716	31086		더불어민주당
	80	29	서울	강서구을	36858	29331	50.7%	61.7%	11.0%	66189	50281		더불어민주당
12	81	115	세종	세종을	22973	22901	52.1%	63.2%	11.1%	45874	31495		더불어민주당
	82	28	서울	강서구갑	35227	27548	50.5%	61.6%	11.1%	62775	43519		더불어민주당
	83	131	경기	부천시을	49770	30829	50.3%	61.6%	11.2%	80599	58341		더불어민주당
	84	86	인천	남동구을	44621	35018	50.2%	61.4%	11.2%	79639	54264		더불어민주당

전략목표판세표					더불어민주당						미래통합당	기타	
FTP 그룹 번호	FTP 순서	선거구 번호	시도	선거구명	당일 득표수	사전 득표수	당일 득표율	사전 득표율	시-당 득표율 차이	총 득표수	총 득표수	총 득표수	당선당
	85	114	세종	세종갑	25370	30543	50.3%	61.5%	11.2%	55913	32496		더불어민주당
	86	253	제주	서귀포시	28326	25284	50.2%	61.4%	11.2%	53610	41689		더불어민주당
	87	166	경기	김포시을	37510	26679	50.0%	61.2%	11.2%	64189	52200		더불어민주당
13	88	106	대전	유성구을	27442	26028	50.0%	61.3%	11.3%	53470	35629		더불어민주당
	89	34	서울	영등포구갑	38481	32677	50.1%	61.4%	11.3%	71158	49292		더불어민주당
	90	24	서울	마포구갑	27763	24492	49.8%	60.8%	11.1%	52255	40775		더불어민주당
	91	165	경기	김포시갑	37582	21982	49.7%	60.8%	11.1%	59564	42660		더불어민주당
	92	128	경기	안양시동안구갑	31252	24658	49.9%	61.2%	11.3%	55910	40490		더불어민주당
	93	85	인천	남동구갑	41507	31156	49.4%	60.6%	11.2%	72663	59466		더불어민주당
	94	1	서울	종로구	23953	28868	49.9%	61.2%	11.3%	52821	37594		더불어민주당
14	95	186	충북	청주시청원구	32313	19699	49.5%	60.8%	11.3%	52012	42776		더불어민주당
	96	122	경기	성남시중원구	33918	32304	49.3%	60.6%	11.3%	66222	50315		더불어민주당
	97	15	서울	도봉구갑	27533	22891	48.7%	60.0%	11.3%	50424	37967		더불어민주당
	98	129	경기	안양시동안구을	26115	23406	48.7%	60.0%	11.3%	49521	38327		더불어민주당
	99	162	경기	파주시을	27171	20814	48.6%	59.9%	11.3%	47985	39588		더불어민주당
	100	250	경남	산청함양거창합천	7741	11291	13.9%	18.2%	4.2%	19032	42061	49123	무 소 속
	101	36	서울	동작구갑	36965	32377	49.2%	60.6%	11.4%	69342	54526		더불어민주당
15	102	145	경기	고양시병	46029	33694	49.2%	60.6%	11.4%	79723	65981		더불어민주당
	103	8	서울	동대문구을	32950	22490	49.0%	60.5%	11.5%	55440	44360		더불어민주당
	104	91	인천	인천서구갑	43481	33680	49.1%	60.5%	11.4%	77161	60733		더불어민주당
	105	19	서울	노원구병	30217	25485	48.2%	59.6%	11.4%	55702	46373		더불어민주당
	106	49	서울	강동구을	32027	26695	48.9%	60.4%	11.5%	58722	45617		더불어민주당
	107	2	서울	중구성동구갑	36462	33561	48.5%	59.9%	11.4%	70023	53107		더불어민주당
	108	233	경북	군위의성청송영덕	6215	11798	16.0%	22.2%	6.3%	18013	71532		미래통합당
16	109	118	경기	수원시병	27737	23057	48.2%	59.8%	11.5%	50794	40374		더불어민주당
	110	249	경남	양산시을	26044	18134	44.6%	55.3%	10.8%	44178	42695		더불어민주당
	111	127	경기	안양시만안구	39860	35795	48.5%	59.9%	11.4%	75655	59438		더불어민주당
	112	212	전남	목포시	24455	40752	44.5%	55.3%	10.8%	65207	2554		더불어민주당
	113	195	충남	보령서천	20677	25231	44.1%	55.0%	10.9%	45908	46405		미래통합당
	114	125	경기	의정부시갑	30827	24469	48.3%	59.8%	11.5%	55296	38644		더불어민주당
	115	209	전북	남원임실순창	14208	30608	43.4%	54.6%	11.2%	44816	0	43118	더불어민주당
17	116	107	대전	대덕구	26117	21636	44.6%	55.4%	10.8%	47753	44617		더불어민주당
	117	111	울산	울산동구	11515	10125	21.6%	28.2%	6.6%	21640	33845		미래통합당
	118	225	경북	김천시	6386	10517	16.9%	23.8%	7.0%	16903	59993		미래통합당
	119	191	충남	천안시갑	26637	19362	44.4%	55.3%	10.8%	45999	44671		더불어민주당
	120	178	강원	원주시을	24377	23627	47.3%	58.9%	11.6%	48004	39089		더불어민주당
	121	22	서울	서대문구갑	25389	22364	47.6%	59.2%	11.6%	47753	37522		더불어민주당
	122	231	경북	상주문경	6894	11153	14.1%	20.4%	6.4%	18047	65558		미래통합당
18	123	6	서울	광진구을	28276	24768	44.4%	55.2%	10.8%	53044	51464		더불어민주당
	124	16	서울	도봉구을	28958	22675	47.7%	59.3%	11.6%	51633	44554		더불어민주당
	125	31	서울	구로구갑	43238	31622	48.4%	59.9%	11.5%	74860	55347		더불어민주당
	126	160	경기	용인시정	45884	32849	48.2%	59.6%	11.4%	78733	65358		더불어민주당

전략목표판세표					더불어민주당						미래통합당	기타	
FTP 그룹 번호	FTP 순서	선거구 번호	시도	선거구명	당일 득표수	사전 득표수	당일 득표율	사전 득표율	시-당 득표율 차이	총 득표수	총 득표수	총 득표수	당선당
	127	196	충남	아산시갑	21865	16145	44.8%	56.1%	11.3%	38010	38167		미래통합당
	128	184	충북	청주시서원구	29396	24661	44.8%	55.7%	11.0%	54057	50784		더불어민주당
	129	71	대구	서구	9366	7707	14.8%	20.9%	6.0%	17073	66574		미래통합당
19	130	224	경북	경주시	9373	12179	11.9%	17.3%	5.4%	21552	77102		미래통합당
	131	5	서울	광진구갑	30806	25104	47.9%	59.5%	11.7%	55910	42822		더불어민주당
	132	199	충남	논산계룡금산	29166	28535	44.8%	55.8%	11.0%	57701	52984		더불어민주당
	133	33	서울	금천구	35515	29218	44.6%	55.5%	10.9%	64733	46278		더불어민주당
	134	239	경남	창원시진해구	25460	24955	42.9%	53.8%	10.8%	50415	52000		미래통합당
	135	226	경북	안동예천	14249	18041	22.2%	29.3%	7.1%	32290	58183		미래통합당
	136	138	경기	동두천시연천군	16149	16529	39.7%	50.5%	10.8%	32678	38777		미래통합당
20	137	153	경기	시흥시갑	42487	27136	48.0%	59.6%	11.6%	69623	59595		더불어민주당
	138	39	서울	관악구을	37236	34497	47.7%	59.3%	11.6%	71733	56130		더불어민주당
	139	124	경기	성남시분당구을	37244	28659	41.9%	52.2%	10.3%	65903	64342		더불어민주당
	140	146	경기	고양시정	51647	33079	48.3%	59.8%	11.5%	84726	72188		더불어민주당
	141	176	강원	춘천화천철원양구을	18966	18677	39.9%	50.6%	10.7%	37643	43083		미래통합당
	142	81	인천	동구미추홀구갑	33642	30766	44.2%	55.2%	11.0%	64408	54883		더불어민주당
	143	35	서울	영등포구을	23923	21843	43.5%	54.8%	11.2%	45766	41537		더불어민주당
21	144	251	제주	제주시갑	35706	27028	44.8%	55.9%	11.1%	62734	46909		더불어민주당
	145	200	충남	당진시	20019	16144	40.0%	50.7%	10.7%	36163	24457		더불어민주당
	146	25	서울	마포구을	36827	31300	47.4%	59.1%	11.7%	68127	47443		더불어민주당
	147	177	강원	원주시갑	22370	22203	42.5%	53.6%	11.1%	44573	38299		더불어민주당
	148	164	경기	안성시	26542	24633	46.9%	58.8%	11.9%	51175	45554		더불어민주당
	149	183	충북	청주시상당구	25662	20798	43.0%	54.1%	11.1%	46460	42682		더불어민주당
	150	234	경북	고령성주칠곡	12676	12308	20.5%	28.0%	7.5%	24984	65236		미래통합당
22	151	134	경기	광명시갑	23138	19689	42.4%	53.6%	11.2%	42827	33380		더불어민주당
	152	56	부산	부산남구을	22441	18489	45.1%	57.0%	11.9%	40930	39575		더불어민주당
	153	61	부산	사하구갑	22817	17042	44.8%	56.7%	11.8%	39859	39178		더불어민주당
	154	229	경북	영주영양봉화울진	10732	14940	17.0%	24.5%	7.4%	25672	68026		미래통합당
	155	193	충남	천안시병	26340	16822	43.6%	54.9%	11.3%	43162	36854		더불어민주당
	156	57	부산	북구강서구갑	27248	22405	46.4%	58.3%	11.9%	49653	46795		더불어민주당
	157	69	대구	동구갑	10885	10704	22.6%	31.4%	8.8%	21589	56444		미래통합당
23	158	144	경기	고양시을	45830	34527	47.3%	58.9%	11.6%	80357	55032		더불어민주당
	159	7	서울	동대문구갑	26691	24427	46.5%	58.6%	12.0%	51118	40874		더불어민주당
	160	236	경남	창원시성산구	11944	9999	14.2%	20.9%	6.6%	21943	61782		미래통합당
	161	201	충남	홍성예산	21499	22001	39.7%	50.5%	10.9%	43500	51997		미래통합당
	162	43	서울	강남구을	24835	21454	40.8%	51.6%	10.9%	46289	51762		미래통합당
	163	142	경기	안산시단원구을	24737	17491	46.4%	58.6%	12.2%	42228	38497		더불어민주당
	164	163	경기	이천시	25751	24195	40.7%	51.6%	10.9%	49946	56544		미래통합당
24	165	66	부산	사상구	33991	27211	43.1%	54.1%	11.0%	61202	66353		미래통합당
	166	188	충북	제천단양	20745	21808	39.5%	50.4%	11.0%	42553	51174		미래통합당
	167	190	충북	증평진천음성	25962	28755	45.1%	56.9%	11.8%	54717	51081		더불어민주당
	168	187	충북	충주시	25617	26370	40.2%	51.0%	10.8%	51987	59667		미래통합당

전략목표판세표					더불어민주당						미래통합당	기타	
FTP 그룹 번호	FTP 순서	선거구 번호	시도	선거구명	당일 득표수	사전 득표수	당일 득표율	사전 득표율	시-당 득표율 차이	총 득표수	총 득표수	총 득표수	당선당
	169	112	울산	북구	31623	22721	42.0%	52.9%	10.9%	54344	47836		더불어민주당
	170	80	인천	중구강화옹진	29921	30840	43.1%	54.4%	11.3%	60761	62484		미래통합당
	171	50	부산	중구영도구	20704	20227	39.3%	50.4%	11.1%	40931	47436		미래통합당
25	172	55	부산	부산남구갑	18214	16317	37.3%	48.2%	11.0%	34531	43805		미래통합당
	173	101	대전	대전동구	31408	30085	45.4%	57.2%	11.8%	61493	57194		더불어민주당
	174	4	서울	용산구	30715	30058	40.3%	51.0%	10.7%	60773	63891		미래통합당
	175	45	서울	송파구갑	28015	25662	42.0%	53.2%	11.2%	53677	58318		미래통합당
	176	37	서울	동작구을	31464	28940	45.7%	57.6%	11.9%	60404	53026		더불어민주당
	177	52	부산	부산진구갑	26001	21594	39.6%	50.5%	10.9%	47595	52037		미래통합당
	178	248	경남	양산시갑	26902	16173	39.0%	49.7%	10.7%	43075	57301		미래통합당
26	179	64	부산	연제구	34308	25629	42.6%	53.7%	11.1%	59937	64640		미래통합당
	180	3	서울	중구성동구을	32954	30320	45.7%	57.6%	11.9%	63274	58300		더불어민주당
	181	102	대전	대전중구	34915	31391	44.8%	56.4%	11.6%	66306	63498		더불어민주당
	182	167	경기	화성시갑	33001	27167	45.7%	57.5%	11.9%	60168	52291		더불어민주당
	183	230	경북	영천청도	8807	11293	17.8%	27.6%	9.9%	20100	57580		미래통합당
	184	175	강원	춘천화천철원양구갑	34038	32741	45.5%	57.4%	11.9%	66779	57298		더불어민주당
	185	60	부산	해운대구을	26387	20150	40.8%	52.2%	11.3%	46537	53900		미래통합당
27	186	67	부산	기장군	24371	14453	41.1%	52.6%	11.6%	38824	42634		미래통합당
	187	189	충북	보은옥천영동괴산	18491	25232	36.0%	47.2%	11.1%	43723	58490		미래통합당
	188	47	서울	송파구병	43426	34734	46.9%	58.9%	11.9%	78160	64869		더불어민주당
	189	136	경기	평택시갑	38072	26118	46.6%	58.6%	12.0%	64190	59063		더불어민주당
	190	78	대구	달서구병	12981	10010	23.4%	33.2%	9.8%	22991	46988		미래통합당
	191	123	경기	성남시분당구갑	42327	33021	43.6%	54.8%	11.2%	75348	78134		미래통합당
	192	156	경기	하남시	41610	34731	45.5%	57.2%	11.7%	76341	50141		더불어민주당
28	193	109	울산	울산남구갑	24359	19775	37.9%	48.9%	11.0%	44134	55252		미래통합당
	194	72	대구	대구북구갑	14579	12811	21.9%	31.0%	9.0%	27390	52916		미래통합당
	195	51	부산	서구동구	24203	23660	36.7%	47.5%	10.8%	47863	63855		미래통합당
	196	237	경남	창원시마산합포구	17837	16577	29.0%	38.9%	9.9%	34414	64706		미래통합당
	197	26	서울	양천구갑	42056	34844	45.8%	57.7%	11.9%	76900	67814		더불어민주당
	198	110	울산	울산남구을	19582	14056	35.6%	46.9%	11.3%	33638	48933		미래통합당
	199	241	경남	진주시을	14142	15228	29.1%	40.2%	11.1%	29370	50217		미래통합당
29	200	198	충남	서산태안	27563	29139	39.0%	50.2%	11.2%	56702	66917		미래통합당
	201	238	경남	창원시마산회원구	27840	21137	38.2%	49.2%	11.0%	48977	64581		미래통합당
	202	181	강원	속초인제고성양양	21359	20880	38.5%	50.2%	11.7%	42239	50188		미래통합당
	203	38	서울	관악구갑	43342	38452	45.6%	57.5%	11.8%	81794	0		더불어민주당
	204	76	대구	달서구갑	15261	10261	23.4%	32.9%	9.5%	25522	54700		미래통합당
	205	227	경북	구미시갑	18799	15742	26.8%	36.3%	9.6%	34541	73339		미래통합당
	206	244	경남	김해시갑	38856	31777	46.0%	58.2%	12.1%	70633	61890		더불어민주당
30	207	137	경기	평택시을	33517	24899	42.0%	53.5%	11.5%	58416	59491		미래통합당
	208	82	인천	동구미추홀구을	25151	22074	36.3%	47.2%	10.9%	47225	17843	46493	더불어민주당
	209	113	울산	울주군	29269	24814	38.2%	49.1%	10.9%	54083	66317		미래통합당
	210	53	부산	부산진구을	23745	20282	38.3%	49.8%	11.5%	44027	55754		미래통합당

전략목표판세표					더불어민주당						미래통합당	기타	
FTP 그룹 번호	FTP 순서	선거구 번호	시도	선거구명	당일 득표수	사전 득표수	당일 득표율	사전 득표율	시-당 득표율 차이	총 득표수	총 득표수	총 득표수	당선당
	211	180	강원	동해태백삼척정선	27188	29650	37.1%	47.9%	10.9%	56838	71604		미래통합당
	212	173	경기	포천가평	27093	23594	41.0%	52.8%	11.8%	50687	54771		미래통합당
	213	84	인천	연수구을	30575	22377	37.7%	48.5%	10.8%	52952	49913		더불어민주당
31	214	245	경남	김해시을	40481	31513	44.9%	56.7%	11.9%	71994	60003		더불어민주당
	215	75	대구	수성구을	13226	12883	20.9%	30.9%	10.0%	26109	37165	40015	무 소 속
	216	48	서울	강동구갑	44115	35563	45.8%	57.8%	12.0%	79678	74441		더불어민주당
	217	246	경남	밀양의령함안창녕	20775	24718	25.4%	34.7%	9.3%	45493	102210		미래통합당
	218	70	대구	동구을	21106	12723	27.2%	36.9%	9.7%	33829	66461		미래통합당
	219	157	경기	용인시갑	33811	26841	41.2%	52.7%	11.5%	60652	69826		미래통합당
	220	65	부산	수영구	22811	18998	35.5%	46.8%	11.4%	41809	57959		미래통합당
32	221	44	서울	강남구병	19737	14774	27.9%	38.1%	10.2%	34511	70917		미래통합당
	222	147	경기	의왕과천	31386	26688	38.0%	49.0%	11.1%	58074	51556		더불어민주당
	223	46	서울	송파구을	36525	28358	40.8%	52.2%	11.4%	64883	72072		미래통합당
	224	151	경기	남양주시병	44769	27304	45.9%	58.1%	12.2%	72073	67490		더불어민주당
	225	68	대구	중구남구	20563	18825	26.4%	36.2%	9.9%	39388	86470		미래통합당
	226	228	경북	구미시을	19751	15845	32.0%	43.3%	11.3%	35596	54457		미래통합당
	227	182	강원	홍천횡성영월평창	20498	22763	31.9%	43.0%	11.1%	43261	55975		미래통합당
33	228	194	충남	공주부여청양	24891	30566	40.2%	52.7%	12.4%	55457	57487		미래통합당
	229	42	서울	강남구갑	22721	16991	33.9%	45.3%	11.3%	39712	60324		미래통합당
	230	40	서울	서초구갑	21573	19050	30.3%	41.1%	10.8%	40623	72896		미래통합당
	231	242	경남	통영고성	19205	20931	32.9%	44.8%	12.0%	40136	60314		미래통합당
	232	243	경남	사천남해하동	19435	27814	32.5%	44.3%	11.8%	47249	71620		미래통합당
	233	62	부산	사하구을	22450	16538	34.2%	45.9%	11.7%	38988	59042		미래통합당
	234	58	부산	북구강서구을	38732	24222	39.0%	50.1%	11.1%	62954	76054		미래통합당
34	235	77	대구	달서구을	24385	14579	24.9%	34.2%	9.3%	38964	90762		미래통합당
	236	41	서울	서초구을	32445	27965	38.6%	50.0%	11.5%	60410	74445		미래통합당
	237	159	경기	용인시병	48013	35398	45.9%	58.2%	12.2%	83411	78562		더불어민주당
	238	179	강원	강릉시	22838	24712	33.6%	45.1%	11.5%	47550	13704	49618	무 소 속
	239	174	경기	여주양평	24967	25263	33.8%	45.1%	11.3%	50230	70575		미래통합당
	240	240	경남	진주시갑	20993	21587	33.2%	45.1%	11.9%	42580	60112		미래통합당
	241	54	부산	동래구	37785	28483	37.5%	48.5%	11.0%	66268	81722		미래통합당
35	242	232	경북	경산시	21118	16266	23.1%	32.8%	9.7%	37384	88684		미래통합당
	243	79	대구	달성군	21968	13857	23.8%	33.6%	9.8%	35825	88846		미래통합당
	244	223	경북	포항시남구울릉	26912	20405	30.9%	41.7%	10.8%	47317	74794		미래통합당
	245	59	부산	해운대구갑	26376	21690	31.7%	42.8%	11.1%	48066	78971		미래통합당
	246	108	울산	울산중구	23214	20024	29.0%	40.1%	11.1%	43238	69359		미래통합당
	247	247	경남	거제시	26176	24543	34.0%	45.8%	11.7%	50719	65746		미래통합당
	248	143	경기	고양시갑	21809	18129	23.8%	34.0%	10.2%	39938	47003	56516	정 의 당
36	249	74	대구	수성구갑	32073	29060	34.8%	46.1%	11.4%	61133	92018		미래통합당
	250	63	부산	금정구	30296	26846	35.0%	46.7%	11.6%	57142	77048		미래통합당
	251	222	경북	포항시북구	27825	21406	28.1%	38.6%	10.5%	49231	98905		미래통합당
	252	73	대구	대구북구을	28202	17915	29.7%	40.6%	10.9%	46117	84378		미래통합당
37	253	235	경남	창원시의창구	32029	23593	32.5%	44.2%	11.8%	55622	88718		미래통합당
										더불어민주당 당선자수			165

위의 조정된 판세표를 '전략판세표'로 부르고 여기에 좀 더 미세조정된 '전술판세표'가 있으나 이는 『해커의 지문』 〈그래픽 46〉을 참고하면 될 듯하다.

네번째 발견 : 암호 문자를 형성하는 '나눈수' 규칙

상위그룹 (1LINE)

그룹	1
순번합	924
순번합/100	9.24
trunc(순번합/100)	9
나눈수적용규칙	1
trunc+1	10
trunc	9
trunc-1	8
나눈수1	10
나눈수2	9
범위 시작	92
~ 종료	104

하위그룹 (2LINE)

그룹	17
순번합	1163
순번합/100	11.63
trunc(순번합/100)	11
나눈수적용규칙	1
trunc+1	12
trunc	11
trunc-1	10
나눈수1	12
나눈수2	11
범위 시작	96
~ 종료	107

변수	식
a	=sum(지역구순번)
b	= a/100
c	= trunc(b)
d	
e	= c+1
f	=c
g	= c-1
h	= if(d=1,e,f)
i	= if(d=1,f,g)
j	= trunc(a/h)
k	= round(a/i)+1

범위 시작/종료 값 결정 로직 설명표 (출처 : 『해커의 지문』 p.191)

아스키코드(ASCII) 알파벳 소문자로 수렴되는 문자 형성의 '나눈수' 규칙 발견.

2020년 5월부터 논란이 되었던 필자의 발견의 전 과정에서 가장 중요한 부분은 암호문자로 지목한 [follow_the_party]가 아니라 위에서 첫번째 발견과 두번째 발견으로 정리한 비중 그래프와 클러스터 그래프의 발견일 것으로 생각된다. 일반 대중은 이 두 단계의 발견이 갖는 중요성에 주목하지 않았고, 전 과정을 검증하는 작업을 시도한 장영후 프로그래머조차 두번째 발견에 해당하는 부분에 대해서는 검증을 시도하지 않았다. 그러나 두번째 발견에서 7개씩 묶이는 그루핑과, 비중값에 따라 오름차순으로 정리되는 배열의 원칙이 비로소 정리된 것은 가장 중요한 작업에 속한다고 생각된다.

돌이켜 보면 이것은 여러 가지 시행착오를 통해 정리된 과정이었다. 한 번 더 복기해 보기로 하자.

(i) 민주당의 당일 득표수와 사전 득표율 비중값에서 당일 득표율 비중값을 뺀 값을 곱하여 -10~69까지 구하였다. 여기서 특이하게 조합되는 현상을 발견하였다. 그 내용을 자세히 보면 플러스(+) 값을 받은 지역구는 161개 지역구 이며, 마이너스 (-) 값을 받을 지역구는 92개가 존재함을 확인할 수 있었다. 동일한 값으로 증감한 지역구들을 합쳐서 히스토그램으로 작성해 보았다.

(ii) 위에서 자세히 살펴 보았듯1번 값이 15개 지역구, 2번 값이 31개 지역구, 3번 값이 40개 지역구, 4번 값이 43개 지역구 등이 있다는 것을 알 수 있었다. 이러한 지역구들은 1번 지역구부터 순서대로 정해진 지역구 순서가 아니라 당일 득표율 비중값 순서대로 정해진 것처럼 보였다. 단순히 50%에 가까운 곳은 적게, 먼 곳은 많게 변하는 것이 아니라 일정한 비율에 따라 배분되고 있었다. 또 전국 지역구를 보면 당락을 위해서라면 조작이 필요 없을 전라도 지역구나 경상도 지역 등도 동일한 조건으로 대부분 당일과 사전이 일정한 비율로 움직이

고 있었다.

(iii) 문제는 15,19,21,25,33,36,37,38,54,69 등의 값을 가진 지역구는 1개씩 밖에 없다는 것을 알 수 있었고 2개 지역구만 있는 값들도 5개가 있었다. 이 숫자들이 발생한 이유에 관심을 가졌다. 특히 이들 예외 또는 변칙으로 보이는 이 숫자들 중 '28'이 1,2,3,4,5,6,7총 7개 숫자를 합했을 때 나오는 숫자라는 점에 관심이 갔다. '일곱 개 숫자들의 다발'이 아닐까 생각해 보게 된 순간이었다.

장영후 프로그래머가 설명해 준대로 만일 처음부터 [follow_the_party]라는 언더바('_') 2개를 띄어쓰기를 위해 포함시킨 16개 문자를 암호문자로 삽입하라는 명령을 받았다면 프로그래머로서는 매우 간단한 작업이었을 것이다. 전국 253개 지역구 속에 16개 문자코드를 넣기 위해서 아스키코드(ASCII)를 사용했을 것이고, 언더바가 들어있는 소문자쪽을 택하여 코드를 삽입하면 될 것이었다. 그러나 필자는 이런 구체적인 명령을 받아서 작업을 수행한 것이 아니라 선거 결과 데이터라는 망망대해에서 사람의 손을 탄 흔적을 추적하는 종류의 작업을 수행한 것이다. 혹자는 '일곱 개의 그룹'을 발견한 것은 순전히 영감의 세계라고 한다. 그러나 비중 그래프 발견 이후 필자는 성실하게 추리를 시도했고, 일명 클러스터 그래프에서 본 일련의 숫자들, 특히 28이라는 숫자에서 받은 깊은 인상으로 인해 일곱 개 숫자의 조합에 대해 생각했지만 그것만으로 일곱 개씩을 그룹지은 것은 아니었던 것같다.

되짚어 보면 [당일 득표수 x (사전-당일 비중값 차이)]의 결과에서 (+)값을 받은 지역구는 161개 지역구이며, (-) 값을 받은 지역구는 92개 존재했다. 50% 이하 구간에 있는 161개 지역구를 하나의 '전체'로 생각하고 이 지역구들을 균등하게 나눠 보았을 때, 7개씩 나눴을 때 정확하게 23개로 나눌 수 있었다. 92개 역시 7개로 나눴을 때 13.14으로 가장 적은 잉여 지역구를 확인할 수 있었다. 즉 36.14의 정수, 36개 그룹이 도출되었다.

물론 92를 4로 나누었을 때도 잉여 없이 23개 그룹으로 만들 수 있다. 하지만 161을 4로 나누면 0.25가 남는다. 반면 92를 7로 나눴을 때 13.14가 나오고 0.14가 남기 때문에 7로 나누는 것이 가장 적은 잉여 지역구를 만든다고 막연히 계산했다. 또 92개 지역구는 이미 50% 이상 득표한 지역구이기 때문에 92개 지역구에서 잉여 지역구가 있다고 하더라도 민주당의 선거 결과 대세에는 영향을 주지 않을 것이고 만약 50% 이하로 득표한 161개 지역구를 오름차순으로 4개씩 나눠서 그룹에 속하지 못하는 잉여 지역구가 발생하면 이는 50%에 가까운 경합 지역이기 때문에 이를 잉여지역구로 배척하기는 어렵다는 판단을 하였다. 그리하여 50% 이하 불리한 지역구를 일단 모두 그룹에 포함시킬 수 있는 '7'을 최종 택하여 그룹을 지었다.

나눈수	3	4	5	6	7	8	9
161	53.67	40.25	32.20	26.83	23.00	20.13	17.89
92	30.67	23.00	18.40	15.33	13.14	11.50	10.22
					36그룹		

이런 생각을 할 때는 이채로운 비중 그래프가 발생된 것이 기본적으로 당락에 영향을 끼치기 위한 일종의 디지털 게리맨더링이라는 생각을

굳게 가졌을 때이고, 이 생각은 장영후 프로그래머가 교정해 줄 때까지는 바뀌지 않았다. 최종적으로 필자가 발견한 비중 그래프는 전국 표 중에 불과 10만 표 미만의 표가 움직여 만들어지는 것을 알고 낙선자를 당선자로 만드는 시도와는 별개의 알고리즘임을 납득하게 되었다.

그러나 선거 직후 한 달 여를 집중하며 발견에 몰두했을 당시에는 이 비중 그래프가 순전히 당락 조정을 위한 조작의 징표라고 생각하여 사전 비중이 낮은 지역은 더 이상 표가 필요 없는 안정적인 당선권 지역이라고 보고 사전 비중이 낮은 쪽부터 오름차순으로 정렬하였다.

아스키코드(ASCII) 변환

전국 253개 지역구를 더불어민주당 [당일 득표수 x (사전-당일 비중값 차이)]을 기준으로 오름차순으로 정리하고 7개 그룹으로 구분해 놓는 데까지가 위에서 말한 첫번째 발견과 두번째 발견의 과정이었다. 이러한 노력을 기울인 것은 각 그룹간 수학적 규칙성을 찾으려 한 것이다. 〈프로듀스 101〉 사건처럼 딱 맞아 떨어지는 수학적 규칙성을 찾아 '조작 함수'를 세상에 내놓고자 했다. 실제로 [follow_the_party]를 세상에 알릴 당시 필자는 이런 이채로운 그래프들과 암호들이 모두 선거 조작자들이 조작을 위해 넣은 수식이나 알고리즘의 결과라고 굳게 믿고 있었다. 그리하여 New Institute에서 발간한 국제보고서에 〈Gerrymandering digital voting hypothesis for the 21st general election in South Korea〉라는 제목의 글을 실어 '디지털 게리맨더링'이라는 개념으로 이를 접근하기도 했다. 불리한 쪽으로 표가 좀 더 가도록 한 것은 맞지만 결과적으로 그 숫자는 당선과 낙선에 영향을 줄 수 없는 미미한 숫자라는 것을 인정하고 나서는 '디지털 게리맨더링'이라는 개념 대신 '약간의 최적화와 작업자 표시를 위한 암호문자, 즉 해커의 지문' 알고리즘이라는 사실을 수긍했다.

그렇다면 애초에 〈프로듀스 101〉 사건에서와 같이 특정 조작 함수 또는 조작 방정식을 찾아나선 필자가 왜 [follow_the_party]를 들고 나올 수 있었을까? 갯벌에 뛰어들어 금괴를 찾아서 들고는 "여기 싱싱한 문어가 있소!" 식으로 주장했던 시간이 있었던 것은 인정할 수 있다. 그렇다고 사기꾼 취급을 당한 것은 억울한 일이다. 장영후 프로그래머가 "더 값나가는 물건이오!"라고 해 준 것에 대해 깊이 감사드린다. 반면에 하태경 이준석 등의 공인이 국가와 공당의 미래가 걸린 일에 경솔하게 나와 필자의 명예를 훼손한 사실에 대해서는 길이 기억하지 않을 수 없다.

그렇다. 필자는 애초에 바랐던 수학적 규칙성을 발견할 수 없었지만 암호코드, 곧 해커의 지문을 발견했다. 지역구들간의 관계속에서 조작 함수를 찾아내려고 [당일 득표수 x (사전-당일 비중값 차이)]에 따라 전국 253개 지역구를 배열해 일곱 개씩 나누어 두고도 수학적 규칙성을 찾을 수가 없었다. 그렇다면 지역구들이 7개씩 그룹을 짓게 된 것은 수학적 규칙성이 아니라 다른 규칙성을 위한 것이 아닌가 생각하고 '아스키코드(ASCII)'를 떠올려본 것이다.

아스키코드(ASCII)는 2의 7승 128개의 번호에 문자를 할당한 문자표로 10진수, 20진수 기준 다음과 같다.

아스키코드(ASCII) 문자표

10진수	2진수	할당 문자	설 명	10진수	2진수	할당 문자	설명
63	00111111	?	Question mark	95	01011111	_	
64	01000000	@	At symbol	96	01100000	`	
65	01000001	A		97	01100001	a	
66	01000010	B		98	01100010	b	
67	01000011	C		99	01100011	c	
68	01000100	D		100	01100100	d	
69	01000101	E		101	01100101	e	
70	01000110	F		102	01100110	f	
71	01000111	G		103	01100111	g	
72	01001000	H		104	01101000	h	
73	01001001	I		105	01101001	i	
74	01001010	J		106	01101010	j	
75	01001011	K		107	01101011	k	
76	01001100	L		108	01101100	l	
77	01001101	M		109	01101101	m	
78	01001110	N		110	01101110	n	
79	01001111	O		111	01101111	o	
80	01010000	P		112	01110000	p	
81	01010001	Q		113	01110001	q	
82	01010010	R		114	01110010	r	
83	01010011	S		115	01110011	s	
84	01010100	T		116	01110100	t	
85	01010101	U		117	01110101	u	
86	01010110	V		118	01110110	v	
87	01010111	W		119	01110111	w	
88	01011000	X		120	01111000	x	
89	01011001	Y		121	01111001	y	
90	01011010	Z		122	01111010	z	
91	01011011	[		123	01111011	{	
92	01011100	\		124	01111100	|	
93	01011101	]		125	01111101	}	
94	01011110	^		126	01111110	~	

문제는 위의 순번 7개씩 그룹의 각각의 합은 아스키코드 0에서 126에 해당하는 숫자에 비해 크기가 너무 크다. 그리하여 문자들이 모여 있는 100대 가까이에 수렴시키기 위해 순번 합을 100에 가까운 수로 나누어 보았다. 알파벳 대문자 A가 65, 소문자 z가 122이므로 문자를 만들기 위해서는 숫자가 100 전후로 수렴되도록 나누어 보기로 하였다. 가령 1번 그룹의 경우 순번의 합이 924이므로 100에 가까운 수가 되기 위해서는 8 또는 9로 나누어야 한다. 10으로 나누어도 되지만 14, 18, 25그룹은 숫자가 있는 범위 밖으로 나가게 됨으로 일단 8과 9로 나누어 보았다. 이 과정을 순서대로 살펴 보기로 하자.

(i) 전국 253개 지역구 순번을 그룹 정렬 원칙, 즉 [더불어민주당 사전-당일 비중 차이값 x 당일 득표수]의 오름차순에 따라 7개씩 배치하였다. (참고: 이 표는 필자의 최초의 그룹을 장영후 프로그래머의 교정을 반영한 것이다.)

1	2	3	4	5	6	7	8	9	10	11	12	13	14	15	16
100	217	169	161	14	132	130	197	119	17	9	211	122	166	233	107
98	202	214	205	210	213	215	120	152	13	140	83	85	106	225	178
218	206	94	135	117	150	12	185	30	27	131	141	186	34	209	19
99	96	208	220	172	10	149	88	90	104	28	115	165	86	195	118
95	168	207	92	219	116	139	21	148	87	29	170	24	253	191	125
93	204	216	18	192	11	97	126	252	171	103	15	1	114	212	2
221	154	20	203	158	121	89	155	105	133	32	129	128	250	249	127

17	18	19	20	21	22	23	24	25	26	27	28	29	30	31	32
162	231	177	184	39	236	52	112	102	57	78	236	67	47	82	157
49	71	239	199	16	229	201	45	61	142	237	53	123	76	180	137
8	75	183	251	5	234	187	134	190	7	241	181	156	246	84	245
91	111	35	196	153	69	194	64	56	144	110	248	175	227	147	38
145	138	81	164	160	55	163	68	101	230	189	196	167	70	113	48
36	176	6	25	146	50	43	80	3	72	51	60	26	44	4	244
224	200	33	22	31	188	124	193	37	226	109	173	136	65	46	23

33	34	35	36	37
77	240	151	59	235
68	179	159	247	
40	174	232	54	
182	42	79	222	
228	62	143	73	
243	41	106	74	
242	50	223	63	

7개 지역구를 1개 그룹으로 만든 표 (숫자는 지역구 고유번호)

(ii) 전국 253개 지역구 속에서 발견한 36개 그룹의 지역구 7개씩 순번 합을 구해 보았다. (마지막 1개 지역구는 잉여로 보고 제외)

그룹	순번합	그룹	순번합
1	924	19	912
2	1247	20	1065
3	1128	21	945
4	845	22	1061
5	1292	23	907
6	826	24	979
7	711	25	447
8	652	26	673
9	855	27	904
10	521	28	826
11	939	29	1032
12	700	30	932
13	862	31	1051
14	666	32	680
15	711	33	996
16	990	34	819
17	1163	35	1061
18	644	36	930

(iii) 위 36개 그룹에 순번 합은 크기가 너무 크기 때문에 0부터 126번에 해당하는 아스키코드로 변환시키기 어렵다. 이에 문자열로 치환 가능하도록 각 순번 합을 100에 가까운 수로 나누어 보았다. 100에 가까운 수로 나누는 방법에 대해서는, 가령 1번 그룹 경우 순번 합이 924 인데 이를 100에 가까운 수로 만들기 위해서는 8이나 9로 나눠도 되고 10으로 나누어도 된다. 그러나 10으로 나누면 범위 밖으로 벗어나는 그룹이 세 개나 되므로 8과 9로 각각

나누어 보았다.

위의 세 단계가 필자가 문자열을 찾아내기 위한 최초의 시도였다. 먼저 1번 그룹부터 시작하여 순번 합을 나눈 수로 나누고 범위의 값을 구해 문자열을 구해 보았다. 그렇게 36개 그룹의 범위 값을 구해 문자열을 살펴 보던 중 뜻밖에 유의미한 사실을 발견하였다. 이것은 왜 36개 그룹에서 4개의 그룹이 제외되었는지에 대한 대답이 될 수 있다. 이 작업을 수행하기 전까지 필자는 암호문자가 16개의 아스키코드로 되어 있다는 사실에 전혀 눈뜨지 못했다. 만일 처음부터 16개의 아스키코드로 되어 있고, 그 중 두 개는 문자가 아닌 띄어쓰기(스페이스)를 의미하는 언더바('_') 임을 미리 알고 있었다면 작업은 더 간단하였을 것이다. 대문자 소문자 중에서 처음부터 언더바('_') 가 더 가까이 있고 숫자가 순번합에 좀 더 가까운 소문자로 되어 있음을 파악하는 것도 좀 더 쉬었을 것이다.

36개 그룹의 순번 합을 100에 가까운 수로 수렴시켜 문자판을 만들었을 때 1번 그룹에서 f, 2번에서 o, 3번에서 l, 4번에서 l, 5번에서 o, 6번에서 w라는 단어가 문자열에 들어 있는 것이 보였다. 그래서 비교적 쉽게 'follow'라는 단어가 눈에 들어온 것이었다. 그리고 다시 17번부터 22번까지 반복적으로 'follow'라는 단어가 눈에 들어왔다. 그 사이에 어떤 단어가 들어가는지 아직 알 수 없었지만 적어도 'follow'라는 단어가 두 번 연속 나온 것을 확인한 것이다. 그런데 33번째 그룹에서 다시 f 라는 단어가; 34번에서 o 라는 단어가, 35번에서 l 이란 단어가, 36번에서 l 이란 단어가 보였고 거기서 끝이 났다. 즉 1부터 16번까지 문장이 17부터 32까지 반복되고, 다시 33번부터 같은 단어가 시작하는 모양새였다.

'follow'로 시작하는 유의미한 무언가가 있다는 것을 알고 나서 필자는1번 그룹부터 16번까지와 17부터 32번 그룹을 대칭하여 상하로 배치하여 보았다. 반복적으로 포함된 범위 값을 좁히면 더 쉽게 단어를 유추할 수 있기 때문이다. 말하자면 1에서 16그룹이 상위 그룹이 되고 17부터 32까지가 하위 그룹으로 되는 방식으로 재배치하기에 이른 것이다. 장영후 프로그래머가 이를 간단히 도해한 것은 다음과 같다.

그룹 배치도

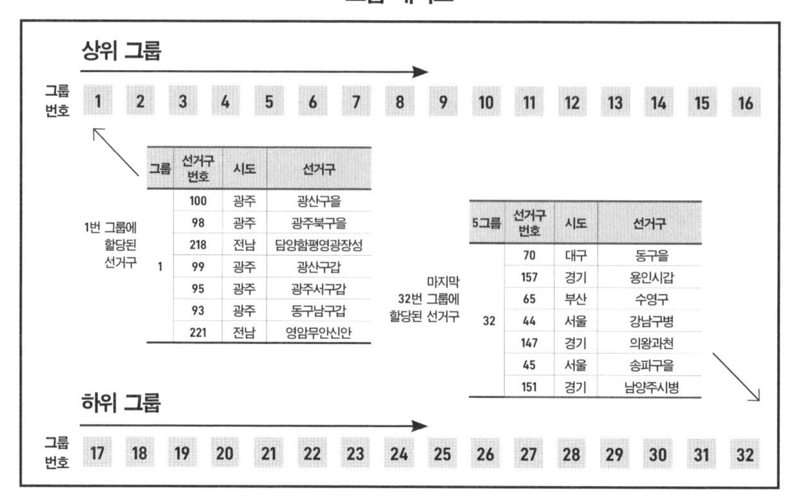

문자열 추출을 위한 배치도

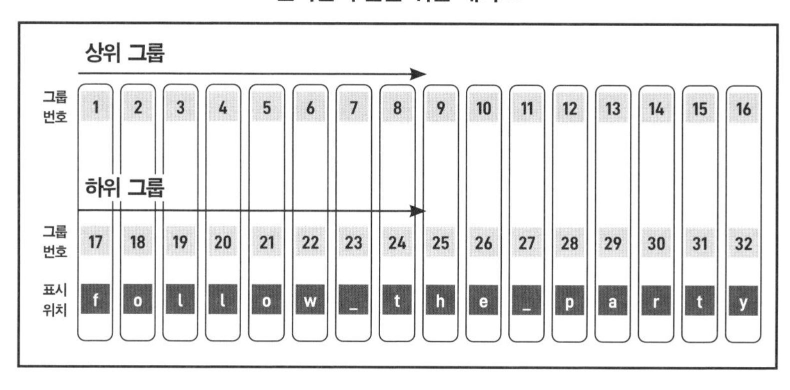

(출처:『해커의 지문』p.122~123)

두 개의 'follow'를 확인하기 전까지는 일렬로 되어 있던 그룹을 상위, 하위 그룹으로 구분하게 된 계기는 이 지점이다. 이리하여 같은 열에 있는 그룹을 하나의 세트 상위 그룹, 하위 그룹으로 나누기로 하였다. 이와 같은 도출 과정이 애니메이션《배투출비(배춧잎투표지 출생의 비밀)》에 다음과 같이 표시되어 있다.

결과값1																
	92	104	103	106	108	118	102	109	95	87	94	100	96	111	102	110
	93	105	104	107	109	w	103	110	96	88	95	101	97	112	103	111
	94	106	105	l	110	120	104	111	97	89	96	102	98	113	104	112
	95	107	106	109	o	121	105	112	98	90	97	103	99	114	105	113
	96	108	107	110	112	122	106	113	99	91	98	104	100	115	106	114
	97	109	l	111	113		107	114	100	92	99	105	101	116	107	115
	98	110	109	112	114		108	115	101	93	100	106	102	117	108	116
	99	o	110	113	115		109	116	102	94	101	107	103	118	109	117
	100	112	111	114	116		110	117	103	95	102	108	104	119	110	118
	101	113	112	115	117		111	118	104	96	103	109	105	120	111	119
	f		113	116			112	119	105	97	104	110	106	121	112	120
	103			117			113	120	106	98		111	107	122	113	121
				118			114	121	107	99		112	108		114	122
				119			115	122		100		113			115	123
				120			116			101		114			116	124
				121			117			102		115			117	
							118			103		116			118	
							119			104		117			119	

결과값2																
	95	110	106	96	100	109	108	113	95	100	94	103	97	103	111	111
	96	o	107	97	101	110	109	114	96	101	95	104	98	104	112	112
	97	112	l	98	102	111	110	115	97	102	96	105	99	105	113	113
	98	113	109	99	103	112	111	116	98	103	97	106	100	106	114	114
	99	114	110	100	104	113	112	117	99	104	98	107	101	107	115	115
	100	115	111	101	105	114	113	118	100	105	99	108	102	108	116	116
	101	116	112	102	106	115	114	119	101	106	100	109	103	109	117	117
	f	117	113	103	107	116	115	120	102	107	101	110	104	110	118	118
	103	118	114	104	108	117	116	121	103	108	102	111	105	111	119	119
		119	115	105	109	118	117	122	104	109	103	112	106	112	120	120
		120	116	106	110	w	118	123	105	110		113	107	113	121	121
		121	117	107	o	120	119	124	106	111		114		114	122	122
		122	118	l		121	120	125	107	112		115				
			119	109		122	121	126	108	113		116				
				110			122		109	114		117				
							123		110	115		118				
							124		111	116		119				
							125		112	117		120				

애니메이션 《배투출비》에서 1번부터 16번까지 'follow'라는 단어와
17번부터 22번까지 'follow'가 나온 것을 발견한 것을 설명하는 표

『해커의 지문』에서는 중요하게 다루지 않았지만 그룹 33부터 36까지의 결과값에서도 동일한 나눈 수 규칙을 적용했을 때 다음과 같은 결과가 도출되었다.

그룹	33	34	35	36
순번합	996	819	1061	930
나눈수1	9	7	9	8
나눈수2	10	8	10	9
범위값 시작	100	102	106	103
범위값 종료	111	117	118	116

즉 33번부터 36 그룹 범위 안에도 다시 102(f), 111(o), 108(l), 108(l)이 있어 다시 'foll'이 시작되는 형국도 단지 우연은 아닐 것으로 본다. 다만 『해커의 지문』에서는 16문자의 반복임을 강조하기 위해서 33그룹 이하는 논의의 대상에서 제외하기로 하였다. 굳이 복원하면 애초에 필자는 "follow_the_partyfollow_the_partyfoll"에 해당하는 암호문자를 보았던 것이고, 이 follow의 세 번에 걸친 반복에 주목하여 문자 퍼즐을 완성해 간 것이다.

필자의 발견은 여러 단계를 거쳐서 최종적으로 [follow_the_party]라는 암호문자, 우리가 '해커의 지문'이라고 불러온 이 한 문장의 발견으로 종결된다. 첫단계 비중 그래프, 두번째 단계의 클러스터 그래프에 관한 논의와 달리 이 한 문장은 심각한 소용돌이를 일으켰다. 그 이유는 다음과 같다고 생각된다.

(i) 전 국회의원이자 대통령 대변인을 지낸 민경욱이라는 공인이 주류 언론을 통해 문제의 암호문자를 세상에 발표하였다.

(ii) 중앙선관위가 발표한 결과 데이터에 암호문자가 찍혀 있다는 사실보다 그 문자의 내용이 중국 공산당의 구호로 인식되는 'follow_the_party'라는 사실이 사회적으로 큰 반향을 가져왔다.

(iii) 발견의 최종 단계에 속하는 'follow_the_party'라는 문장이 필자가 정한 임의의 규칙에 의해 만들어졌고, 이른바 나눈수 규칙이 필연적인 것으로 보이지 않는다는 비판이 제기되었다.

위의 두 가지 이유는 외적인 것이고 사회적인 것이다. 그러나 세번째 이유는 필자가 가장 많이 공격당한 부분이다. 특히 정치인 하태경 의원, KBS 김기화 기자 등 공인들의 비판은 도를 넘는 인신공격이었다. '괴담' '사기꾼' '이단사이비 교주' 등의 인신공격이 공적인 영역에서 쏟아져 나옴으로써 필자의 작업은 위축되었다. 가족을 돌보며 생업을 영위하는 필자가 무슨 이유로 이런 범죄를 자행해야 한다는 것인지 알 수 없다. 필자로서는 선거 결과가 납득되지 않아 결과 데이터를 성실하게 분석한 것이었고, 또한 치밀한 추리와 논리를 통해 한 단계 한 단계 발견해 나와 최종적으로 'follow_the_party'라는 암호문자 발견에 이른 것이다.

문자열 발견 과정도 여러 단계를 거쳤다. 앞에서 설명한 대로 1번부터 32번까지 그룹을 상위와 하위 그룹으로 나누게 된 후에 비로소 'the party' 라는 단어를 찾을 수 있었다. 더구나 'follow?the?party' 정도로 두 개의 언더바('_') 에 대한 이해도 없었다. 장영후 프로그래머가 언더바가 컴퓨터 프로그램의 세계에서는 '스페이스(space)' 표시, 즉 띄어쓰기 기호로 통용된다는 사실을 알려 주어 나중에 빈칸을 메울 수 있었다. 'follow_the_party'라는 완전한 문장은 장영후 프로그래머의 도움으로 비로소 완성된 것이다.

발표 당시에는 대문자 소문자의 중요성도 덜 자각하여 소문자로 된 코드를 임의로 'Follow the Party' 로 바꾸어 발표했다. 1번부터 32번 그룹을 상위 그룹과 하위 그룹을 나누고 각각의 영역에서 공통으로 나타나는 문자 범위 안에서 'follow_the_party'의 아스키코드에 해당하는 102(f), 111(o), 108(l), 108(l), 111(o), 119(w), 95('_') , 116 (t), 104(h), 101(e),95('_') , 112(p), 97(a) ,114(r) , 116(t) ,121(y)를 발견할 수 있었는데, 처음에는 숫자들을 이진수로 바꾸어 발표했다가 공연한 속임수를 쓴다고 뭇매를 맞았다. 이진수로 바꾸어 표현한 것은 디지털 세계의 숫자란 기본적으로 이진법에 따른다고 생각했기 때문이지 다른 뜻을 두지는 않았다.

무엇보다 소문자 엘(l)을 기점으로 갈라지는 나눈수 규칙은 큰 오해를 불러 일으켰다. 이 부분에 대해서는 장영후 프로그래머가 프로그래머의 입장에서 재구성한 가상 회의록에 비교적 잘 설명되어 있다. 장영후 프로그래머가 정리한 문자 도출을 위한 알고리즘의 일부를 소개하면 다음과 같다.

상위그룹 (1LINE)

그룹	1
순번합	924
순번합/100	9.24
trunc(순번합/100)	9
나눈수적용규칙	1
trunc+1	10
trunc	9
trunc-1	8
나눈수1	10
나눈수2	9
범위 시작	92
~ 종료	104

하위그룹 (2LINE)

그룹	17
순번합	1163
순번합/100	11.63
trunc(순번합/100)	11
나눈수적용규칙	1
trunc+1	12
trunc	11
trunc-1	10
나눈수1	12
나눈수2	11
범위 시작	96
~ 종료	107

변수	식
a	=sum(지역구순번)
b	= a/100
c	= trunc(b)
d	
e	= c+1
f	=c
g	= c-1
h	= if(d=1,e,f)
i	= if(d=1,f,g)
j	= trunc(a/h)
k	= round(a/i)+1

범위 시작/종료 값 결정 로직 설명표 (출처 : 『해커의 지문』 p.191)

암호문자를 만들기 위해서는 나눈수에 대한 분명한 규칙이 필요했다. 만약 나눈수에 대한 규칙이 없다면 아무리 유의미한 문장이나 단어가 보여도 이는 그야말로 필자가 임의적으로 나눈 값을 정한 것 밖에 되지 않을 것이다. 필자가 나눈수 규칙을 발견한 과정은 다음과 같다.

(i) 암호문자로 택할 때 알파벳 대문자(아스키코드 65~90)가 아니라 소문자(아스키코드 97~122)로 택했다. 순번합에 더 가까운 쪽이 소문자이고 띄어쓰기를 표시하는 언더바('_') 도 소문자 그룹에 더 가까이 있다. 선거구 순번합은 어떻게 일곱 개씩 묶어도 28에서 1750까지 숫자에 해당한다. 필자의 정렬기준에 따라 배치했을 때 447(25번 그룹)에서 1247(3번 그룹)까지에 걸쳐 있었다.

(ii) 언더바('_') 와 같은 기호까지 가용범위에 포함시키면 아스키코드 91에서 126까

지, 즉 [, \,], ^, _, `, a, b, c, d, e, f, g, h, i, j, k, l, m, n, o, p, q, r, s, t, u, v, w, x, y, z, {, |, }, ~ 36개 문자 안에 암호문자를 두기로 정하였다. 즉 선거구 합을 100에 가까운 알파벳 소문자 값으로 수렴시키는 방법을 선택한 것이다.

(iii) 36개의 그룹의 순번 합의 범위인 447부터 1,292 까지 값을 아스키코드 소문자 영역으로 수렴하기 위해서 각 그룹 순번 합을 3부터 13까지 나눴을 때 결과가 유의미한 아스키코드 91번부터 126번까지 36개 범위 안에 들어가는 수는 순번합 값을 100으로 나눈 절대값의 ±1 값인 것을 알 수 있다. 즉 1번 그룹 합 924의 나눈수는 924 / 100 = 9.24 임으로 나눈수는 9를 기준으로 ±1 값인 8, 10으로 구할 수 있다. 즉 순번합 값을 100으로 나눈 절대값의 ±1 값 외의 다른 수로 나누면 아스키코드 번호 91번부터 126 사이를 벗어나게 되어 변환이 되지 않는다. 모든 순번합을 동일한 규칙으로 나누어야 하기 때문에 모든 순번합을 나눌 수 있는 것은 100으로 나눈 절대값의 ±1 값밖에 없다. 따라서 각 그룹의 순번 합을100으로 나눈 절대 값의 ±1 값을 암호문자 도출을 위한 범위값으로 정한다.

앞에서 설명했듯 이러한 방법으로 로이킴은 우선 36개 그룹에서 1번부터 6번까지 follow란 단어와 17번부터 23번까지 follow란 단어, 그리고 32번부터 36번까지 foll란 단어를 발견하였고 이 단어가 반복 도출된다는 것을 발견하여 follow란 단어에 확신을 가졌다. 나머지 암호문자를 알아보기 위해 1번부터 16번까지 하나의 라인으로 보고 1번부터 16번까지 그룹과 17부터 32번까지 그룹을 대칭으로 나열하고 서로 같은 결과값 범위를 교집합으로 구하여 나머지 단어를 유추하여 follow_ the_party라는 문장을 완성할 수 있었다.

여기서 나눈수에 대하여 단순히 순번합을 100으로 나눈 절대값의 ±1을 정했는데 각 순번합에 적용한 나눈수의 값이 follow_the_party를 위해서 어떤 그룹은 +1을 다른 그룹은 -1을 적용하였음을 알 수 있었다. 필자가 인위적으로 원하는 단어나 문장을 만들기 위해 ±1를 조정한 것이 아니냐는 오해를 불러일으킨 대목이다. 그러나 명백히 임의로 ±1을 정한 것이 아니다. 모든 그룹에 동일한 나눈수를 +1값으로 통일하거나 -1값으로 통일하면 어떤 유의미한 문자가 나오는 테이블을 찾을 수 없게 된다.

2020년 6월 11일 하태경 의원실에서 발표한 보도자료는 필자의 나눈수 규칙에 대한 반론을 낸 것이었다. 나눈수를 그룹1에 적용하고 그 규칙을 하나로 통일하여 적용하면 'follow the party' 중 4문자만 나온다는 것이다. 'follow the party'가 나오지 않고 14글자 중 4글자만 아래 표와 같이 일치한다는 것이다.

	1열	2열	3열	4열	5열	6열	7열	8열	9열	10열	11열	12열	13열	14열	15열	16열
문자변환	a	a	a	a	d	c	a	a	a	d	a	d	**a**	a	d	c
	b	b	b	b	e	d	b	b	b	**e**	b	e	b	b	e	d
	c	c	c	c	f	e	c	c	c	f	c	f	c	c	f	f
	d	d	d	d	g	f	d	d	d	g	d	g	d	d		g
	e	e	e	e	h	g	e	e	e	h	e		e	e		h
	f	f	f	f	i		f	f	f		f		f	f		i
	g	g	g	g	j			g	g		g		g	g		j
		h		h	k				**h**		h		h			k
				i	l				i		i		i			l
				j					j		j		j			m
									k		k		k			n

필자는 나눈수의 규칙을 생각하며 먼저 일반적으로 득표율 50% 기준으로 이하 구간은 승리를 하기 위해 더 많은 득표가 필요하고 50% 이상 구간은 이미 이긴 구간이라 추가로 득표할 필요성이 없다고 생각했다. 만약 난수를 아스키코드로 변환시키기 위해 나눈 수에 대해 ±1와 같은 어떤 설정 값을 줘야 한다면 50% 기준과 같이 어떤 기준에서 작은 구간은 +1 값을, 이상 구간은 -1 값을 주지 않았을까 생각해본 것이다. 왜냐하면 하태경 의원이 검증한 것처럼 모든 그룹을 하나의 나눈수로 구하면 아무런 문자 테이블을 얻을 수 없기 때문이다.

어떤 기준을 가지고 그 기준보다 적으면 나눈수1은 100에 가까운 수보다 +1 큰 수, 나눈수 2는 100에 가까운 수보다 -1 작은 수를 적용하는 규칙성이 있을 것으로 생각했다. 그리하여 그 기준을 아스키코드 91번부터 126번까지 36개의 50%에 해당하는 중간인 18번째 소문자 엘(l)를 기준으로 로직을 구분한 것을 발견할 수 있었다. "만약 나눈수를 위와 같은 규칙이 아니라 다르게 조정하면 다른 문장도 만들 수 있지 않을까" 라는 질문을 여러차례 받았다. 또한 지역구 순서를 달리하면 다른 문장이 나오지 않을까 등의 질문도 여러차례 받았다. 끝없는 의문이 제기되었다.

나눈수의 규칙을 바꾸면 원하는 문장을 만들 수 있을까? 필자의 나눈수 규칙은 l(엘) 문자를 기준으로 작으면 규칙(Rule) 번호 1, 크거나 같으면 2로 하는 방식이다. 하지만 만약 그러한 규칙 1, 2를 적용하지 않고 규칙 1만 적용하거나 규칙 2만 적용하여도 유의미한 문장이나 단어가 나올 수 있을까? 이에 대해 하태경 의원실은 필자의 규칙을 사용하지 않고 그룹 1에 적용한 규칙에 따라 단순히 100에 가까운 계산값을 적용하여 나눈수를 정하게 되면 유의미한 단어나 문장이 나오지 않는다고 2020년 6월 11일 검증 보고서를 발표했다.

하태경 의원은 문자테이블에 적용하는 나눈수를 조정하면 원하는 결과를 가져올 수 있다는 주장도 하였다. 'follow_the_ party'는 단지 필자가 원하는 문장을 만들기 위하여 나눈수를 임의로 조정하여 만들어낸 결과라는 주장이었다. 왜 어떤 그룹은 +1을 적용하고, 어떤 그룹은 -1 값을 적용한 그 규칙에 대한 이해가 전혀 없었기 때문이라고 생각된다.

다섯번째 발견 : 암호 문자 [follow_the_party]

문자로변환 결과	f	o	l	l	o	w	_	t	h	e	_	p	a	r	t	y
1	`	k	f	j	k	j	Z	l	_	`	]	*g*	_	*o*	i	q
2	a	l	g	k	l	k	[	m	`	a	^	h	`	p	j	r
3	b	m	h	**l**	m	l	₩	n	a	b	**_**	i	**a**	q	k	s
4	c	n	i	m	n	m	]	o	b	c	`	j	b	**r**	l	*t*
5	d	**o**	j	n	**o**	n	^	p	c	d	a	k	c	s	m	u
6	e	p	k	o	p	o	**_**	q	d	**e**	b	l	d	t	n	v
7	**f**	q	**l**	p	q	p	`	r	e	f	c	m	e	u	o	w
8	g	r	m	q	r	q	a	s	f	g	d	n	f	v	p	x
9	h		n	r	s	r	b	**t**	g	h	e	o	g		q	**y**
10			o	s	t	s	c	u	**h**	i		**p**	*h*		r	z
11			p	t	u	t	d	v	i			q			s	{
12			q	u	v	u	e	w	j			r			**t**	|
13			r	v		v	f	x	k			s			u	}
14				w		**w**		y	l			t			v	
15								z				u				
16								{				v				

[follow_the_party] 전체 도출표(『해커의 지문』 p.201)

16개 문자가 반복해서 나타나는 구조를 발견하고 여기에 나눈수 규칙을 적용하여 암호문자 추출.

나눈수 규칙에 관한 가장 큰 오해는 필자가 일정한 결과값을 의도하고 그것을 유도하기 위해 규칙을 임의로 만들어냈다는 것이다. 만일 이런 식의 의심을 갖고 접근한다면 이것은 이미 믿음의 영역일 것으로 본다. 따라서 이 부분에 대해서는 장영후 프로그래머가 프로그래머의 입장에서 가상회의록을 통해 설명해 준 내용을 우선 여기서도 소개하기로 한다.

가상회의록

일　　시　2020/02/02

회의목적　4월 15일 선거통계 삽입 암호
　　　　　[follow_the_party] 상세 설명

참 석 자　총책임자(총책),
　　　　　총괄 프로젝트 매니저(PM),
　　　　　소프트웨어(S/W) 특급 기술자(설계자),
　　　　　수석 프로그래머(SM)

PM 오늘 우리는 이번 4월 15일 진행될 비밀 프로젝트 성과물에 우리만 인식할 수 있는 일종의 지문을 넣으라는 상부의 지시를 어떻게 실현했는지 보고하기 위해 모였습니다. 이 부분은 해당 프로젝트 소프트웨어 설계자와 수석 프로그래머가 상세하게 설명할 것입니다.

총책 회의에 앞서 굳이 우리가 이 일에 개입했다는 흔적을 남길 필요가 있냐는 일각의 질문에 대해 답을 하겠소. 우선 이 프로젝트의 목적은 첫번째로 4월 15일의 결과가 우리의 손을 거친 결과물이라는 것을 확인할 필요가 있습니다. 저쪽에서 자신들의 빅데이터 조사가 정확했기 때문에 나온 결과일 뿐이라고 주장할 때 우리의 역량과 지원을 통한 승리임을 입증할 수 있는 증거를 남겨야 합니다.

PM 네, 알겠습니다. 먼저 우리 당의 슬로건인 영원근당주(永远跟党走)를 우리 프로젝트 결과물에 비밀리에 심기 위한 암호 알고리즘 설계에 대한 설명입니다. 컴퓨터는 0과 1만 인식하는 기계입니다. 문자를 인코딩해 결과물에 심기 위해서는 2바이트 유니코드를 인코딩으로 사용하는 중국어보다 1바이트 아스키코드를 인코딩으로 사용하는 영어 알파벳을 사용하는 것이 쉬운 선택이었습니다. 아쉽게도 永远跟党走 아스키코드를 데이터베이스에서 조회해보면 永이 59317, 走가 61899, 나머지 문자는 없는 경우에 해당하는 41919 즉 ?로 나타납니다.* 또한 f가 102로 작은데 반해 숫자가 너무 큽니다. 그래서 선택한 문구가 [follow_the_party]였습니다. [follow_our_party]보다 대외용으로는 [follow_the_party]가 더 적절한 것으로 보입니다.

총책 좋소, 계속 설명해 보시오.

PM 우선 이 프로젝트를 의뢰한 쪽에서 건네 준 빅데이터 분석 결과 자료를 바탕으로 작업을 시작했습니다. 의뢰인은 철저한 빅데이터 조사로 현재 선거 판세를 치밀하게 조사해서 가지고 왔습니다. 이 빅데이터 조사 결과 판세표를 일단 '기초 판세표'라고 부르겠습니다. 기초 판세표를 통해서 보면 현재 50% 이상 득표하여 안전하게 승리할 곳은 89개 선거구입니다. 이 프로젝트의 궁극적인 목표는 지역구 선거와 비

---

* 데이터베이스 조회 결과는 다음과 같다.

select ascii('f'),ascii('o'),ascii('l'),ascii('w'),ascii('永'), ascii('远'),ascii('跟'), ascii('党'),ascii('走') from dual;

102, 111, 108, 119, 59317, 41919, 41919, 41919, 61899

례대표 선거를 합하여 총 의석 수 180석을 확보하는 것입니다. 의뢰인은 이 숫자가 평탄하게 입법활동을 할 수 있는 최소 수치라고 합니다.

이를 달성하기 위한 실행의 방법은 각 선거구별로 당선 및 비례대표 배분 의석수 확보를 위해 부족한 표를 선거구별 특성을 고려하여 주로 사전투표로 보정하고, 많이 열세인 지역구는 당일투표도 보정하며, 계획된 사전·당일득표율, 투표율과 실제 투개표의 미세한 오차는 전자개표기를 통해 극복할 것입니다.

우리의 암호는 개별 선거구의 투개표 결과에 넣지 않습니다. 또한 흔적이 남는 전자개표기 조작 프로그램에도 넣지 않습니다. 좀더 대륙적인 모습으로써 우리의 영향이 전체 선거구에 대하여 미쳤다는 것을 보여주고 동시에 투개표가 완료된 후 선관위가 발표하는 통계자료를 통해 계획대로 되었는지 최종 당선자수를 통하여 자동으로 확인할 수 있는 구조이며 동시에 그 누구도 파악해 낼 수 없는 극비 알고리즘입니다. 기본 개념은 다음과 같습니다.

300개 의석 중 비례대표 15석 포함, 지역구 165석 총 180석을 확보하는 253개 각 선거구별 보정이 필요한 양이 모두 결정되었으며 기초 판세표에다가 필요 보정량이 더해진 데이터를 포함한 판세표를 우리는 기본 판세표라고 부릅니다. 이 판세표에서 정해진 당선자 선거구 중 많은 선거구가 득표율을 조금 바꾼다 하더라도 당선에는 전혀 영향을 받지 않는 선거구가 있으니 기본적으로 같은 당일, 사전득표율 또는 지지율이 50% 이상에 해당하는 지역구입니다. 대부분의 선거구에서 3자이상 다후보 기준 경쟁 상황이므로 50%라는 수치는 당선을 확정하는 안정된 수치이며 이런 선거구들에서 보정된 사전득표율 중 일부 득표율은 낮추어도 전혀 영향이 없습니다. 이렇게 낮춘 득표율의 총량을 반대로 50% 미만 선거구에는 사전득표율을 조금 더 높이는 방법이며 이렇게 조정된 총량은 전체 보정량에 비하여 미미하여 흔적이 크지 않습니다. 우세한 지역에서는 당선에 영향이 없고 열세한 지역에서는 소량의 표이지만 도움이 되고 우리는 이 우세지역과 열세지역의 낮추고 높이는 선거구별 조정하는 값과 연계하는 기발한 방법으로 우리의 암호를 넣는 것으로 감히 누구도 상상하지 못할 것입니다. 우리는 이런 암호를 넣기 위한 선거구별 사전득표율을 낮추고 높이는 과정에서 선거구별 보정량 최소화를 목표로 최적화를 실행하여 총 보정량도 줄이는 작업을 함께 수행하여 암호와 보정량 최소화를 동시에 실현하였습니다.

낮추고 높이는 두 관계에서 암호를 넣기 위해 우리가 사용할 수 있는 정보를 선택하여야 하는데 다행히도 변하지 않는 정보 즉 상수가 있으니 그것은 고객 선관위가 선거 시스템에서 사용하는 각 선거구의 고유번호로 1에서 253이 있습니다. 우리는 이 253개 번호와 낮추고 높이는 관계 속에 우리의 암호를 넣을 것이며 이에 대한 설명은 설계자가 진행하겠습니다.

설계자 우선 우리가 택한 지문 [follow_the_party]는 띄어쓰기(space)를 표현하는 언더바('_')를 포함해서 16자입니다. 대한민국 총 지역구 253개의 선거구 번호와 기본판세표 데이터, 그리고 낮추고 높이는 관계를 가지고 아스키코드를 통해 문자를 구현하는 방법에 대해 여러 가지로 논의한 결과 선거구를 당일득표율 50% 이상과 미만으로 구분하여 낮추는 선거구와 높이는 선거구로 크게 대별하였고, 낮추는 선거구에 대해서는 상대적으로 많이 낮추어도 영향 없는 지역구부터 적게 낮추는 지역구 순서로 정렬하고, 50% 미만인 선거구들에 대해서는 적게 높여도 되는 선거구부터 많이 높이는 선거구 순으로 정렬을 한 후 이 순서에 따른 선거구 번호에 우리의 암호문자를 넣었습니다.

이제부터 상세 로직에 대하여 설명하겠습니다. 암호문자를 넣기 위해서는 기본적으로 253개 선거구를 낮추는 부분과 높이는 부분으로 나누어야 합니다. 즉, [253/2 = 126.5]개 지역구에 16개 문자를 표현하려면 글자 당 7.9개가 필요합니다. 하지만 소수점 이하는 사용할 수 없기 때문에 버릴 수밖에 없습니다. 그러면 1문자 당 7개의 지역구를 묶어서 32개 그룹으로 만듭니다.

7개 선거구의 번호와 보정비율을 낮추고 높이는 관계 속에 로직만 정립하면 되며 저희가 찾아낸 방법은 7개 선거구 그룹의 선거구 순번합과 낮추고 높이는 두개의 관계를 상하로 배치하여 번호합의 관계가 아스키코드 영문구간에 올 수 있도록 수렴시키는 것입니다. 선거구 번호의 합과 아스키코드간 관계를 분석해본 결과 합한 숫자는 최소 28 (1+2+3+4+5+6+7 선거구 합=28)에서 최대 1750(247+248+249+250+251+252+253=1750)까지 범위가 가능하나 기본판세표에 따르면 현실적으로 400~1300 안에 배치되는 것을 알 수 있었습니다. 이 범위와 상하로 배치된 합한 번호와의 관계를 사용해서 도출할 수 있는 아스키문자 구간은 영문 대문자는 65~90까지로 숫자가 작아 적용할 수 있는 로직이 나오지 않습니다. 상대적으로 숫자가 큰 91번에서 126번까지 [,\,],^,_,`,a,b,c,d,e,f,g,h,i,j,k,l,m,n,o,p,q,r,s,t,u,v,w,x,y,z,{,|,},~

36개 문자를 사용하기로 정했습니다. 또한 로직의 제약으로 36개의 중간인 18번째 소문자 엘(l)을 기준으로 로직을 구분하였습니다.

이제 이러한 로직을 통하여 [follow_the_party]의 아스키코드에 해당 하는 102(f), 111(o), 108(l), 108(l), 111(o), 119(w), 95('_'), 116(t), 104(h), 101(e), 95('_') , 112(p), 97(a), 114(r), 116(t), 121(y)가 도출되도록 하면 됩니다. 이를 위한 로직은 다음과 같습니다.

용어를 먼저 정의하면 다음과 같습니다.

a. 순번합 : 그룹에 배당된 7개 선거구 번호의 합

b. 순번합/100 : 순번합을 100으로 나눈 수

c. trunc*(순번합/100) : 순번합/100의 소수점 이하를 버려 정수화함

d. 나눈수 적용 규칙

= 1단계 범위 시작/종료값 결정 규칙으로, 범위값의 중앙에 위치한 l (소문자 엘, 10진수 아스키코드 108) 문자를 기준으로

▶ 범위 시작 값(나눈수1) 결정 적용 규칙

• 규칙 1 : 91~107번('[' ~ 'k') 구간대 문자

→ trunc(순번합/100) 한 값보다 +1

• 규칙 2 : 108~126번('l' ~ '~') 구간대 문자

→ trunc(순번합/100) 한 값

▶ 범위 종료 값(나눈수2) 결정 적용 규칙

• 규칙 1 : 91~107번('[' ~ 'k') 구간대 문자

* trunc → truncation을 의미하는 함수로 소수점 이하는 버리는 기능

→ trunc(순번합/100) 한 값

• 규칙 2 : 108~126번('l' ~ '~') 구간대 문자

→ trunc(수번합/100) 한 값보다 -1

e, f, g. trunc 1, 2, 3 : 계산을 쉽게 하기 위해 trunc(순번합/100) 값에 -1, 0, +1 값을 미리 계산해 놓은 것으로 위 결정 규칙에 -1, 0, +1이 있어 쉽게 식을 적용하기 위함임.

h. i. 1단계 범위시작/종료 결정값(나눈수 1,2) : 나눈수 결정규칙에 따라 계산된 값

j. k. 범위 시작/종료값 : 상하위 그룹간 교집합을 구할 때 사용하는 최종(2차)값으로 다음 규칙에 의하여 결정됩니다.

• 범위시작 값

→ 순번합을 1단계 범위 시작 결정값(나눈수1)으로 나눈 정수값

• 범위종료 값

→ 순번합을 1단계 범위 종료 결정값(나눈수2)으로 나눈 사사오입 정수값 +1

예: 시작/종료값 90.5 ~ 103.4 → 90 ~ 104

이 규칙을 적용한 것을 첫번째 문자열 f를 기준으로 설명하면,

(1) 상위 그룹은 선거구 순번합이 924이고 아스키코드 91에서 126 구간에 일차적으로 들어오기 위한 1차 가공으로 100으로 나누고 소수점 이하는 버려 정수 처리(trunc)를 합니다.

924/100 = 9.24 → 정수처리 : 9

(2) f 문자에 해당하는 나눈수 적용 규칙은 f가 l보다 작은 아스키코드

값을 가지므로 ~a ~ k 범위에 해당하여 나눈수 적용 규칙 1을 적용합니다.

(3) 범위시작을 결정하기 위한 나눈수 1은 f가 규칙 1에 적용을 받기 때문에 순번합을 100으로 나눈 값을 정수화한 후 1을 더하게 되어 다음과 같이 됩니다.

924/100 = 9.24 → 정수처리 : 9 규칙 적용 9 + 1 = 10

(4) 범위 종료를 결정하기 위한 나눈수 2는 f가 규칙1에 적용 받기 때문에 순번합을 100으로 나눈 후 정수화하는 것이며 다음과 같습니다.

924/100 = 9.24 → 정수화 : 9

(5) 이제 적용범위 시작/종료를 결정하기 위한 나눈수 1,2가 결정되었기 때문에 범위시작/종료값 결정 규칙을 적용하면 다음과 같습니다.

- **범위시작값 = (924/10) = 92.4 => 정수화 : 92**
- **범위종료값 = (924/9) = 102.66 => 사사오입 정수화 : 103, 규칙적용 : 103 + 1 = 104**

(6) 같은 방법으로 아래 17번 그룹도 동일하게 적용합니다.

(7) 위와 아래 그룹의 범위시작/종료값에 대한 교집합 구간을 찾으면

다음과 같습니다.

1열 교집합 구간 표

1,2 LINE 교집합구간(공통구간)		
상위그룹 (1 LINE)	92	
	104	
하위그룹 (2 LINE)	96	
	107	
교집합구간	96	
교집합구간정렬	104	
1	96	
2	97	
3	98	
4	99	
5	100	
6	101	
7	102	
8	103	
9	104	
10		
11		

(8) 이 교집합 구간 96 ~ 104구간에 해당하는 정수값의 아스키코드값 은 ' a b c d e f g h와 같이 도출되게 됩니다.

(9) 위와 같은 방법으로 16개 모든 문자열에 대하여 적용하면 [follow_the_party], [follow_the_ghost]가 도출되게 됩니다.

문자로 변환한 결과	
1	′
2	a
3	b
4	c
5	d
6	e
7	f
8	g
9	h
10	
11	

상위그룹 (1LINE)

그룹	1	2	3	4	5	6	7	8
순번합	924	1247	1128	845	1292	826	711	652
순번합/100	9.24	12.47	11.28	8.45	12.92	8.26	7.11	6.52
trunc(순번합/100)	9	12	11	8	12	8	7	6
나눈수적용규칙	1	2	2	2	2	2	1	2
trunc+1	10	13	12	9	13	9	8	7
trunc	9	12	11	8	12	8	7	6
trunc-1	8	11	10	7	11	7	6	5
나눈수1	10	12	11	8	12	8	8	6
나눈수2	9	11	10	7	11	7	7	5
범위 시작	92	103	102	105	107	103	88	108
~ 종료	104	114	114	122	118	119	103	131

상위그룹 (1LINE)

그룹	9	10	11	12	13	14	15	16
순번합	855	521	939	700	862	666	711	990
순번합/100	8.55	5.21	9.39	7	8.62	6.66	7.11	9.9
trunc(순번합/100)	8	5	9	7	8	6	7	9
나눈수적용규칙	1	1	1	2	1	2	2	2
trunc+1	9	6	10	8	9	7	8	10
trunc	8	5	9	7	8	6	7	9
trunc-1	7	4	8	6	7	5	6	8
나눈수1	9	6	10	7	9	6	7	9
나눈수2	8	5	9	6	8	5	6	8
범위 시작	95	86	93	100	95	111	101	110
~ 종료	108	105	105	118	109	134	120	125

하위그룹 (2LINE)

그룹	17	18	19	20	21	22	23	24
순번합	1163	644	912	1065	945	1061	907	979
순번합/100	11.63	6.44	9.12	10.65	9.45	10.61	9.07	9.79
trunc(순번합/100)	11	6	9	10	9	10	9	9
나눈수적용규칙	1	2	2	2	2	2	1	2
trunc+1	12	7	10	11	10	11	10	10
trunc	11	6	9	10	9	10	9	9
trunc-1	10	5	8	9	8	9	8	8
나눈수1	12	6	9	10	9	10	10	9
나눈수2	11	5	8	9	8	9	9	8
범위 시작	96	107	101	106	105	106	90	108
~ 종료	107	130	115	119	119	119	102	123

하위그룹 (2LINE)

그룹	25	26	27	28	29	30	31	32
순번합	447	673	904	826	1032	932	1051	680
순번합/100	4.47	6.73	9.04	8.26	10.32	9.32	10.51	6.80
trunc(순번합/100)	4	6	9	8	10	9	10	6
나눈수적용규칙	1	1	1	2	1	2	2	2
trunc+1	5	7	10	9	11	10	11	7
trunc	4	6	9	8	10	9	10	6
trunc-1	3	5	8	7	9	8	9	5
나눈수1	5	7	10	8	11	9	10	6
나눈수2	4	6	9	7	10	8	9	5
범위 시작	89	96	90	103	93	103	105	113
~ 종료	113	113	101	119	104	118	118	137

교집합구간(공통구간)

상위	92	103	102	105	107	103	88	108	95	86	93	100	95	111	101	110
	104	114	114	122	118	119	103	131	108	105	105	118	109	134	120	125
하위	96	107	102	106	107	106	90	108	95	96	93	103	95	111	105	113
	104	114	114	119	118	119	102	123	108	105	101	118	104	118	118	125
교집합 구간	96	107	102	106	107	106	90	108	95	96	93	103	95	111	105	113
교집합 구간 정렬	104	114	114	119	118	119	102	123	108	105	101	118	104	118	118	125
1	96	107	102	106	107	106	90	108	95	96	93	103	95	111	105	113
2	97	108	103	107	108	107	91	109	96	97	94	104	96	112	106	114
3	98	109	104	108	109	108	92	110	97	98	95	105	97	113	107	115
4	99	110	105	109	110	109	93	111	95	99	96	106	98	114	108	116
5	100	111	106	110	111	110	94	112	99	100	97	107	99	115	109	117
6	101	112	107	111	112	111	95	113	100	101	98	108	100	116	110	118

7	102	113	108	112	113	112	96	114	101	102	99	109	101	117	111	119
8	103	114	109	113	114	113	97	115	102	103	100	110	102	118	112	120
9	104		110	114	115	114	98	116	103	104	101	111	103		113	121
10			111	115	116	115	99	117	104	105		112	104		114	122
11			112	116	117	116	100	118	105			113			115	123
12			113	117	118	117	101	119	106			114			116	124
13			114	118		118	102	120	107			115			117	125
14				119		119		121	108			116			118	
15								122				117				
16								123				118				

ASCII코드에서 문자로 변환 대상

문자로변환 결과	f	o	l	l	o	w	_	t	h	e	_	p	a	r	t	y
1	`	k	f	j	k	j	Z	l	_	`	]	*g*	_	*o*	i	q
2	a	l	g	k	l	k	[	m	`	a	^	h	`	p	j	r
3	b	m	h	**l**	m	l	₩	n	a	b	**_**	i	**a**	q	k	s
4	c	n	i	m	n	m	]	o	b	c	`	j	b	**r**	l	*t*
5	d	**o**	j	n	**o**	n	^	p	c	d	a	k	c	s	m	u
6	e	p	k	o	p	o	**_**	q	d	**e**	b	l	d	t	n	v
7	**f**	q	**l**	p	q	p	`	r	e	f	c	m	e	u	o	w
8	g	r	m	q	r	q	a	s	f	g	d	n	f	v	p	x
9	h		n	r	s	r	b	**t**	g	h	e	o	g		q	**y**
10			o	s	t	s	c	u	**h**	i		**p**	*h*		r	z
11			p	t	u	t	d	v	i			q			s	{
12			q	u	v	u	e	w	j			r			**t**	|
13			r	v		v	f	x	k			s			u	}
14				w		**w**		y	l			t			v	
15								z				u				
16								{				v				

[follow_the_party] 전체 도출표(『해커의 지문』 p.201)

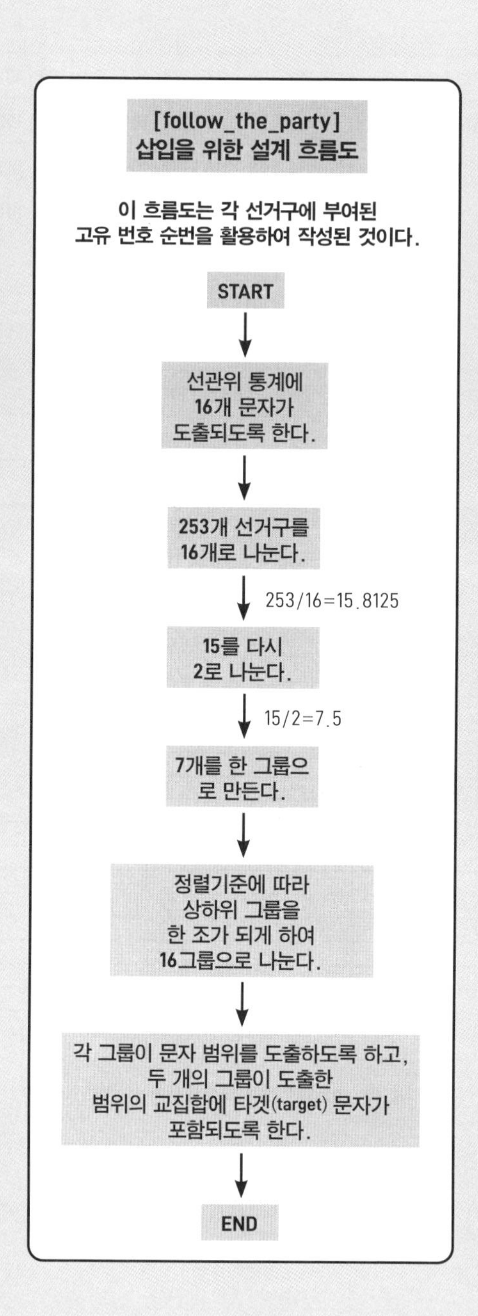

[follow_the_party]
삽입을 위한 설계 흐름도
이 흐름도는 각 선거구에 부여된
고유 번호 순번을 활용하여 작성된 것이다.
START
선관위 통계에
16개 문자가
도출되도록 한다.
253개 선거구를
16개로 나눈다.
253/16=15.8125
15를 다시
2로 나눈다.
15/2=7.5
7개를 한 그룹으
로 만든다.
정렬기준에 따라
상하위 그룹을
한 조가 되게 하여
16그룹으로 나눈다.
각 그룹이 문자 범위를 도출하도록 하고,
두 개의 그룹이 도출한
범위의 교집합에 타겟(target) 문자가
포함되도록 한다.
END

(1) 띄어쓰기 포함 16개 문자가 나타나도록 함.

(2) 16개 문자를 아스키코드로 바꾸면 숫자로 변환될 수 있음. (대문자, 소문자 알파벳이 다 가능하나 대문자는 값이 작아서 소문자를 선택함.)

(3) 253개 선거구를 16개로 나눈면 253/16=15.8125 (정수 15). 대한민국 253개 선거구는 종로 1번에서 서귀포 253번까지 선거구별 고유번호를 갖고 있으며 암호 도출에 이 고유번호를 활용함.

(4) 정수 15개 선거구가 문자 하나를 도출하도록 하는 것은 어려움.

(5) 15개 선거구를 사용해 문자 하나의 범위를 도출하는 것은 범위가 너무 넓어질 수 있음. 15개 선거구 고유번호합의 범위가 120~3690임.

(6) 15를 다시 2로 나눔. 15/2=7.5

(7) 정수 7개를 취해 일곱 개 선거구를 한 그룹으로 만듦(grouping).

(8) 각 그룹이 문자 범위를 도출하도록 하고, 두 개의 그룹이 도출한 범위의 교집합에 타겟(target) 문자가 포함되도록 함.

(9) 선거구를 7개씩 그루핑하면 총 32개 그룹이 필요함. 7x32=224 (두 개의 정렬기준에 따라 224개 선거구가 순차적으로 취해지고 남는 선거구 29개는 ftp 도출에 불필요하므로 배제.)

(10) 더불어민주당 당일득표율기준 50% 이상은 비중을 많이 낮추는 지역부터 (주로 광주/전남 지역과 같은 더불어민주당 텃밭) 적게 낮추는 지역으로, 50% 미만은 비중을 작게 높이는 지역에서 많이 높이는 순서로 정렬함. (맨 끝은 더불어민주당이 가장 열세인 지역이 됨.)

(11) 범위 도출 알고리즘 : 1번 그룹이 도출한 범위와 17번 그룹이 도출한 범위의 교집합, 이런 식으로 16번 그룹이 도출한 범위와 32번 그룹이 도출한 범위의 교집합.

(12) 기본적으로 각 그룹에 속하는 선거구 고유번호의 합(이를 순번합으로 부름)을 사용해 범위를 도출하는 것임.

(13) 아스키코드에서 영문 소문자는 97~122에 위치하고 빈칸에 나타낼 문자 '_'(언더바)는 아스키코드 95번에 해당함.

(14) 순번합을 통해 95~122에 포함되는 범위를 도출하는 알고리즘이 필요함.

(15) 순번합의 경우는 최소 28(가령, 1+2+3+4+5+6+7=28)에서 최대 1750(247+248+249+250+251+252+253=1750)까지 범위가 가능하나 현실적으로 400~1300 안에 배치됨.

(16) 이 값으로 95~122에 포함되는 범위의 시작값과 끝값을 얻기 위해서는 특정 규칙에 따라 나누거나 빼주어야 함.

(17) 나누기 규칙 1: 문자 소문자 엘(l) (아스키코드는 108)을 기준으로 타겟 문자의 아스키코드가 108보다 작으면, 즉 '-'에서 'k'에 속하면 순번합을 100으로 나누고 1을 더해 주는 값으로 나눈값이 범위 시작값. [(순번합/100)+1] 이 때 l(엘)을 기준으로 하는 이유는 교집합을 통하여 추출가능한 문자범위인 91번 '['에서 126번 '~'의 사이 중간에 해당함.

(18) 나누기 규칙 2: 순번합을 100으로 나누고 1을 뺀 값으로 나눈값이 범위 종료값. [순번합/100-1] (나누기 규칙 1, 2를 통해 기준값에 더하기 1과 빼기 1을 적용하는 규칙성이 발견된 것임.)

(19) 각 그룹당 범위 시작값과 종료값이 도출됨.

(20) 범위의 교집합을 구하면 끝.

위의 로직을 표로 정리하면 다음과 같다.

문자로변환 결과	f	o	l	l	o	w	_	t	h	e	_	p	a	r	t	y
1	`	k	f	j	k	j	Z	l	_	`	]	*g*	_	*o*	i	q
2	a	l	g	k	l	k	[	m	`	a	^	h	`	p	j	r
3	b	m	h	**l**	m	l	₩	n	a	b	**_**	i	**a**	q	k	s
4	c	n	i	m	n	m	]	o	b	c	`	j	b	**r**	l	*t*
5	d	**o**	j	n	**o**	n	^	p	c	d	a	k	c	s	m	u
6	e	p	k	o	p	o	**_**	q	d	**e**	b	l	d	t	n	v
7	**f**	q	**l**	p	q	p	`	r	e	f	c	m	e	u	o	w
8	g	r	m	q	r	q	a	s	f	g	d	n	f	v	p	x
9	h		n	r	s	r	b	**t**	g	h	e	o	g		q	**y**
10			o	s	t	s	c	u	**h**	i		**p**	*h*		r	z
11			p	t	u	t	d	v	i			q			s	{
12			q	u	v	u	e	w	j			r			**t**	|
13			r	v		v	f	x	k			s			u	}
14				w		**w**		y	l			t			v	
15								z				u				
16								{				v				

[follow_the_party] 전체 도출표(『해커의 지문』 p.201)

이상의 '가상회의록'과 '암호문자 삽입을 위한 설계 흐름도와 알고리즘'을 통해 이런 방식의 설계가 컴퓨터 프로그램을 통해 실행이 가능하다는 사실을 염두에 둘 필요가 있다. 장영후 프로그래머는 거듭 컴퓨터가 명령에 따라 실행한 것을 필자가 찾아낸 것은 '공학'의 영역이 아니라 '자연과학'의 영역이라고 말했다. '자연과학'이라고 표현한 것은 꼭 '수학'이라는 표현을 쓰기에는 맞지 않다고 여겼을 것으로 생각이 들었다. 나중에 한 수학자를 만났을 때 필자의 작업은 추단(heuristics)이라는 개념으로 규정하는 것이 낫겠다고 말했다. 추단, 곧 휴리스틱이란 '발견법'이라고도 표현된다. 사전적으로는 불충분한 시간이나 정보로 인하여 합리적인 판단을 할 수 없거나, 체계적이면서 합리적인 판단이 굳이 필요하지 않은 상황에서 사용하는 간편 추론의 방법으로 문제를 해결하는 데 있어 복잡한 문제의 초기 단계에서 휴리스틱을 이용하여 과제를 단순화시킨 후 나중에 규범적(normative)인 의사결정 규칙을 따르는 것을 말한다. 필자의 작업은 사전적인 의미를 적용한다면 전형적인 휴리스틱에 속한다. 그러나 각 발견의 단계마다 합리적으로 풀어야 할 실마리들이 있었고, 그것을 풀어나가면서 [follow_the_party] 발견에 이른 것이다. 16개의 문자를 머리속에 상정하고 맞추어 갔다거나 하는 것은 오해라기보다 중상모략에 가깝다.

2020년 6월 당시에 필자가 좀 더 잘 설명하지 못한 것은 유감이다. 나중에 장영후 프로그래머의 해설을 통해 필자의 발견에 대해 스스로 교정하거나 보완할 수 있었다. 그런 의미에서 발견은 약 한 달 걸리고, 해설은 3년 이상이 걸린 것이다.

하태경 의원은 첫번째 기자회견에서는 'follow_the_ghost'도 나온다고 반박했다. 필자가 만든 테이블은 조작자가 애초에 계획했던 것이 100% 완전하게 반영된 결과물이 아닌 중앙선관위 4.15 총선 결과를 분석한 것이기 때문에 당연히 다른 것이 나올 수도 있다. 물론 'party'만이 아닐 수도 있다. 어떤 사람들은 'happy'나 'spector'를 찾은 사람도 있었다. 그러나 'party'도 있었다면 문제다. 'follow_the_party'가 중국 공산당의 구호라고 볼 때 조작자의 실체에 접근하는 의미가 있어서 이 문제는 민감해진다고 보여진다. 그러나 장영후 프로그래머의 해설의 신빙성을 높이 인정한다면 우선 'follow_the_party'는 낙선될 후보를 당선시키기 위한 조작의 일환으로 삽입된 로직이 아니다. 암호문자 또는 해커의 지문으로 이 알고리즘이 없다고 해서 선거 결과가 달라지는 것은 아니다.

이와 같은 사실을 검증하기 위해서 실제로 얼마 만큼의 표가 이 알고리즘에 따라 움직이는지 계산해 보았다. 대략 감소하는 지역의 표수 합은 50,836표, 증가하는 지역의 표수의 합은 49,095표로 계산되고 총합은 99,931표로 계산된다. 이렇게 보면 증가하든 감소하든 기존에 계획된 180석에 영향을 주지 않는 방식으로 증감되면서 목표치를 최적화하면서 줄이는 과정에서 이 알고리즘이 사용되었던 것으로 파악된다. 전국 10만 표 정도의 표를 일정한 비율에 따라 움직이면서 최적화와 암호문자 삽입을 동시에 실행했다는 것이 장영후 프로그래머의 해설이다.

그러나 실제로 'follow_the_party'라는 암호문자가 삽입되었는지, 삽입되었다면 어떻게 새겼는지 여전히 확정적 사실은 아니다. 좀 더 구체적인 검증의 단계는 여전히 남아있고, 궁극적으로는 조작자만이 아는 사실이다. 우리는 이 조작자가 수사기관의 수사를 통해 검거되기를 바랄 뿐이다.

문제는 하태경 의원이 너무나 강력하게 반론을 제기한 것에 대해서는 유감을 표해둔다. 두번째 기자회견을 통하여 그는 말을 바꾸어 아예 'follow_the_ghost'도 발견되지 않는다고 주장했다. 2020년 6년 11일 두번째 기자회견에서 'follow_the_party'는 나오지 않고 'f. h. e. a' 만 나온다고 주장하기 시작했다.

	1열	2열	3열	4열	5열	6열	7열	8열	9열	10열	11열	12열	13열	14열	15열	16열
문자변환	a	a	a	a	d	c	a	a	a	d	a	d	**a**	a	d	c
	b	b	b	b	e	d	b	b	b	**e**	b	e	b	b	e	d
	c	c	c	c	f	e	c	c	c	f	c	f	c	c	f	f
	d	d	d	d	g	f	d	d	d	g	d	g	d	d		g
	e	e	e	e	h	g	e	e	e	h	e		e	e		h
	f	f	f	f	i		f	f	f		f		f	f		i
	g	g	g	g	j			g	g		g		g	g		j
		h		h	k				**h**		h		h			k
				i	l				i		i		i			l
				j					j		j		j			m
									k		k		k			n

하태경 의원실 검증보고서 발표 내용 中 동일한 나눗수로 구한 문자 테이블을 검증한 문자변환표, 'follow the party' 중 4글자만 일치한다.

그러나 이 검증이야 말로 임의로 필자가 제시한 규칙을 무시하고 일방적으로 단순히 100에 가장 가까운 계산값을 일괄적인 나눈수로 정했다. 이것이야 말로 임의로 필자의 발견을 왜곡한 것이다.

1열 그룹1 924의 나눈수 구하기 풀이과정					
나눈수	8	9	10	11	12
그룹값 ÷ 나눈수	924 ÷ 8	924 ÷ 9	924 ÷ 10	924 ÷ 11	924 ÷ 12
계산값 (반올림)	115.5 (116)	102.7 (103)	92.4 (92)	84.0 (84)	77.0 (77)
나눈수1 구하기	100보다 작으면서 100에 가장 가까운 계산값은 92이므로 나눈수1은 10				
나눈수2 구하기	100보다 크면서 100에 가장 가까운 계산값은 103이므로 나눈수2는 9				

하태경 의원실 검증보고서 발표 내용 중 '나눈수 구하기' 공식 해설(하태경의원실 정리)

하태경 의원실에서 왜 이렇게 무리한 시도를 했는지 알 수 없으나 임의로 규칙을 정하여서 'follow_the_party'같은 것은 없다고 덮었다. 필자가 나눈수를 일관되게 적용하지 않고 규칙을 임의로 만들었다고 주장하면서 말이다.

민경욱 측의 '나눈수' 계산 조작

	그룹	1	2
1LINE	지역구순번합	924	1,247
	나눈수1	10	12
	나눈수2	9	11
	최소값	92	104
	최대값	103	113
2LINE	그룹	17	18
	지역구순번합	1,230	662
	나눈수1	13	6
	나눈수2	12	5
	최소값	95	110
	최대값	103	132
1LINE과 2LINE의 공통범위		95~103	110~113

하태경의원실이 검증한 나눈수 계산

	그룹	1	2
1LINE	지역구순번합	924	1,247
	나눈수1	10	13
	나눈수2	9	12
	최소값	92	96
	최대값	103	104
2LINE	그룹	17	18
	지역구순번합	1,230	662
	나눈수1	13	7
	나눈수2	12	6
	최소값	95	95
	최대값	103	110
1LINE과 2LINE의 공통범위		95~103	96~104

하태경 의원실 검증보고서 '나눈수' 증거

하태경 의원실의 주장은 필자가 억지로 'follow'를 만들기 위해 나눈수 규칙을 만들었다는 것인데, 그것은 필자의 발견의 전 과정을 무시한 한 마디로 무지한 억지라고 할 수 있다.

	그룹	1	2	3	4	5	6	7	8	9	10	11	12	13	14	15	16
1LINE	지역구순번합	924	1,247	1,128	845	1,292	826	711	652	855	521	939	700	862	666	711	990
	나눈수1	10	13	12	9	13	9	8	7	9	6	10	7	9	7	8	10
	나눈수2	9	12	11	8	12	8	7	6	8	5	9	6	8	6	7	9
	최소값	92	96	94	94	99	92	89	93	95	87	94	100	96	95	89	99
	최대값	103	104	103	106	108	103	102	109	107	104	104	117	108	111	102	110
2LINE	그룹	17	18	19	20	21	22	23	24	25	26	27	28	29	30	31	32
	지역구순번합	1,230	662	955	768	1,003	1,090	757	1,130	567	598	1,128	721	966	1,025	998	666
	나눈수1	13	7	10	8	10	11	8	12	6	6	12	8	10	11	10	7
	나눈수2	12	6	9	7	9	10	7	11	5	5	11	7	9	10	9	6
	최소값	95	95	96	96	100	99	95	94	95	100	94	90	97	93	100	95
	최대값	103	110	106	110	111	109	108	103	113	120	103	103	107	103	111	111
결과값	1,2라인 공통값 범위	95~103	96~104	96~103	96~106	100~108	99~103	95~102	94~103	95~107	100~104	94~103	100~103	97~107	95~103	100~102	99~110
	민경욱 측 주장	102	111	108	108	111	119	0	116	104	101	0	112	97	114	116	121
	문자	f	o	l	l	o	w		t	h	e		p	a	r	t	y
	비논리성	100에 가까운 최소값과 최대값을 구하지 않고 (분홍색 부분), 원하는 문자값이 나오도록 임의의 '나눈수1'과 '나눈수2'로 나눔															

하태경 의원실이 검증한 전체 문자도출과정

필자가 보기에 이같은 주장은 더불어민주당 당일 득표율 50% 전 지역구에서 사전 비중이 당일 비중보다 낮아짐을 보여준 필자의 비중 그래프나 특정 클러스터의 존재를 보여주는 클러스터 그래프의 존재도 이해하지 못한다. 어떤 이유로 상위그룹 16개 하위그룹 16개가 정해지는지에 대해서도 전혀 이해가 없이, 무작정 같은 나눈수를 통해 문자테이블을 만들어 보아야 한다는 주장이다. 이런 주장은 역으로 필자가 발견한 나눈수 규칙, 즉 오직 소문자 엘(l)을 기준으로 작으면 +1값으로 구성된 나눈수로 나누고, 크거나 같으면 -1값으로 구성된 나눈수 규칙을 적용할 때에만 유의미한 단어나 문장이 만들어질 수 있다는 필자의 가설을 검증해 주고 있는 것과 같다. 앞에서 장영후 프로그래머의 가상회의록을 먼저 제시한 것은, 위에서 내려온 지령이 특정 문자열을 암호로 삽입하라는 것일 때에는 어떻게 알고리즘을 짜면 되는지 확인할 수 있다. 아무 문자도 나오지 않게 하는 것은 오히려 너무 쉽다. 문자가 나오는 로직과 알고리즘을 찾아낸 것이 말 그대로 '발견'인 것이다. 왜 이 발견이 무의미하다고 보는 것일까? 자연상태에서 이런 규칙이 발견되는 것이 가능하다는 것일까?

많은 사람들이 오랜 시간 필자의 가설을 뒤엎기 위해서 노력을 기울였다. 아직 제대로 필자의 발견을 제대로 뒤엎을 만한 견해를 제시한 사람은 없었다. 대부분은 억지, 비아냥, 인신공격 수준에서 멈추었다. 어떤 사람은 'everyone is stupid'라는 문장을 제시했다. 그야말로 이 문장을 정해놓고 만들기 위해 지역구 순서를 뒤죽박죽 어떤 규칙도 없이 조정했다. 진정한 임의적 조작이란 이것을 말하는 것이다. 필자는 비중값 계산에서 나눈수 규칙의 발견까지 합리적인 실마리를 제공했다. 다만 장영후 프로그래머가 필자의 가설을 검증하기 위해 주 필자가 되어 쓴 『해커의 지문』에 발견의 전 과정이 소상히 설명되어 있지는 않다. 2년이 지나 이 책이 『해커의 지문』에서 비어있는 부분을 보충하는 일종의 보론서로 출간될 수밖에 없었던 이유이기도 하다.

지금까지 비판은 거의 없고 비난만 난무했다. 그 과정에서 장영후 프로그래머의 검증 작업은 많은 생산적인 결과를 내어 4.15부정선거 전 과정에 대한 이해수준을 엄청난 수준으로 끌어올렸다. 따라서 이 모든 과정이 단단한 진실을 확보하기 위해 필요한 것이라고 본다. 그리하여 필자는 더욱 인내심을 갖고 확정적인 검증이 공신력있게 이루어질 그 시간을 기다리고 있는 것이다.

결론

2020년 5월 19일, 선거가 끝난 한 달 4일 만에 민경욱 전 의원을 대구에서 만났다. 5월 30일이 의원 만기였으니 현직 국회의원이 필자의 이메일을 받고 몸소 대구까지 찾아온 것이었다.

중국 [illegible] 있는 중국공산당 구호 영원근당주(永远跟党走, Follow the Party)

필자를 만난 민경욱 의원은 기자들 앞에서 follow_the_party(당시는 Follow the party라는 문장으로 소개)를 공개했다. 이 소식은 네이버 실시간 검색어 1위를 차지할 정도로 널리 알려졌다. 그날 이후 이루 말할 수 없는 질타를 받았다. 그럼에도 불구하고 필자의 설명을 들어준 민경욱 의원과 도태우 변호사, 싱크탱크 (사)법치와자유민주주의연대의 목소리(Voice Of NPK), VON뉴스 채널에 대해 감사의 말을 전하지 않을 수 없다. 이 채널을 통해 필자도 연구를 계속 이어갈 수 있는 힘을 얻었다. 많은 사람들의 질타도 도움이 되었다. 장영후 프로그래머는 필자의 가설을 역산의 방식으로 검증해 주었다. 서로 반대 방향에서 추적해 오는 방식으로 오류를 교정해 나갈 수 있었다. 국제보고서를 통해서도 설명할 기회를 준 미국 애니챈 K-CPAC 회장, 그리고 그렌트 뉴셤 변호사와의 만남을 특별히 감사한 마음으로 기억한다. 미국 워싱턴 안보정책센터의 선임연구원을 지낸 뉴셤 변호사는 해병대 대령 출신으로 정보 장교 출신이었고, 주일 미국 대사관에서 무관으로 일한 바 있어 아시아 문제에 대해서도 해박했다. 그가 2020년 9월 23일 발표한 리포트의 일부를 발췌하여 알려 드린다.

> "2020년 4월 15일 선거부정은 사실인 것으로 보이며 이는 미국에 있어서도 빅딜(중대사건)입니다. 몇년 전 중국 해커들에 의해 미국 연방정부 인사국 데이터베이스가 해킹당한 것을 상기해 보십시오. 지금도 미국 관리들은 중국 등 다른 나라 컴퓨터 해커들에 대해 경고하고 있으며, 특히 2020년 11월에 실시될 미국 선거에 있어 중국의 간섭에 대한 우려를 언급하고 있습니다. 그런데 한국에서의 선거 디지털 조작은 상상할 수 없다고 보는 것은 말이 안 됩니다. 실제로 4.15 선거에서 더불어민주당의 압도적인 승리로부터 얻는 혜택을 감안하면 중국과 문재인 정권에게 위험을 감수할 만한 가치가 충분합니다."

이 경고는 40일 뒤에 있었던 미국 선거에 아무런 영향을 끼치지 못한 것같다. 2021년 6월 29일 미국의 유력한 보수주의 모임 CPAC에서 주최한 미팅에서 현재 미국 하원의장이 된 마이크 존슨 의원은 다음과 같이 말했다.

"우리는 견뎌야 합니다. 기억하십시오. 우리 미국은 지난 250년을 견뎌왔습니다. 우리의 선거가 자유롭고 공정하며 철저할 것임을 믿기 때문에 견딜 수 있었습니다. 보안은 무엇보다 중요합니다. 투표 보관함은 신성불가침의 것이며 우리의 선거는 매우 성스러운 의식입니다. 그리고 우리의 헌법 역시 버텨줄 것입니다. 우리와 같이 대한민국의 리더들 역시 함께 서 있을 때 견뎌낼 수 있습니다. 이 싸움은 자유를 지키기 위한 것입니다. 우리는 여러분과 이 싸움에 함께 하고 있습니다."

끝으로 2023년 10월 10일 대한민국 국가정보원의 중앙선거관리위원회 보안 점검 결과 발표 자료를 소개하는 것으로 결론을 맺으려 한다. 이제 아울러 모든 판단은 독자 여러분의 몫으로 돌린다.

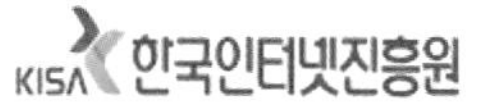

보도자료
Tel 02-3412-3412
2023. 10. 10

투·개표 시스템 해킹 취약점 등 선관위 사이버 보안관리 부실 확인

- 선관위·국정원·KISA 3개 기관 합동으로 7.17~9.22간 합동 보안점검 실시
- 선거인명부시스템·개표시스템·사전투표시스템 등 관련 해킹대응 취약점 다수 발견
- 선관위, 합동점검팀 권고 등을 바탕으로 총선前 사이버보안 역량 긴급 보완 예정

지난 5월 국회·언론을 통해 선관위의 北 해킹대응 및 정보통신기반시설 관리에 대한 부실 우려가 제기된 이후, 선관위·국정원·KISA가 합동보안점검팀을 구성하여 국회 교섭단체 추천 與野 참관인들 참여하에 7.17~9.22간 보안점검을 실시하였다.

합동 보안점검은 크게 △시스템 취약점 △해킹대응 실태 △기반시설 보안관리 등 3개 분야로 구분하여 진행되었다.

Ⅰ. '시스템 취약점 점검'은 기술적인 모든 가능성을 대상으로 가상의 해커가 선관위 전산망 침투를 시도하는 방식으로 이루어졌으며, 다음과 같은 보안 취약점들이 발견되었다.

【 투표 시스템 】

① 유권자 등록현황·투표 여부 등을 관리하는 '통합선거인명부시스템'에는 인터넷을 통해 선관위 내부망으로 침투할 수 있는 허점이 존재하고, 접속 권한 및 계정 관리도 부실하여 해킹이 가능한 것으로 확인되었다.

- 이를 통해, '사전 투표한 인원을 투표하지 않은 사람'으로 표시하거나 '사전 투표하지 않은 인원을 투표한 사람'으로 표시할 수 있고, 존재하지 않은 유령 유권자도 정상적인 유권자로 등록하는 등 선거인명부 내용을 변경할 수 있었다.

② 선관위의 내부시스템에 침투하여 사전투표 용지에 날인되는 廳印(선관위)·私印(투표소) 파일을 절취할 수 있었으며, 테스트용 사전투표용지 출력 프로그램도 엄격하게 사용 통제되지 않아 실제 사전투표용지와 QR코드가 동일한 투표지를 무단으로 인쇄 가능함을 확인하였다.

③ 與野 정당 등 일부 위탁선거에 활용되는 '온라인투표시스템'에서는 정당한 투표권자가 맞는지를 인증하기 위한 절차가 미흡하여 해커가 대리 투표하더라도 확인이 되지 않는 문제점을 발견하였다.

④ 사전투표소에 설치된 통신장비에 사전 인가된 장비가 아닌 외부 非인가 PC도 연결할 수 있어 내부 선거망으로 침투가 가능함을 확인하였다.

⑤ 부재자 투표의 한 종류인 '선상투표'의 경우에는 특정 유권자의 기표 결과를 볼 수 없도록 암호화하여 관리하고 있으나, 시스템 보안취약점으로 암호 해독이 가능해 특정 유권자의 기표결과를 열람할 수 있었다.

【 개표 시스템 】

① 개표결과가 저장되는 '개표시스템'은 안전한 내부망(선거망)에 설치·운영하고 접속 패스워드도 철저하게 관리하여야 하나, 보안관리가 미흡하여 해커가 개표결과 값을 변경할 수 있음이 드러났다.

② 투표지분류기에서는 외부장비(USB 등) 접속을 통제해야 하나, 비인가 USB를 무단 연결하여 해킹프로그램 설치가 가능했고, 이를 통해 투표 분류 결과를 바꿀 수 있었다. 또한 투표지분류기에 인터넷 통신이 가능한 무선 통신 장비도 연결할 수 있었다.

【 시스템 관리 】

① 선관위는 중요 정보를 처리하는 내부 중요 전산망을 인터넷과 분리하여 사전 인가된 접속만 허용하는 등 철저하게 관리해야 하나, 망분리 보안정책이 미흡하여 전산망間 통신이 가능, 인터넷에서 내부 중요망(업무망·선거망 등)으로 침입할 수 있었다.

② 선관위는 주요 시스템 접속시 사용하는 패스워드를 숫자 • 문자 • 특수기호를 혼합하여 설정하는 등 안전하게 운영하여야 하나, 단순한 패스워드를 사용하고 있어 이를 손쉽게 유추하여 시스템에 침투가 가능하였다.

③ 선관위는 시스템 접속 패스워드 및 개인정보 등 중요정보를 암호화하여 관리해야 하나, △내부포털 접속 패스워드 △역대 선거시 등록한 후보자 명부 • 재외선거인명부 등을 평문으로 저장하고 있어 내부 주요서버 침투에 활용할 수 있었을 뿐만 아니라, 개인정보 대량 유출 위험성도 확인하였다.

Ⅱ. 이미 발생했던 '해킹사고 대응' 부분에서도 후속 차단 • 보안 강화 조치가 미흡했던 사례들이 드러났다.

① 선관위가 최근 2년간 국정원에서 통보한 북한발 해킹사고에 대해 사전 인지하지 못하고 있었으며 적절한 대응조치도 하지 않았음을 확인하였다.

② 이메일 해킹사고의 피해자에게 통보조차 하지 않아 동일 직원 대상으로 사고가 연속으로 발생하였다.

③ 2021.4월경 선관위 인터넷PC가 북한 '킴수키(Kimsuky)' 조직의 악성코드에 감염되어 상용 메일함에 저장된 대외비 문건 등 업무자료와 인터넷PC의 저장자료가 유출된 사실도 확인되었다.

Ⅲ. 선관위가 운영 중인 주요정보통신기반시설 보안관리 실태에 대해서도 엄정한 계량평가를 실시하였다.

① 선관위는 2022년도 '주요정보통신기반시설 보호대책 이행여부 점검' 자체평가 점수를 100점 만점으로 국정원에 통보했으나, 합동보안점검팀이 31개 평가항목에 대해 동일기준으로 재평가 한 결과, 전산망 및 용역업체 보안관리 미흡 등에 따라 31.5점에 그친 것으로 확인되었다.

② 취약점 분석평가를 관계 법령에서 정한 '정보보호 전문서비스 기업'이 아닌 무자격 업체를 통해 실시하는 등 법 위반 사례도 발견하였다.

합동보안점검팀은 국제 해킹조직들이 통상적으로 사용하는 해킹 수법을 통해 선관위 시스템에 침투할 수 있었는바, 북한 등 외부세력이 의도할 경우 어느 때라도 공격이 가능한 상황이었다고 설명하였다.

이번 점검은 국가 선거시스템 전반에 대한 보안취약점들을 선제 도출하는 계기가 되었으며, 합동점검팀은 선관위에 선거시스템 보안 관리를 국가 사이버위협 대응체계와 연동시켜 해킹대응 역량을 강화하는 방안을 제의하였다.

또한, 선관위와 함께 해킹에 악용 가능한 망간 접점, 사용자 인증절차 우회, 유추 가능한 패스워드 등을 즉시 보완하였으며, 최대한 빠른 시일내에 이번 보안 점검에서 적출된 다양한 문제점을 조치할 예정이라고 밝혔다. 끝.

해커의 지문 발견기

해설

해커의 지문 발견기

디지털 부정선거와 증거로서의 [follow_the_party]

김미영

※『해커의 지문』 해설을 수정하여 재록합니다.

『해커의 지문』, 『해커의 지문 발견기』는 한국의 국가 시스템이 정상적으로 작동되고 있다면 굳이 우리 손으로 제작할 필요가 없었을 것이다. 이 책이 다루는 내용은 검찰과 경찰, 법원과 중앙선거관리위원회, 국립과학수사연구원 등의 국가 기관이 정치로부터 독립적이고 성실하고 진지하다면 마땅히 공적인 영역에서 다루어져야 할 국가적 중대사안이다.

수사 않는 검찰과 재판 않는 대법원

그러나 현재 한국은 국가 시스템이 전반적으로 심각한 고장을 일으키고 있는 것이 아닌가 한다. 법원은 이유 없이 소송을 지연하고, 서둘러 기각시키고 검찰과 경찰은 재검표를 통해 '배춧잎투표지' 등 문제투표지가 속출하는 상황에서도 형사사건으로 전환하여 즉각 수사하는 노력을 보여주지 않았다. 언론은 어떤 종류의 유력 증거가 나와도 취재하지 않겠다는 태도로 일관했다. 부정이 아니라 부실선거라는 변명도 있었다. 공적 기관이 범하는 부실은 그 자체로 부정이고 불법이다. 국민 모두가 피해자가 되는 것이다.

가장 문제적인 것은 대법원의 노골적인 공직선거법 위반이다. 공직선거법 제225조는 "선거에 관한 소청이나 소송은 다른 쟁송에 우선하여 신속히 결정 또는 재판하여야 하며, 소송에 있어서는 수소법원은 소가 제기된 날부터 180일 이내에 처리하여야 한다"고 규정하고 있다. 본질적으로 선거무효 · 당선무효 소송은 '신속 재판'이 생명이다. 피해가 지속되고 증대되는 것을 막아야 하기 때문이다.

더구나 국민을 대표하는 지도자가 부정으로 선출되었다면 그들의 공무는 모두 위법한 것이 된다. 그러나 6개월 안에 단심으로 신속히 끝내야 할 100건 이상의 소송이 모두 재판도 판결도 없이 1년 이상 계류되었다.

왜 4.15총선에서만 이런 전례 없는 사태가 발생하는가? 단순 계수 오류에 관한 문제가 아니라 이 선거가 조직적이고 대규모적이며 총체적인 디지털 부정선거와 관련되어 있어 계수 외 다른 엄밀 감사가 필요하다고 우리는 주장해 왔다.

'배춧잎투표지' 등 쏟아지는 조작 증거들

선거 후 14개월이 더 지난 2021년 6월 28일 인천 연수을 재검표를 시작으로 다섯 차례 재검표가 이루어졌다. 우리가 주장해온 디지털 부정선거를 입증할 수 있는 자료는 원활하게 제출되지 않았다. 중앙선거관리위원회는 서버와 투표자 상세 명부를 비밀로 했고, 이미징 파일

원본도 제공하지 않았다. 그럼에도 불구하고 다섯 차례 재검표는 증거 수집의 관점에서 의미 있는 성과를 냈다. 정상적인 투표지라고 할 수 없는 투표지가 대량으로 발견된 것이다.

대표적인 것이 이른바 '배춧잎투표지'다. 인천 연수을 재검표 때 처음 등장한 이 문제의 투표지 촬영은 허락되지 않았다. 대안으로 우리는 참관자 증언을 듣고 이미지를 재현했고, 이것을 '배춧잎투표지'로 명명했다. 이런 신속한 대처가 가능했던 것은 총선 직후부터 디지털 범죄를 의심해 왔기 때문이었다.

디지털 프로그램이 개입된 선거라면 결국 최종 실물표수와 선거 결과 데이터가 일치하지 않을 가능성이 높다고 보고 있었다. 더구나 소송이 100건 이상 제기될 것을 예상 못한 범법자들이 법원의 증거 보전에 완전히 대처하지 못했을 것으로 보았다. 다섯 번의 재검표를 통해 축적된 증거는 우리의 이 같은 예측을 뒷받침해 주었다고 본다.

로이킴 비중 그래프 발견의 중대성

선거 직후부터 많은 시민들이 디지털 부정선거에 관련된 의견을 전달해 와서 경청했다. 특히 이 책들은 중앙선거관리위원회가 선거 개표 완료시에 홈페이지를 통해 공표한 선거 결과 데이터에서 도출해낸 암호문자, 일명 해커의 지문 [follow_the_party] 해설을 위해 출간되었다.

선거 직후 나온 『왜 사전투표가 승부를 갈랐나』, 2021년 11월 여러 차례 재검표 뒤 나온 『4.15부정선거 비밀이 드러나다』 등의 단행본을 비롯한 수많은 영상들과 기사 등 민간 영역에서 나온 의미 있는 활동들이 있었지만, 우리의 이 작업은 새로운 유형의 디지털 부정선거를 규명하는 데 있어 또 다른 생산적인 의미가 있다고 본다.

언론까지 포함한 공적 기관을 장악한 범법자들은 우리보다 강력한 권력을 갖고 있다. 힘으로 의혹 제기를 누르는 상황에서 우리에게 저항의 수단은 많지 않다. 확실한 것은 진실은 우리 편이라는 사실이다. 그들도 걷어들일 수 없는 많은 실수를 범하여 완전 범죄를 이루지는 못했다.

이근형 당시 더불어민주당 전략기획위원장이 페이스북으로 알려준 계획표와 중앙선거관리위원회가 선거 직후 발표한 결과 데이터는 인멸도 파기도 되지 않는 '엎질러진 물'과 같은 줏어담을 수 없는 증거다. 범법자들은 디지털 부정선거 증거를 없애기 위해 서버나 노트북도 파기하고, 투표지를 태워 없애거나 바꿔치기할 수 있겠지만 이미 공표된 데이터를 철회하거나 파기할 수는 없다.

그 원석 속에서 [follow_the_party]를 추적해 내는 일은 조작자의 지문을 찾아내는 것으로 증거수집의 입장에서는 다이아몬드를 캐내는 것과 비견될 수 있다.

253개 지역구 순번으로 짠 숫자판을 알파벳으로 변환

2020년 5월, 민경욱 전 의원을 통해 [follow_the_party]가 세상에 알려진 이후 발견자 로이킴(김상훈씨의 필명, 편의상 발표 당시부터 사용된 그의 영어이름을 존칭없이 계속 사용하기로 한다. - 편집자주)은 물론이고 그를 발굴하고 그의 목소리를 세상에 전달한 민경욱 의원과 우리도 지탄을 받아왔다.

그러나 로이킴의 발견에 진지하게 관심을 둔 사람이라면 그가 각 선거구 사전투표와 당일투표 각각의 비중값 차이 비교를 통해 그려낸 그래프의 중요성을 알아차렸을 것이다. 선관위가 발표한 데이터에서 나타난 가장 강력한 인위적 조작의 증거라고 해도 틀리지 않을 것이다. 그럼에도 하태경 이준석 등 정치인들의 모독과 핍박은 가장 인상적이고도 기괴한 일로 기록해 둘 만하다.

우리는 로이킴의 [follow_the_party]를 간단히 설명하기 위해 '해커의 지문'이라고 명명했다. 좀 더 구체적으로 말하면, 제작한 프로그래머의 제작자 또는 작업자 표시와 같은 것이다. 화가가 그림을 완성하고 낙관이나 서명을 하는 것이나, 옷을 다 만들고 목 뒤에 라벨을 부착하는 것처럼 프로그래머 세계에서 제작자를 표시해 두는 것은 흔한 관행이라고 한다.

다만 화가의 낙관도 그림이라는 형식적 틀 안에서 새겨지는 것처럼, 또는 옷에 부착되는 라벨도 섬유 속에서 또 다른 섬유인 것처럼, 데이터 값이라는 '숫자' 더미 속에 들어가는 낙관이나 라벨은 결국 '숫자'가 될 수 밖에 없었을 것이다. 영상 제작자가 영상 어딘가를 확대하여 픽셀 속에 암호 같은 것을 숨겨 두는 경우와 비슷하다.

로이킴이 발견한 [follow_the_party]는 바로 253개 지역구 순번을 이용하여 특수한 알고리즘을 설계해서 선거 데이터 목표값이 실현되면 도출되도록 숨겨 놓은 문자열이다. [follow_the_party]는 영어 알파벳으로 되어 있는데 알파벳도 아스키코드(ASCII)를 통하여 숫자로 치환될 수 있다.

이제 이 놀라운 발견이 사실로 확인된다면 4.15총선은 선거 전에 설계된 조작 청사진이 있었고, 투개표 이후 이 설계도가 실현되었을 때 확인될 수 있도록 설계되었다는 의미다. 상세한 설명에도 불구하고 알고리즘의 세계에 이해가 없는 분들에게는 난해할 수밖에 없을 것이다. 우리조차도 이 책을 준비하는 기간 동안 수도 없이 브레인스토밍을 거듭하였다.

그런 의미에서 이 책은 미완성이다. 따라서 이 책은 무엇보다 유권자이면서 앞으로도 이 땅에서 자유를 누리고 지켜야 할 다음 세대에 보내는 초대장과 같은 것이다. 영어와 숫자, 디지털 코딩의 세계에 익숙한 세대에게 보내는 도전장이기도 하다.

"한 번 각자 깊이 들여다보고 자유롭게 더 토론해 봅시다!"

개별 253개 선거구를 하나로 연관 짓는 로직의 발견

우리는 1년 반 이상 이 작업을 하면서 내부적으로 많은 토론을 거치며 난관을 뚫어왔다. 디지털 부정선거 관련 맹주성 가설은 선거 1주일 후에 제출되었다. 이 가설은 간단한 프로그램 조작으로 당락을 조정할 수 있는 일종의 '온라인 또는 디지털 게리맨더링' 가설이었다.

나중에 합류한 장영후 프로그래머의 해설은 조작 표수의 '최적화' 가설을 부가하여 사전에 당락 목표를 철저히 설계하고, 미세하게 조정되었음을 보여준다. 로이킴이 발견한 [follow_the_party]는 당락을 바꾸고 표수를 줄여 최적화하는 기본 설계와는 다른 종류의 제3의 로직이었다. 많은 시행착오를 통해 이 결론에 도달하는 데 1년 이상의 시간

이 소요되었다.

수천만 명의 민심을 담는 선거 결과 데이터에서 이토록 이채롭고 인위적인 패턴이 발견된다는 것은 하나의 사건이다. 보통선거란 자유민주주의 국가의 근간에 해당되는 것이고 중국 북한과 같은 일당독재 권위주의 체제와 분리되는 기준이라고 할 수 있다.

이 자유 보통선거가 위기에 처했다는 징후가 발견되는 즉시 엄밀 감사와 수사를 통해 검증되어야 마땅하다. 그러나 다시금 통탄을 금치 못하는 것은 검찰, 경찰, 법원, 언론, 야당이 기묘한 사보타주를 이어가고 있을 뿐이라는 것이다. 이 상황이 반전되어야 나라가 산다.

블랙 레볼루션 일으켜 다시 맑고 푸른 나라로

이 책들이 나오기까지 많은 분들의 협력이 있었다. 특히 맹주성, 로이킴, 장영후 필자들의 열정과 전문가적 식견이 4.15총선의 디지털 부정선거 모델을 설명해내는 데 있어 중추가 되었다.

모든 에너지를 쏟아 부정선거 규명에 함께 해 주신 4.15부정선거국민투쟁본부 상임대표 민경욱 전 의원, 그리고 사무총장 도태우 변호사를 비롯한 많은 법률가들의 헌신적인 노력, 최대한의 투표지 보전과 재검표를 이끌어낸 가로세로연구소 등 수많은 블랙전사들의 힘으로 우리의 가설은 현실적으로 입증되고 있다.

함께 토론하고, 교정하고, 기도해 준 맹주성 이사장님과 사단법인 법치와자유민주주의연대(NPK) 회원 여러분들께도 깊이 감사드린다.

이 책들을 쓰고 편집하고 독려하고 토론하고 교정하는 전 과정에 많은 어려움이 있었다. 그 중에 가장 큰 것은 마음의 어려움이다. 우리가 사랑하는 나라, 우리의 삶의 소중한 터전이 예전 그 모습이 아니라는 데서 생겨나는 슬픈 마음이 내내 따라다닌다. 동시대를 살아가는 많은 이웃들이 이 슬픔을 공유하고 있다는 것이 위로가 된다.

이 책이 4.15부정선거 규명에 함께 하신 모든 분들께 희망을 주는 작업이 되었으면 한다. 2020년 4월 15일 이후 한결같이 부정선거 규명을 외쳐온 수많은 시민들의 함성으로 인해 우리가 사랑하는 '우리 나라 대한민국'에 다시 맑고 푸른 계절이 올 것을 소망하고 믿는다.

1. 국가범죄로서의 부정선거

4.15부정선거는 선거가 있었던 날을 전후하여 특정 후보 한두 사람을 당선시키기 위해 일어난 단발적 사건이 아니다. 이 책은 4.15부정선거가 오랜 시간에 걸쳐서 준비 계획되어 실행되고, 또한 사후에 증거가 대대적으로 인멸된, 통상 몇몇 개인이나 소규모 집단의 일탈이 아니라 '국가범죄'(State crime)에 준하는 중대 범죄라는 관점에 입각하여 이 문제를 다루고 있다.

정치적 입장과 관계없이 4.15부정선거 의혹에 대해 쉽게 '확증편향' 또는 '음모론'이라고 치부했던 이유는 크게 두 가지가 있었다. 하나는 선거 직전 각 후보가 '여론조사 약세'에 지레 결과를 수긍한 것이고, 또 하나는 "요즘 세상에 부정선거가 가능한가?" 하는 '부정선거 실행의 어려움'이라는 우려가 있었다. 그러나 우리는 일관되게 "요즘 세상에서만 가능한 디지털 부정선거가 일어났다!"고 주장해 왔다. 더불어 민주당이 승리한 지역구에서만 부정선거가 일어난 것이 아니라 전국 모든 지역구에서 일어났다는 입장이었다. 여론조사에 관하여는 여론 조작이 선거부정의 한 부문이며 부정선거의 필수적인 선행 작업이라는 입장이었다. 또한 거대 권력과 천문학적 금전이 동원된 국가 차원의 범죄라는 우리의 전제가 맞다면, '실행의 어려움'이라는 보통사람들의 우려는 뜻밖으로 쉽게 극복될 수 있었을 것이다.

국가범죄란 국가의 존립 자체를 위태롭게 하는 내란이나 외환을 일반적으로 지칭하는 것이다. 그러나 여기서 국가범죄란 또 다른 부류의 정의에 속하는 것으로서 '공적 권력'(public power)이 저지르는 중대 범죄에 가깝다. 공적 권력을 가진 주체가 사적인 이유로 저지르는 범죄가 아니라, 바로 그 주체가 어떤 종류의 '공적인 이유'를 갖고 벌이는 범죄 유형이다.

4.15부정선거 규명에 있어 가장 문제적인 갈등은 바로 이 관점 자체에서 비롯되고 있는 것이 아닌가 생각된다. 이 전제에 대해 이해 또는 수긍하지 않는 독자라면 인내심을 갖고 이 책을 끝까지 읽어내는 것이 결코 쉽지 않을 것이다. 그러나 이 책을 통해 최소한의 생산적인 논쟁이라도 시작되기 위해서는 이 같은 우리의 전제를 일러두지 않을 수 없다. 다시 말해서 4.15부정선거 문제에 접근하기 위해서는 몇 가지 선행되는 인식이 필요하다. 그중 으뜸되는 것은 4.15부정선거는 세계사적 패러다임 전환기에 맞물린 거대 담론의 영역일 수 있다는 것이다.

4.15부정선거 문제에 대해 너무 큰 틀에서 접근한다고 해서 음모론자, 허언증 환자, 부정쟁이, 악성종양 같은 욕설은 제발 그만 내뱉기 바란다. 선거에 관련된 의혹은 무죄추정원리가 적용되지 않는다. 오히려 유죄추정이 원칙이어서 선진국일수록 철저한 선거 사후 감사제도를 갖고 있다. 지금 우리는 한국의 선거 감사제도가 고장상태인 것을 목격하고 있다. 대법원 단심과 6개월 시한 이유가 모두 무색해졌다. 쏟아지는 이상 투표지와 선거 관리 상황을 보았을 때 현대 국가로서의 대한민국의 존속이 걱정되는 상황이다.

4.15총선이 부정선거라는 주장이 음모론으로 몰린 또 하나의 이유는 이 책에서 해커의 지문으로 명명되는 [follow_the_party] 암호문자의 발견 때문이다. 이 책은 중앙선거관리위원회가 최종 발표한 4.15총선 결과 데이터에서 [follow_the_party]라는 해커의 지문을 발견했다

는 한 시민의 제보에 대해 괴담으로 보지 않고 합리적 의혹으로 받아들여 분석했다. 만일 해커의 지문에 관해서만 말하는 것이 목적이라면 발견된 문자열이 꼭 [follow_the_party]일 필요는 없다. 문제는 중앙선관위 발표 데이터가 순전히 유권자의 자연스러운 표심을 대변하는 것이 아니라 사람의 손을 탄 결과물이라는 증거가 나온다면 그것이 아주 미미한 것이라도 심각하게 접근하는 것이 옳다는 것이고, [follow_the_ghost]든 또 다른 문장이든 상관이 없다. 문제는 해커의 지문이 나오게 된 전 단계의 로이킴 발견이 주목할 만한 것이어서 주목하지 않을 수 없었다.

그러나 해커의 지문 [follow_the_party]에 관련된 쟁점은 이것이 도출되는 로직보다 [당을 따르라]로 해석될 수 있는 문장의 의미에 집중되어 있었다. 이 부정선거가 중국 공산당과 관련되어 있다는 의혹으로 이어지기 때문일 것이다. 4.15부정선거가 국가에 준하는 거대 권력집단의 체계적이고 조직적인 범죄라는 추정만큼 중국이 우리 선거에 개입했다는 증거가 나왔다는 것은 한층 심각한 주제가 아닐 수 없다. 더구나 중국인을 비롯한 외국 국적의 참관인이 개표에 관여한 상황은 이런 의혹을 증폭시켰다.

2. 보통선거의 세계적 위기

불과 두 세대 만에 세계 최빈국에서 빈곤 극복과 정치적 자유를 동시에 성취한 선진국에 도달했다는 자부심을 갖고 있는 한국인으로서 후진국형 선거부정 문제를 제기하는 것은 불편한 일이다. 그러나 특정 인물이 정치적 야심을 이루기 위해 범하는 종류의 선거부정이 아니라 '문명사적 충돌'이라는 큰 그림 속에서 시야를 넓혀 이 문제를 진지하게 들여다볼 필요가 있다.

IT 기술혁명으로 선거에 디지털 개념이 결합된 이래 선거부정 문제는 차원을 달리하는 전 세계적인 문제거리가 되고 있다. 콩고, 베네주엘라, 벨라루스, 미얀마 등의 나라에서만 쟁점이 되는 것이 아니다. 미국이나 독일 같은 나라의 문제이기도 하다. 미국의 2020년 대통령 선거도 여전히 부정선거 의혹을 검증하는 단계에 있다. 독일에서 앙겔라 메르켈 총리의 후임을 결정하는 연방 하원 총선(2021년 9월 26일)에서의 사이버 공격을 통한 러시아의 선거 개입 우려도 구체적으로 회자되었다.

전 세계적인 차원에서 '보통선거'는 전에 없는 위기에 봉착해 있다. 영국의 대헌장과 명예혁명, 미국의 독립전쟁, 프랑스혁명, 그리고 미국 남북전쟁과 세계 제1, 2차 대전 등 세계사적 대사건들은 권리 향유의 주체를 결정하는 문제와 관련되어 있었다. 또한 개인의 자유를 향해 요동치는 강렬한 물결로 연결되었다. 신분과 인종, 성별을 넘어서서 모든 인간이 천부인권을 갖고 있고 그 실현방법으로서 '보통선거'의 중요성이 부각되고 확산되는 역사라고 바꿔 말할 수도 있다. 흑인의 권리를 확정한 미국 수정헌법 제13조, 14조, 15조는 치열한 내전을 거쳐서 제정된 것이었다. 미국에서 여성의 참정권을 인정한 것은 이보다 훨씬 늦은 수정헌법 제19조(1920년) 제정으로 가능해졌다.

근년에 홍콩에서 벌어지고 있는 유혈 사태의 원인 역시 선거권 수호

문제와 직결되어 있다. 중국 공산당은 1978년 본격적인 개혁개방에 나서면서 자본주의에 적응해 왔지만 개인의 자유, 특히 선거의 자유 허용에까지 이르지는 못했다. 미국 · 독일에서 러시아나 중국의 선거 개입을 우려하는 것과 같이 한국에도 같은 종류의 도전이 구체적으로 도래해 있는 것이다. 홍콩이 영국에서 중국으로 반환될 때의 약속은 적어도 50년 간은 '일국양제'를 허용한다는 것이었다. 홍콩에서는 한시적으로 보통선거가 존재하는 자유민주주의 체제를 허용한다는 의미였다. 그러나 약속은 사반세기가 되기 전에 깨어지기 시작했다. 이제 많은 사람들이 일국양제란 공산당의 입장에서 체제 위협으로 인식하고 있는데 그 중심에 선거제도라는 주제가 있다.

영국 「이코노미스트」 등 서구의 유력 잡지들은 "경제적 성장이 자연스럽게 정치적 자유를 불러올 것으로 예상했으나 중국에서 그런 일은 현실이 되지 않았다"는 식으로 자책하기 시작했다. 아울러 중국이 갖고 있는 '디지털 독재 능력'에 대해 주목하기 시작했다. 중국 공산당이 15억 인구를 디지털 도구를 통해 통제해 나가는 능력은 아무도 의심하지 않는다. 디지털 독재는 이제 전 세계적으로 민주주의를 후퇴시키는 개념으로 새로운 키워드로 부각되고 있다. 후발 자본주의 국가로서 경제력과 군사력 차원에서 승승장구했던 일본이 진주만 기습과 태평양 전쟁으로의 길을 걸었듯 '개인의 자유'라는 시험대 앞에서 중국 공산당도 진퇴양난의 기로에 서 있다. 중국 공산당은 여전히 "우리 당을 따르라(Follow Our Party)"고 명령하고, 시진핑 시대에 고삐는 더 죄어지고 있다.

필자는 주체사상의 창시자로 알려져 있는 황장엽 전 북한 노동당 국제 담당 비서를 10년 이상 직접 대면 또는 서신으로 접견해 왔다. 그와의 대담 중 중국에 대한 입장은 특히 인상적이었다. 중국에서 시진핑 현 주석 부친 시중쉰(習仲勳, 1913~2002)을 만났을 때, "우리는 김정일을 내심으로 지지하지 않지만, 대한민국에서 북상해올 자유민주주의를 위협으로 보기 때문에 북한과 운명적으로 연대할 수밖에 없다"는 입장을 직접 들었다고 전했다. 4.15부정선거는 대내외적으로 봉착해 있는 한국 자유민주주의 진정한 위기에 대해 새삼 일깨워주고 있는지도 모른다.

3. 디지털 부정선거를 입증해준 일련의 재검표

4.15부정선거는 다섯 번의 재검표를 거치면서 많은 의문이 해결되어 왔다. 다만 우리가 해커의 지문이라고 부르는 [follow_the_party]에 관해서는 궁금증이 남아있다. 다음 페이지에 나타낸 "4.15부정선거 전체 개념도"는 2020년 4월 15일 이후 제기되어온 각종 의혹들 중 이 책에서 주목하고 있는 내용을 골라서 정리한 것이다. 지금까지는 수개표가 아닌 전자개표기로 인하여 일어나는 개표 부정을 디지털 부정선거라고 인식할 수 있는 정도였다.

그러나 이 책에서 디지털 부정선거라고 지칭하는 것은 영역이 훨씬 확장된 것으로 다음 페이지의 '전체 개념도' 표에서 별표(*)를 표시한 것은 모두 디지털 부정선거와 관련이 있다고 말할 수 있다. 우리는 조작의 설계, 조작을 실행하기 위한 제도와 정책 정비, 현장 실행, 증거

전체 개념도

(*는 디지털/IT 관련 항목)

[1단계] 설계

1. *	2. *	3. *	4. *	5. *	6. *
여론 조사 및 빅데이터 수립	보정 (당락 조정, 온라인 게리맨더링)	해커의 지문 [follow_the_party] 삽입과 최적화	추가 최적화로 선거 청사진 완성	실행 프로그램 알고리즘 완성	180석 목표 실행 중앙 콘트롤 타워 가동

[2단계] 제도 및 정책

- 바코드 대신 QR코드 강행 *
- 투표관리인 도장 인쇄 허용 *
- 사전투표 명부 자필 서명 불용 *
- 코로나 지원금 집행
- 사전투표 CCTV 불용 *
- 유권자 연령 하향 *
- 투표자 비닐장갑 지급 *
- 사전투표 독려 *
- 외국인 개표업무 허용 *

[3단계] 실행

여론조작	사전투표	사전-당일 중간	당일투표	개표	최종 결과 발표
*여론 급격한 변화	*임시 투표소 운영 *투표율 조작	*실물표 준비	*투표율 조작	*목표득표율에 따른 전자개표기 개표 실행 *외국인 개표 업무 수행	*결과 수정 시도 *다량의 이상 데이터 발견 *출구 조사 사전 결과 반영

[4단계] 사후처리

언론통제	증거인멸	재판지연	재검표 방해	야당통제
· 보도통제 * · 시민구속 * · 집회 방해 *	· 신규 서버 교체 및 훼손 * · 빳빳한 투표지 등 이상 투표지 삽입 * · 이미지 원본 삭제 * · 노트북 증거인멸 *	· 6개월 시한 넘김 * · 비례대표 재검표 불용 * · 소송제기 후보자 취하 유도 *	· 사진촬영 방해 * · 법관의 이익 충돌 · 배춧잎투표지 등 이상 투표지 감정 방해 *	· 부정선거 의혹 제기 정치인 불이익 · 야당내 부정선거 은폐

인멸 등 사후처리에서 모두 디지털 부정선거와 관련된 요인이 있음을 주장해 왔다.

여기서는 조작의 설계에 초점을 두고 해설하여 디지털 부정선거에 관련한 의혹을 풀어나간다. 지금까지 제출된 모든 의혹들을 마스터키처럼 풀어줄 열쇠가 조작의 설계도를 복원하는 데 있다고 보고 있기 때문이다.

이 책에서 초점을 맞춘 '조작의 설계' 관련 소주제는 다음과 같다.

[1단계] 조작의 설계

(i) 빅데이터 여론조사

(ii) 반드시 당선 또는 낙선시킬 후보 및 의석수 만족시키는 설계(디지털 게리맨더링)

(iii) 암호문자 [follow_the_party] 삽입과 총 비율 최적화

(iv) 미세 조정 및 총 표수 최적화로 조작 청사진 완성

(v) 이상의 목표를 실현시킬 컴퓨터 프로그램 완성

총선 직후부터 사단법인 법치와자유민주주의연대(NPK)와 NPK의 목소리(Voice of NPK) VON뉴스에서는 공학박사 맹주성 이사장의 가설에 따라 투개표 과정에 디지털 프로그램이 사용되었을 가능성을 꾸준히 제기해 왔다. 그후 해커의 지문 [follow_the_party]를 제보해준 로이킴과 '후사장'이라는 필명으로 소개되었던 장영후 산업 프로그래머의 제보를 통해 이러한 디지털 부정선거 설계에 관해서 한 단계 구체적인 접근이 가능해졌다. 그러나 보다 많은 사람들과 이 문제를 공유하기 위한 시도를 하기까지 오랜 시간 재검표를 기다려야 했다. 정상

적인 상황이라면 6개월 안에 끝나야 할 선거무효, 당선무효 소송은 좀처럼 진행되지 않았다. 우리는 범법자 입장에서 사후에 증거 인멸 또는 사후 투표용지 조작 단계에서 자신 있게 대응하지 못할 만큼 큰 하자가 있었다고 추정하게 되었다.

이 엄청난 의혹이 검증되는 데 있어 우리에게 필요한 것은 '힘'이었다. 거듭 말하건대 검찰과 경찰, 법원 등이 정치로부터 독립적이고 투명하고 유능하며, 성실하고 진지하다면 우리의 이 작업은 마땅히 공적으로 수행되어야 할 내용이다. 그러나 공적인 영역에서 부정선거를 규명하겠다고 나선 기관은 없었고, 어떤 의혹에 대해서도 진지하게 관심을 가져야 할 당시 제1야당이 아이러니컬하게도 가장 앞자리에 선 방해자였다. 민경욱 전 의원은 심각한 정치적 불이익을 자당으로부터 당해야 했고, 나중에 황교안 후보가 대통령 선거전에 나섰을 때 부정선거에 관한 침묵을 역시 자당으로부터 강요당했다. 당대표와 대통령 후보 경선 과정에서 보여준 불투명성은 그들 자신이 부정선거 공범이라는 의심을 가능케 했다.

부정선거 규명에 나설 공적 주체가 공백인 상황에서 범법자들의 남은 일은 무엇일까? 언론을 통해서 부정선거 문제가 제기되지 않도록 하는 것과, 문제를 제기하는 사람은 누구든 감옥으로 보내는 등 극단적인 방법까지 사용하여 시민들의 표현의 자유를 틀어막는 것, 코로나19 방역 상황을 이용하여 시위의 자유를 막는 것 등 최대한 모든 방법을 동원했을 것이다.

그럼에도 불구하고 그들도 존재하고 있는 법을 마치 무법천지가 된 것처럼 무시할 수는 없다. 2021년 6월 28일 시작된 재검표는 지연 작전이 한계에 달했다는 의미가 있을 것이다. 이미 이 정도 지연 작전을 진두지휘했을 김명수 대법원장의 비위(非違)는 반드시 기록해 두어야 한다. 증거 인멸의 시간을 충분히 벌어주고, 법정 기한을 8개월이나 넘겨서 시작된 재검표는 단순 계수를 위한 것이 아니었다. 우리가 제기했던 가설은 서버를 통해 일어난 대규모 디지털 범죄를 규명하는 것이었다. 이 디지털 범죄의 증거를 찾는 방법으로서 재검표는 한 가지 과정일 뿐이었다. 여러 후보들의 소송 제기를 통해 투표지를 대거 보존한 민완한 대처는 역시 기록되어야 한다.

첫 재검표가 있던 날, QR코드나 이미징 파일 등 디지털 자료를 통해 확보할 수 있는 증거는 인멸되었거나 제출되지 않았다. 우리는 위변조나 인멸이 불가능한 것은 투표지 자체일 것으로 예상했다. 투표지 자체를 완벽하게 처리해 두지 못했을 가능성을 생각했다. 인쇄 전문가가 함께 참관해야 할 필요성을 재차 제기했던 것도 이와 같은 최악의 상황에서 인쇄 상태를 통해 투표지 무결성을 확인하는 길이 유일하게 남아있을 것으로 보았기 때문이다.

역시 이미징 파일의 원본조차 확보할 수 없는 상황이었다. 그럼에도 불구하고 무결성을 인정할 수 없는 투표지들이 속출했고, 그중에서 푸른 색이 남은 채로 겹쳐 인쇄된 이른바 '배춧잎투표지'의 출현은 대중들의 주목을 받기 시작했다. 도태우 변호사는 재검표가 완료되기 전에 페이스북을 통해 "눈으로 부정선거의 증거를 확인했다"고 언급했다. 우리는 사진 촬영이 금지되었다는 그 푸른색 투표지 이미지 설명을 듣고 그려냈다. 하얀색 몸통에 푸른색 이파리가 붙어있는 배춧잎을 연상시키는 그 투표지를 '배춧잎투표지'로 명명해서 알렸다. 언론의 거의 완전한 침묵에도 불구하고 우리는 4.15부정선거 규명에 큰 걸음을 떼기 시작했다.

8월에 이어진 경남 양산을의 재검표에서는 몸이 붙은 투표지가 나오는 등 더 이상 검증이 불필요한 이상한 투표지들이 쏟아져 나왔다. 이 상황에서도 언론과 야당의 태도는 바뀌지 않았다. 우리 사회가 처해 있는 비정상성이 부정선거 규명전에서 적나라하게 드러나기 시작했다. 범법자들과 공범단이 우리 사회의 제도권 전체를 장악하고 있다고 해도 틀린 판단이 아닐 것이다. 더욱이 피해 정당이 앞서 부정선거가 아니라 '선거 부실' 또는 '부실 관리'라는 말로 범법자들을 대신 방어해주고 있다. 인구 5천만에 경제 강국 선진국을 자랑하는 한국에서 선거의 부실 관리란 그 자체로 부정선거다. 직무유기이며 배임이다.

요컨대 한국은 건국 이래 최악의 법치 위기 상황에 처해 있다. 6.25 전쟁이 끝난 지 7년 만에, 그것도 겨우 1인당 GDP 100불 내외인 상황에서 일어난 4.19 직전의 3.15 부정선거와는 그 규모와 방법이 크게 다르다. 문제는 부정선거를 대하는 한국인들의 민감도가 그 당시에 비해서도 훨씬 떨어진다는 것이다. 젊은이들조차 굳게 입을 다물고 있다. 배춧잎투표지로 상징되는 불법 투표지가 무더기로 나온 이상 즉각 형사 사건으로 전환되어야 함에도 불구하고 중앙선거관리위원회를 압수수색하겠다는 수사 당국이 없다. 여기서 우리는 이 사건이 결국 권력 가진 자들이 저지른 국가범죄라는 범주에서 이해되어야 하는 이유를 다시 확인한다. 권순일 대법관 부패 혐의와 조재연 대법관의 법무법인 대륙아주와의 이익충돌 문제도 심각하게 결부된 것으로 보인다.

4. 새로운 유형의 디지털 부정선거

우리가 '배춧잎투표지'를 디지털 부정선거의 증거로 보는 이유는, 중앙선관위가 개표 완료시 발표한 결과 데이터는 프로그램이 개입되어 전산으로 최종 결정한 조작 데이터 값이고, 그 값이 각 지역구 개표결과 실제 투표지수와 맞지 않을 것이므로 범법자들이 시민들의 대규모 소송전에 제대로 대응할 시간이 모자라 법원 투표지 보전시에 유령투표지를 대량 급조해 넣었을 것으로 보았기 때문이다. 우리가 4.15총선 디지털 부정선거 모델을 새로운 유형이라고 보는 것도 같은 이유다.

아울러 2002년 전자개표기 도입시부터 끝없이 구설수에 올라왔던 전자개표기 부정 문제도 여전히 살펴야 한다. 말하자면 사전투표율과 득표율로 조작목표값에 도달하지 못할 경우 당일 개표시에 전자개표기를 사용해야 할 필요성이 있었다고 보여진다. 따라서 충남 부여에서 있었던 투표지분류기(이하 전자개표기와 구별 없이 사용) 리셋을 통해 표수의 현격한 변화가 확인된 것은 4.15부정선거 규명전에 있어 매우 의미있는 사실이다. 이 책에서 주로 다루는 [follow_the_party]의 존재를 입증하는 데 있어서도 부여 전자개표기 리셋 사건은 매우 큰 의미를 갖는다. 리셋이 없었을 시를 가정하여 개표 결과값을 환산했을 때 비로소 [follow_the_party]를 완성할 수 있었기 때문이다.

2017년 제작된 영화《더 플랜》(The Plan, 김어준 제작)은 투표지분류기의 조작 가능성을 매우 구체적으로 밝힌 적이 있다. 첫째 1% 내외로 발생해야 하는 미분류표가 3.5%에 이른 것과, 전자개표기에서는 문재인 후보가 비슷하게 나왔고, 수개표로 재분류한 미분류표는 박근혜 후보가 훨씬 많이 나왔다며 김어준은 개표 시스템 전체에 물음표를 던졌다. 반대로 전자개표기는 박근혜, 수개표는 문재인 후보가 우세했다면 대규모 소요가 일어났을 것이다. 결과적으로 일종의 '팀킬'이었다. 그러나 4.15총선에 대해서는 일제히 침묵했다.

여기서는 디지털 장비를 사용하여 현실적으로 조작을 하는 실제보다 이 모든 과정이 어떤 방식으로 설계되었는가에 초점이 있지만 설계와 실행, 그리고 선관위 결과 데이터를 묶어 종합적으로 이해해야 디지털 부정선거 전모를 파악할 수 있다고 생각된다. 특별히 이 책은 4.15부정선거는 어떻게 설계되었는가에 관한 의견서이자 일종의 시뮬레이션이다. 우리의 주장에 대해 '가설' 또는 '가설 해설'이라고 명명한 까닭은 앞으로 검증 작업이 열려있기 때문이다. 우리는 이 책을 통해서 검증의 장을 열고자 한다. 무엇보다 수사기관이나 사법기관에서 수사 및 판결에 참고서로 사용해 주기 바란다.

우리의 작업 과정과 결론에는 어느 정도 '오차' 개념이 필연적으로 포함되어 있다. 로이킴 가설이 등장했을 때 초기 검증에 참여했던 사람들은 이 작업을 정확한 해를 구하는 풀이, 즉 정답풀이(exact solution)로 인식하는 경향이 있었다. 그러나 [follow_the_party] 로직을 포함한 전 과정이 컴퓨터로 계산되고, 또한 결과값은 수천만의 투표행위와 결부되어 있고, 현장 변수도 있는 것이어서 정답풀이와는 거리가 있는 일종의 추단(heuristics)이다. 로이킴 자신도 〈프로듀스 101〉 사건에서 사용되었던 것과 같은 방정식 도출에 몰두하는 과정에서 비중값 비교도 가능했다고 했지만, 컴퓨터의 세계는 오차 분석(error analysis) 개념을 포함할 수밖에 없다. 다만 그 오차범위가 (±) 3% 내에 있다면 합리적인 해로 간주할 수 있다. 오차 없는 계산값을 기대하고 로이킴과 장영후 가설을 비난하는 것은 수학 공식의 세계와는 또 다른 휴리스틱의 세계와 컴퓨터에 대한 이해 차이라고 본다.

우리의 가설과 해설은 전체 데이터 없는 이근형 판세표와 중앙선관위 결과 데이터, 그리고 다섯 번의 재검표를 통해 본 투표지 상황을 근거로 설계 청사진 복원 작업에 임한 것이다. 거듭 말하건대 오차 가능성은 염두에 두고 보는 것이 옳다. 장영후 프로그래머는 중앙선관위 결과 데이터에서 충남 부여 전자개표기 리셋이 없었다는 것을 가정해서 조정한 데이터 값을 '전술 목표 판세표'라고 부르고 이것이 선거 전 조작 청사진이라고 말했다. 다만, 완전히 일치된다고 단언할 수 없고, 약간의 오차 가능성은 두고 볼 필요가 있다고 유보했다.

이 작업은 전문가 집단의 토론을 위한 기초 자료를 구축한 것이다. 장영후 프로그래머는 로이킴 가설을 정량적으로 해설하기 위해 많은 노력을 기울였지만 이 작업이 최종 결론이 될 수는 없을 것이다. 이제 공론에서 더 차분하게 다룰 차례다.

5. [follow_the_party]에 관련된 쟁점

암호문자 [follow_the_party](당을 따르라)이 세상에 등장한 것은 2020년 5월 21일 민경욱 인천 연수을 후보의 페이스북에서였다.

"프로그래머가 자기만 알아볼 수 있게 배열한 숫자의 배열을 찾아내 2진법으로 푼 뒤 앞에 숫자 0을 붙여서 문자로 변환시켰더니 'FOLLOW-THE-PARTY'라는 구호가 나왔습니다. 우연히 이런 문자 배열이 나올 수 있는 확률을 누가 계산해 주시면 감사하겠습니다. 그 확률이 1/10억보다 낮다면 빙고! 중국과 내통해 희대의 선거부정을 저지른 문재인은 즉각 물러나라!"

부정선거가 있었다면 가장 큰 피해자일 제1야당 미래통합당 인사들이 민 후보의 주장을 가장 격렬하게 비난했다. 현역의원 하태경은 민경욱을 출당시켜야 한다고 주장했고, 조선일보는 이런 주장을 그대로 받아썼다. 여러 언론들의 한결같은 반응은 '허황된 음모론', '아무도 알아들을 수 없는 말'이라는 것이었다. 선거 실패를 인정하고 개표 도중에 대표 자리를 내놓은 황교안 대표의 뒤를 이어 비상대책위원장을 맡게 된 당시 김종인 비상대책위원장은 "강경 보수층에서 이번 총선에 부정선거 의혹을 제기하는 것과 관련해 별로 신빙성을 두지 않는다"고 말했다.

2021년 이준석의 비아냥거림은 훨씬 자주 반복되었다. 여론조사를 통해 당대표가 된 이준석은 "달 착륙 음모론이 50년 간 이어지고 있다"면서 "선거 조작 음모론도 만성질환처럼 지속되면서, 보수에게 매 선거마다 표 손실을 줄 것"이라고 말했고, 심지어 정치생명을 걸기도 했다. 선거 1년이 지난 무렵, 이준석은 "대깨문 1,000명만 차단하면 조용해지더라는 이재명 지사의 말에 감명받아 부정쟁이들을 1,000명 정도 차단해 볼까 하는 고민이 시작됐다. 그런데 부정쟁이들이 다해 봐야 이제 100명은 되려나."(2021.4.21. 서울경제)라고 말했다. 폴리뉴스는 "미래통합당이 민경욱을 제명이라도 한다면 계속 하락하는 당 지지율이 2% 정도는 오를 것"이라고 비아냥거리는 칼럼을 싣기도 했다.

앞장에서 언급했듯 정치인들의 비난은 초기 [follow_the_party] 검증자들이 정확한 해를 구하는 정답풀이(exact solution)에 몰두하면서 나온 비판과는 종류가 달랐다. 휴리스틱와 컴퓨터의 오차 분석 개념을 적용하여 로이킴 가설과 장영후 해설에 접근했다면 더 많은 사람들이 ±3% 정도의 오차에 대한 이해를 갖고 열린 마음으로 검증에 참여할 수 있었을 것이다. 이 책은 이 길을 다시 새롭게 열기 위한 자료를 제공하기 위해 만들었다고 보아도 될 것이다. 향후 활발한 연구와 토론을 기대한다.

다만 언론과 정치인들의 비정상적인 비난에 대해서는 반드시 책임을 물어야 한다고 생각한다. [follow_the_party] 개념이 공개된 후 사람들은 이 구호가 적힌 피켓을 들고 거리에 나오기 시작했다. 미국 외교관련 유력지 「디플로맷(The Diplomat)」은 "한국 정치인, 중국 개입된 부정선거 주장" 이라는 제목의 기사를 보도했다. 그러나 현역 야당 의원 하태경은 급기야 민경욱에 "Leave the Party"(당을 떠나라)라는 구호로 더욱 격렬하게 반응했다. "민 의원이 Follow the Party를 수리수리 마수리 마법의 주문처럼 반복하는 주술 정치를 하고 있다"고 비난했다. "21대 총선에 중국 해커가 개입해 전산을 조작했고, 전산에 '중국 공산당을 따르라'는 문구를 숨겨 놓았다는 주장을 하고 있다"며 "많은 분들이 괴담에 낚였다고 하는데도 민 의원만 모르고 있다"고 말했다.

4.15부정선거 의혹을 규명하는 쪽에서도 반발이 많았고, 범우파 진영에서도 하태경 이준석 수준의 비난으로 일관했다. 앞에서 말했듯 언론은 말할 것도 없었다. 로이킴의 추단 과정에서 나타난 오차 범위 내

에 있는 아주 사소한 하자들에 집착하며 일종의 '물어뜯기'가 지속되었다. 그러나 이들의 공통점은 아무도 중앙선관위 결과 데이터를 갖고 계산한 각 지역구 사전투표와 당일투표 백분율 환산값 비교를 통해 나타난 인위적 패턴에 주목하는 사람은 없었다.

로이킴 발견의 중요성은 [follow_the_party]에 있는 것이 아니었다. [follow_the_party]는 우리가 주장하고 규명해온 디지털 부정선거 전체 쟁점에서는 매우 부분적인 것이었다. 하태경 의원이 [follow_the_party]가 아니라 [follow_the_ghost]라고 주장한다거나 문자판은 도출되지만 문장은 나오지 않는다거나 하는 주장은 사실은 디지털 부정선거 자체는 인정하는 꼴이 된다. 옷을 다 만들고 라벨을 달았는데 그 라벨이 샤넬이냐 루이비통이냐 논하는 차원이지 옷의 실체를 부정하는 것은 아닌 것과 같다. 그림의 낙관 모양이 물고기냐 사람이냐 논하는 차원이지 그림 자체를 부정하는 것은 아닌 것과 같이 디지털 부정선거의 몸통은 인정하되 [party]가 아니라 [ghost]라는 것인가? 그런데 왜 야당의 원으로서 부정선거 의혹 규명을 핍박하고 가로막고 있나? 좀 더 구체적으로 각자 부정선거 인식의 단계를 점검해 보자.

(i) 4.15는 부정선거였나? **Yes면 아래로.**

(ii) 4.15 디지털 부정선거였나? **Yes면 아래로.**

(iii) 4.15 디지털 부정선거는 전자개표기 조작에 한정되었나?
No면 아래로.

(iv) 4.15 디지털 부정선거는 중앙 콘트롤 타워와 서버 조작이 있었나?
Yes면 아래로.

(v) 4.15 디지털 부정선거의 첫 단계가 전자개표기 조작이었나?

No면 아래로.

(vi) 4.15 디지털 부정선거는 선거가 시작되기 전 253개 전 지역구 설계 데이터가 있었나? **Yes면 아래로.**

(vii) 설계 청사진은 빅데이터 분석으로 후보자와 의석 결정에서 마무리 되었나?

No면 아래로.

(viii) 당락 후보 결정과 함께 프로그램 설계자의 제작자 표시가 들어가 있었나?

Yes면 아래로.

(ix) 제작자 표시는 253개 지역구 순번을 활용하는 방식으로 설계되었나?

Yes면 아래로.

(x) 253개 개별 선거구를 연관짓는 비율 보정은 더불어민주당 당일 득표율 50% 이상을 기준으로 했나? **Yes면 아래로.**

(xi) 이와 같은 로직이 프로그래머의 조작 없이 3,000만 이상 유권자의표심을 자연스럽게 반영하는 선거 결과 데이터에서 발견될 수 있거나 그런 전례가 있나?

No면 아래로.

(xii) 따라서 비중값 차이 비교 그래프의 존재로 4.15총선은 유령 프로그래머의 인위적 조작이 들어가 있다는 결론에 이를 수 있나?

Yes면 아래로.

(xiii) 유령 프로그래머는 전체 지역구 253개를 모두 사전투표와 당일투표 비중값 차이를 기준으로 정렬을 하고, 더불어민주당 50% 득표율 기준으로 양수값과 음수값으로 나누어지도록 비율을 보정했나? **Yes면 아래로.**

(xiv) 유령 프로그래머는 해커의 지문을 반드시 [follow_the_party]라는 16개 문자를 숫자로 치환해서 넣으려고 했나?

No면 (xv), Yes면 (xvi)

(xv) 결론 1: [follow_the_ghost]나 기타 다른 문장일 수도 있고, 문장이 도출 안 될 수도 있다. 반드시 [follow_the_party]가 해커의 지문이라는 주장은 중국 공산당을 음해하기 위해 만든 괴담이다.

(xvi) 결론 2: 반드시 [follow_the_party]를 삽입하려고 했던 전략적인 의지가 뚜렷하다. 그것은 해커의 실체를 밝혀주는 것이고, 이 부정선거가 외국 개입임을 보여주는 뚜렷한 증거다. 따라서 우리는 이것을 설계해서 넣은 데이터를 '전략 목표 판세표'라고 부른다.

끝까지 따라 내려와서 (xv)의 결론에 도달하면 하태경 입장이고, (xvi)의 결론을 내면 로이킴과 장영후 입장이다. 그렇다면 적어도 4.15부정선거와 디지털 부정선거 존재는 인정해야 어느쪽 결론이든 가능하다는 얘기가 된다. 독자들 중에는 (i)의 단계에서 벌써 'No'이거나 아예 무관심인 사람들이 여전히 다수다. (ii)부터에 해당하는 부정선거를 인지한 사람들이라고 해서 심각한 디지털 부정선거가 자행되었다고 생각하지는 않는다. 더구나 (vi)단계, 즉 사전에 전국 단위로 설계된 청사진이 있어 시군구동면 단위 최종 표수까지 결정해 놓고 선거를 시작했다고 생각하는 사람들은 더욱 없다. 이제 심각한 디지털 부정선거가 있었고, 그것은 전자개표기 정도의 부정이 아니라 보이지 않는 중앙 콘트롤 타워에 의해 움직이고 있었고, 그들이 사전에 설계된 청사진을 실현하기 위해 사전투표와 당일투표에서 모두 심각하게 관여했으며, 최종 개표 과정에서는 결국 전자개표기와 서버에 개입까지 했다고 보는 사람들 중에서도 [follow_the_party]의 존재까지는 수긍하지 않을 수 있다는 얘기다.

이 책의 많은 부분은 (xvi) 결론 2를 시뮬레이션하는 내용이다. 4장 장영후 프로그래머의 난해한 설명은 마치 높은 산을 일부러 목발을 짚고 올라가는 것처럼 촘촘하게 진행된다. 이 책을 집어든 독자들이 4장까지 꼼꼼이 읽어내지 못할 수도 있다. 말 그대로 이 책은 독자들이 "4.15총선은 부정선거였다"는 명제에 수긍하면 기본 목표가 달성된다. "4.15총선은 디지털 부정선거였다" 또는 "4.15총선은 사전 설계 청사진이 있는 디지털 부정선거였다" 또는 "4.15총선은 사전 설계도가 들어가 있는 디지털 부정선거였으며, 그 해커는 중국 공산당의 하수인일 가능성이 매우 크다"는 결론은 이 책의 기본 목적 다음에 부수적으로 나오는 주제일 뿐이다.

로이킴과 장영후 필자의 설명을 납득하지 못한다고 해서 부정선거 주장이 부인되지는 않는다. 말하자면 [follow_the_party]가 납득 안 되므로 부정선거가 아니라는 결론에 이를 수는 없을 것이다. 각 단계마다 고유성을 갖는 명제이므로 부정선거를 부인하려면 위의 각 단계를 일일이 부인해야 할 것이다. 우리는 많은 사람들이 [follow_the_party]를 괴담시하며 곧바로 부정선거를 부인한 입장에 대해 심각하게 반대 의사를 표명한다. 선거의 무결성은 신성한 원칙이다. 우리 각자가 나라의 주인됨을 지키는 일이기 때문이다. 선거에 관련된 의혹을 가볍게 여기는 사람들은 무책임하다고 생각한다. 각종 선거 감사제도는 한 점 의혹에도 만전을 기하기 위해 존재하는 것이다. 음모론자, 사기꾼, 코인팔이 등의 온갖 모독을 가한 것에 대해 스스로 돌아보기를 권유한다.

우리는 이 책을 통하여 기본적으로 4.15부정선거에 대한 투명한 규명과 엄청난 수사가 중요하다는 설명을 하고 있다. 무엇보다 해커의 지문 [follow_the_party]에 대해 성실하게 접근하여 얻는 생산성이 매우 크다고 생각한다. IT 강국 한국의 프로그래머들이 [follow_the_party]의 진실성(authenticity)을 이론의 여지 없이 규명해 낸다면 우리가 권력에 밀려 최종적으로 4.15부정선거 규명에 실패하는 일은 생기지 않을 것이기 때문이다. 2020년 4월 16일 중앙선거관리위원회가 발표한 선거 결과 데이터는 영원히 멸실되지 않는 범법자들의 '엎지러진 물'이다. 우리는 이 데이터에서 조작 패턴을 찾아내고 해커의 제작자 표시도 읽어냈다. 이 세대에서 규명에 실패해도 다음 세대는 반드시 모든 진실을 찾아낼 것이다. 이 책의 작업이 필수불가결한 이유는 여기에 있다.

6. 로이킴과 장영후 가설의 특징

이상의 설명을 통하여 우리는 4.15총선은 부정선거였고, 무엇보다 심각한 디지털 부정선거였음에 동의하는 독자들에게 해커의 지문 검증의 장을 열고자 한다. 누누히 말하지만 이미 4.15총선이 부정선거였다거나, 디지털 부정선거였다는 결론에 도달하기 위해 해커의 지문 [follow_the_party]까지 이해해야 할 필요는 없다. 선거 1주일 후에 이미 맹주성 박사가 간단한 알고리즘으로 디지털 게리맨더링이 가능하다는 가설을 제출했다.

이근형 판세표가 사전에 존재했던 것에서 알 수 있듯 로이킴과 장영후 필자는 이 디지털 게리맨더링 작업이 사전에 선거구 별로 정밀하게 설계되었고, 더구나 조작 표수를 최소화하기 위한 일종의 최적화 개념이 포함되어 있음을 밝혀주고 있다. 그리고 제3의 로직이라고 할 수 있는 [follow_the_party] 설계가 전체 청사진에 포함되어 있었다고 해설해주고 있다. 독창성을 기준으로 말하자면, 맹주성 가설이 가장 먼저 제시된 디지털 게리맨더링 알고리즘이라면, 로이킴은 해커의 지문 [follow_the_party] 설계 로직을 비중값 계산과 그 차이값 비교를 통해 발견해 낸 것의 순서다.

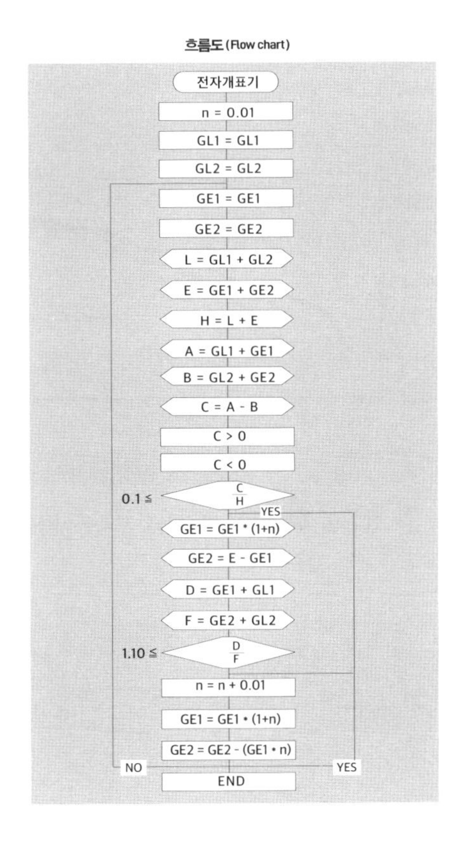

맹주성 가설 알고리즘

이 과정에서 약간의 이견이 있다면, 로이킴은 자신이 발견한 비중값 차이 그래프가 양수 음수값으로 양분되는 교점이 있는 것에 대해 하나의 '게리맨더링 로직'으로 인식한 것이다. 게리맨더링(gerrymandering)이란 선거구를 자당에 유리하게 획정하여 의석수를 늘린 미국 19세기 사건에서 나온 말이다. 디지털 프로그램 조작으로 의석수를 인위적으로 획정하는 것을 게리맨더링으로 부를 수 있다면 맹주성 알고리즘이야 말로 정확하게 디지털 또는 온라인 게리맨더링 알고리즘의 예시라고 할 수 있다.

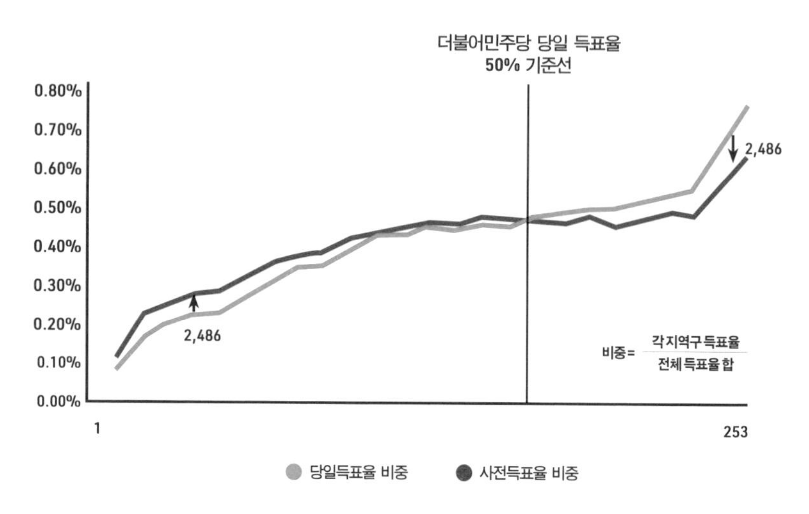

2020년 총선 더불어민주당 각 지역구 비중값 비교(출처 :『해커의 지문』p.80)

로이킴은 자신이 발견한 비중값 그래프도 게리맨더링을 입증하는 그래프로 해석했다. 그는 더불어민주당 당일 득표율 50% 이상 지역구가 음수값, 반대로 이하가 양수값으로 나타나는 것은 일정한 '이동값'을 부여하여, 말하자면 남는 표를 옮겨 모자라는 쪽 선거구에 유리한 환경을 만들어준 결과라고 해석했다.

비중값 그래프에 대한 발견자 로이킴 자신의 해석에 대해 장영후 프로그래머는 이견을 보탰다. 더불어민주당 당일 50%를 기준으로 삼은 것은 약간의 비율 조정을 통해서 [follow_the_party]를 설계해서 넣기 위한 알고리즘의 결과이고, 또한 더불어민주당 당일 50%를 기준으로 삼은 것은 매우 안정적인 기준은 맞지만 실제로 253개 선거구를 하나로 정렬하여 [follow_the_party]를 삽입하기 위해 비율값을 조정한 설계사양으로 당락에 영향을 주는 수치에는 도달하지 않는다고 분석했다. 장영후 프로그래머는 맹주성 디지털 게리맨더링 알고리즘에 로이킴 [follow_the_party] 삽입 로직을 더하여 하나의 청사진을 완성했다.

말하자면 추단적 발견을 했던 로이킴 가설은 정량적 분석을 시도했던 장영후 프로그래머의 계산으로 다소 수정될 수 있었다. 그럼에도 불구하고 목표에 영향을 주지 않기 위해 매우 안정적인 기준으로 양분한 것은 로이킴 가설과 맥을 같이 한다. 로이킴 가설이 놓친 부분은 당락 후보 결정을 한, 문자 그대로 게리맨더링은 선거구 별로 개별 설계되었다는 점이다. 로이킴 가설은 이 개별 설계된 253개 지역구를 하나로 엮는 로직을 발견한 데서 출발했는데, 이 로직은 엄밀하게 말해서 당락에 영향을 주는 게리맨더링 로직이 아니라, 당락에 영향을 주지 않고 성공적으로 [follow_the_party]를 설계해 넣기 위해 주의를 기울인 결과라는 해석이다. 장영후 프로그래머가 이것을 '전략적'이라고 부르고 실제로 이 로직이 반영된 데이터를 '전략 목표 판세표'라고 명명한 것은 수긍할 만한 것이다. [follow_the_party]를 넣겠다는 제작자의 의지는 매우 선명해서 전략적 의미가 있는 것으로 판단된다. 장영후 해설은 설계 청사진이 미세하게 디테일까지 조정된 일종의 전술적 목표까지 가해진 치밀한 작업이었다고 해설함으로써 '최적화' 모델을 완성했다.

요컨대 이 책에서 다루는 맹주성 가설은 선거 직후 '실행'에 초점을 맞추어 제출된 일종의 '디지털 게리맨더링' 가설이라면, 장영후 해설은 로이킴이 발견한 [follow_the_party] 로직과 조작 표수를 줄이기

총선 실행 계획 청사진

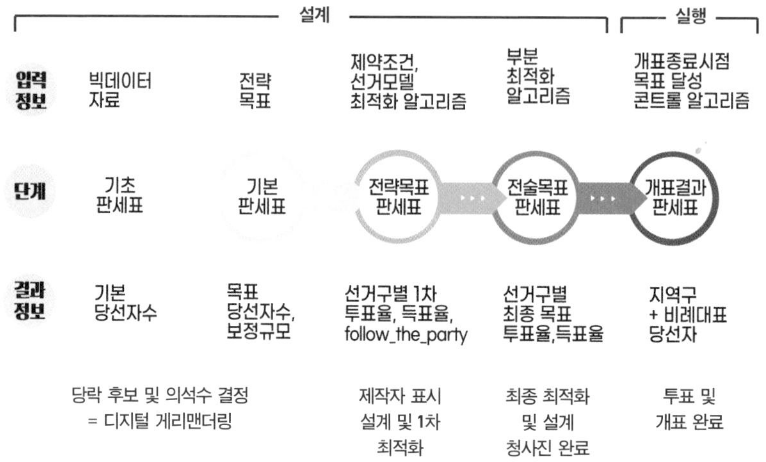

	설계				실행
입력정보	빅데이터 자료	전략 목표	제약조건, 선거모델 최적화 알고리즘	부분 최적화 알고리즘	개표종료시점 목표 달성 콘트롤 알고리즘
단계	기초 판세표	기본 판세표	전략목표 판세표	전술목표 판세표	개표결과 판세표
결과정보	기본 당선자수	목표 당선자수, 보정규모	선거구별 1차 투표율, 득표율, follow_the_party	선거구별 최종 목표 투표율,득표율	지역구 + 비례대표 당선자
	당락 후보 및 의석수 결정 = 디지털 게리맨더링		제작자 표시 설계 및 1차 최적화	최종 최적화 및 설계 청사진 완료	투표 및 개표 완료

위한 미세 조정 로직까지 포함해서 종합 정리한 해설이라고 할 수 있다. 따라서, 맹주성 가설을 '디지털 게리맨더링' 가설, 로이킴 가설을 '[follow_the_party] 설계' 가설, 장영후 해설을 '디지털 최적화' 가설을 포함한 종합적 해설로 분리해서 이해해도 좋다.

문제는 순전히 [follow_the_party]에만 관련된 쟁점을 어떻게 해결하는가이다. 맹주성 가설은 기본적으로 간단한 알고리즘으로 당락을 바꿀 수 있다는 것이므로 '디지털 게리맨더링'에 한정된 것이다. 이 가설은 [follow_the_party] 설계와는 무관할 수 있다. 그러나 [follow_the_party] 설계는 구체적으로 어떻게 부정선거를 실행에 옮겼는지에 관한 시뮬레이션에 있어 여전히 중요하다. 위에서 설명했듯이 이 설계는 전체 253개 선거구가 서로 연결되어 있음을 증명해 준다. 사전 당일 비중값 차이로 253개 선거구를 한 줄로 정렬한 것이 단지 해커의 지문 설계만을 위한 것이었는지에 관한 물음이다. 기본적으로 이 부분은 앞으로 논쟁을 더 불러들일 것으로 본다.

7. 쟁점정리 문답

문1 디지털 부정선거 문제를 해석하는 데 있어서 필자들은 전문가적 식견이 있다고 보나?

기본적으로 프로그램을 통해 낙선 지역을 당선 지역으로 바꾸는 일종의 디지털 게리맨더링 가설은 먼저 평생 공과대학에서 연구하고 관련 과목을 가르쳐온 맹주성 박사가 선거 직후 제출했다. 로이킴 장영후 두 필자는 연구자보다 발견자로 보는 것이 적절하고 전문성보다 성실성이 필요한 것이었다. 장영후 필자는 정유회사에서 관련 업무를 해온 현장 전문가로서 로이킴의 [follow_the_party] 로직이 디지털 게리맨더링과 별도로 설계되었으면서도 프로그램의 기본 목표를 훼손하지 않고, 최소한이지만 조작 표수를 줄이는 최적화에 일부 기여했음을 밝혀냈다. 선거 데이터에 인위적인 패턴이 있음을 합리적으로 설명했으므로 함께 연구해 나갈 파트너로서 자격이 충분하다고 판단했다.

요컨대 우리는 다음과 같은 사고 로직에 의해서 파트너십을 형성했다. 첫째, 4.15부정선거에 전산적 개입이 있었다고 합리적으로 의심해 볼 수 있었다. 둘째, 전산적 개입이 있었다면 프로그램이 있었을 것으로 추정할 수 있었다. 셋째, 프로그램이 있었다면 주문한 쪽의 요구

사항이 있었을 것이다. 넷째, [follow_the_party]는 주문자의 요구사항과는 별도의 것으로 주문자가 아닌 제작자가 자의적으로 설계해서 삽입한 로직이라고 파악했다. 다섯째, 비중 비교 그래프와 [follow_the_party]를 발견한 로이킴의 신원이 확실했다. 여섯째, 로이킴의 선관위 결과 데이터 분석은 생업과 아무런 관련이 없는 것으로 순수한 호기심과 시민적 책임에 따른 작업이었다. 일곱째, 로이킴의 발견과 가설을 연역적으로 입증해준 장영후 프로그래머의 구체적인 설명이 [follow_the_party]의 진실성을 대변했다. 4.15부정선거 규명에 있어 선거 결과 데이터의 인위적 패턴을 찾아낸 로이킴과 장영후 두 필자의 공적은 아무리 강조해도 지나치지 않을 것으로 보인다.

문2 [follow_the_party]에 관한 민경욱 포스팅은 결과적으로 옳은 것으로 입증되었나?

부분적으로 수정할 것이 있지만 중요한 부분은 옳았던 것으로 판단된다. 앞에서 적시한 민경욱 페이스북 포스팅 내용 중에서 일부를 수정하자면 다음과 같다.

첫째, "2진법으로 푼 뒤 앞에 0을 붙여서"는 불필요한 작업이었다. 로이킴이 2진법 코드화를 통해 검색엔진에서 문자를 발견했던 것은 기본적으로 아스키코드에 대한 지식이 없었기 때문이었다. 둘째, 최종적으로 문제의 숫자열을 알파벳으로 변환했을 때 모두 소문자였다. 그리고 기호 "_" 두 개가 띄어쓰기를 대신하여 들어 있었다. 정확히 말하면 [follow_the_party], [follow_the_ghost] 등의 소문자로 된 문장이 추출된다. 민경욱 페이스북에서는 모두 대문자로 표기되어 있는데 의미를 전달하는 데 초점을 두어 대문자로 바꿔 발표했다. 아스키코드(ASCII)는 대소문자를 구분한다.

[follow_the_party]만 발견되는 것은 아니라는 비판도 수용할 만하다. 그러나 처음부터 다른 문장도 도출되도록 설계되었는지 불분명하지만 중대한 사실은 앞서 로이킴이 중앙선관위 통계 속에서 [follow_the_party] 도출의 기초가 된 비중값 비교 그래프를 통해 독특한 규칙성을 발견해 낸 것이다. 따라서 로이킴이 '이동값'으로 표현했던 보정(조작) 데이터값에 대해 실물표 이동으로 오해할 소지가 있어 이 책에서 '이동값'이라는 표현은 사용을 자제했다. [follow_the_party] 배열에 관한 해설에서도 더 이상 '주는'(giving) 또는 '받는'(taking) 구간과 같은 용어 대신 상위그룹, 하위그룹 등의 용어만 사용했다.

문3 로이킴은 미국에서 발간된 4.15부정선거 보고서 『Election Fraud South Korea 2020』(Vol.3, 한국어판, p.230)에서 디지털 게리맨더링이라는 개념을 [follow_the_party]와 연관지었는데 적절한 해설이었나?

로이킴은 위 보고서에서 다음과 같이 기술했다.

"21대 총선 더불어민주당 사전선거 비중값(전체 득표율 합에서 각 지역구 득표율을 나눈 값을 비중이라고 말함. - 편집자주)과 당일선거 비중값의 차이를 구해 보았다. 사전비중에서 당일비중을 뺀 그 차이값은 당일선거 50% 득표율을 기준으로 그 이상을 얻은 지역구에서 모두 음수가 나오고, 50% 득표율 이하를 받은 지역구에서 모두 양수가 나왔다. 그리고 50% 득표율 기준 이상 지역구의 비중값 차이를 모두 더하면 (-)2.486, 다른 쪽은 (+) 2.486이 나왔다. 즉 50% 득표율을 교점으로 줄어든 양만큼 다른쪽에서 늘어났음을 확인할 수 있다. 당일선거 50% 득표율 교점으로 하여 양수와 음수가 나뉘고 나뉘어진 증감의 양이 같다는 규칙성을 발견한 것이다. 이러한 규칙성을 가지는 것은 가공된 데이터이기 때문이라는 추론을 바탕으로 일종의 프로그램으로 온라인 게리맨더링을 구현한 것으로 추정할 수 있었다."

우리는 오랜 토론을 거쳐 로이킴 해석에 약간의 수정할 점이 있다는 데 합의했다. 비중값 차이 비교를 통해 인위적 패턴을 발견한 것은 매우 가치있게 평가될 수 있으나, 더불어민주당 당일 득표율 50% 이상을 교점으로 보정 비율 증감의 양이 같도록 설계한 것은 당락 후보를 바꿀 수 있는 일종의 디지털 게리맨더링 로직은 아니라고 본다. 당선 후보와 낙선 후보, 무리를 해서라도 당선시킬 후보와 낙선시킬 후보를 정하는 것은 기본적으로 개별적으로 설계된다. 장영후 필자는 이런 기본 목표를 결정한 것을 '기본 판세표'라는 개념으로 설명한다. 다시 말해서 비중값 차이를 통해 발견한 규칙성은 [follow_the_party] 설계를 위해 253개 전 지역구를 약간의 비율 보정을 통해 정렬했음을 보여준다. 이렇게 정렬된 지역구를 다시 상위그룹과 하위그룹으로 나누어 [follow_the_party]가 도출되도록 규칙성을 부여한 알고리즘으로 파악된다. 다시 말해서 당락에 영향을 끼치는 게리맨더링과 [follow_the_party]는 관련이 있더라도 아주 미미한 수준이다.

문 4 하태경은 격렬하게 반격하며 [follow_the_party]는 괴담이자 사기라는 공식적인 입장문을 냈다. 이에 대해 재반박을 한다면?

하태경 측은 민경욱 측의 [follow_the_party]가 미리 결과를 정해 놓고 중간 과정을 끼워 맞춘 제 2의 〈프로듀스 101〉 사건이라고 말했다. 본인들의 공식에서 원하는 결과가 나오지 않자 숫자를 바꿔치기 해서 결과를 맞추었다는 것이다. 조작된 수학 공식으로 부정선거 의혹을 품은 사람들을 현혹하고 대국민 사기극을 벌인 것이라는 입장에서 민경욱 전 의원 측에 "괴담꾼에게 농락당한 것이라면 깨끗이 인정하고 국민 앞에 사과하라"고 말했다. 하태경 의원 측 주장은 로이킴이 발표한 내용을 공식대로 따라가면 [follow_the_ghost]도 나온다고 했다가 한 차례 더 14글자 중에 네 글자(f.h.e.a)만 일치한다는 주장을 했다. 하태경 의원실은 2020년 6월 11일, 이 같은 설명을 보도자료로 배포했고, 같은 입장을 바꾸지 않고 2021년 10월, 국민의힘 대통령 후보를 결정하는 경선전에서도 거듭 천명했다.

다음은 2020년 6월 당시 하태경 의원 측이 보도자료를 통해 내어놓은 반박 그래픽이다.

'follow the party' 도출과정 조작을 밝힌

하태경 의원실 검증 보고서

[1] 하태경 의원실의 검증 결과, 민경욱 측이 유투브 등을 통해 밝힌 공식대로 계산하면, 'follow the party'가 나오지 않음. 14글자 중 4글자(follow the party)만 일치

[표1] 민경욱 측이 도출한 문자변환표

(https://youtu.be/-J7plsJx03s 유투브 영상 발췌)

문자변환	a	n	j	j	l	v	i	q	a	d	a	g	**a**	o	o	o
	b	**o**	k	k	m	**w**	m	r	b	**e**	b	h	b	p	p	p
	c	p	**l**	**l**	n	x	n	s	c	f	c	i	c	q	q	q
	d	q	m	m	**o**	y	o	**t**	d	g	d	j	d	**r**	r	r
	e		n	n		z	p	u	e	h	e	k	e		s	s
	f		o				q	v	f		f	l	f		**t**	t
	g		p				r	w	g		g	m	g		u	u
			q				s	z	**h**			n	h		v	v
							t		i			o	i		w	w
							u		j			**p**	j			x
							v		k			q	k			**y**
							w					r				g

[표2] 하태경의원실이 민경욱 측 공식대로 검증한 문자변환표

('follow the party' 중 4글자만 일치)

	1열	2열	3열	4열	5열	6열	7열	8열	9열	10열	11열	12열	13열	14열	15열	16열
문자변환	a	a	a	a	d	c	a	a	a	d	a	d	**a**	a	d	c
	b	b	b	b	e	d	b	b	b	**e**	b	e	b	b	e	d
	c	c	c	c	f	e	c	c	c	f	c	f	c	c	f	f
	d	d	d	d	g	f	d	d	d	g	d	g	d	d		g
	e	e	e	e	h	g	e	e	e	h	e		e	e		h
	f	f	f	f	i		f	f	f		f		f	f		i
	g	g	g	g	j			g	g		g		g	g		j
		h		h	k				**h**				h			k
				i	l				i				i			l
				j					j				j			m
									k				k			n

[표8] 그룹2의 '나눈수' 조작 증거

민경욱 측의 '나눈수' 계산 조작

	그룹	1	2
	지역구순번합	924	1,247
1LINE	나눈수1	10	12
	나눈수2	9	11
	최소값	92	104
	최대값	103	113
	그룹	17	18
	지역구순번합	1,230	662
2LINE	나눈수1	13	6
	나눈수2	12	5
	최소값	95	110
	최대값	103	132
1LINE과 2LINE의 공통범위		95~103	110~113

하태경의원실이 검증한 나눈수 계산

	그룹	1	2
	지역구순번합	924	1,247
1LINE	나눈수1	10	13
	나눈수2	9	12
	최소값	92	96
	최대값	103	104
	그룹	17	18
	지역구순번합	1,230	662
2LINE	나눈수1	13	7
	나눈수2	12	6
	최소값	95	95
	최대값	103	110
1LINE과 2LINE의 공통범위		95~103	96~104

이런 식으로 1그룹부터 32그룹까지의 나눈수와 문자를 도출한 전체 과정은 [표8]과 같다. 표 하단의 노란색 칸에서 보이는 바와 같이 f, h, e, a는 나오지만, 'follow the party'의 나머지 글자들은 나오지 않는다.
민경욱 측은 'follow the party'란 글자가 나오게 하기 위해서 나눈수를 조작했던 것이다.

[표9] 하태경 의원실이 검증한 전체 문자도출과정

	그룹	1	2	3	4	5	6	7	8	9	10	11	12	13	14	15	16
	지역구순번합	924	1,247	1,128	845	1,292	826	711	652	855	521	939	700	862	666	711	990
1LINE	나눈수1	10	13	12	9	13	9	8	7	9	6	10	7	9	7	8	10
	나눈수2	9	12	11	8	12	8	7	6	8	5	9	6	8	6	7	9
	최소값	92	96	94	94	99	92	89	93	95	87	94	100	96	95	89	99
	최대값	103	104	103	106	108	103	102	109	107	104	104	117	108	111	102	110
	그룹	17	18	19	20	21	22	23	24	25	26	27	28	29	30	31	32
	지역구순번합	1,230	662	955	768	1,003	1,090	757	1,130	567	598	1,128	721	966	1,025	998	666
2LINE	나눈수1	13	7	10	8	10	11	8	12	6	6	12	8	10	11	10	7
	나눈수2	12	6	9	7	9	10	7	11	5	5	11	7	9	10	9	6
	최소값	95	95	96	96	100	99	95	94	95	100	94	90	97	93	100	95
	최대값	103	110	106	110	111	109	108	103	113	120	103	103	107	103	111	111
	1,2라인 공통값 범위	95~103	96~104	96~103	96~106	100~108	99~103	95~102	94~103	95~107	100~104	94~103	100~103	97~107	95~103	100~102	99~110
결과값	민경욱 측 주장	102	111	108	108	111	119	0	116	104	101	0	112	97	114	116	121
	문 자	f	o	l	l	o	w		t	h	e		p	a	r	t	y
	비논리성	100에 가까운 최소값과 최대값을 구하지 않고 (분홍색 부분), 원하는 문자값이 나오도록 임의의 '나눈수1'과 '나눈수2'로 나눔															

- 8 -

하태경 의원실의 이 보도자료는 나중에 전주지방검찰청에서 부정선거 의혹을 제기하는 한 시민을 기소할 때 증거자료로 첨부되기도 했다. 이와 같은 인신공격성 반론은 첫째, 로이킴이 제시한 가설의 중요한 부분, 즉 비중 비교 그래프와 관련된 사실은 모두 무시하거나, 심지어 인정한 바탕 하에서 나온 반박이다. 만약 [follow_the_party] 도출을 가능케 한 그래프를 무시하고 반박했다면 불성실한 것이고, 인정한 바탕에서 반박했다면 "4.15 디지털 부정선거"라는 사실은 인정했고, 해커의 지문 로직에 대해서만 일부 부정한 것이 된다. 둘째, "조작된 수학 공식"으로 사람들을 현혹했다고 표현했는데, 로이킴의 발견과 장영후 해설은 수학 공식과는 관련이 없다. 정답풀이(exact solution)는 말 그대로 문제 풀이하는 세계지만, 로이킴 가설은 기본적으로 컴퓨터 프로그램이 개입된 세계를 설명하는 것이다. 말하자면 오차 또는 오류 분석(error analysis)이 필연적으로 인정되어야 한다. 로이킴이 처음에 내놓은 방정식이 항등식이라느니 하는 비판도 마찬가지로 디지털 부정선거 가설은 컴퓨터가 접근하는 근사해(approximate solution)라는 사실에 대한 이해가 부족했던 것으로 보인다.

로이킴은 "처음에 〈프로듀스 101〉에서 찾아진 것과 같은 정확한 해답이 나오는 식을 찾으려고 노력했던 것은 사실이나, 이 식을 추구하는 과정에서 독특한 비율을 찾아낸 것이었다"고 말했다. 로이킴은 하태경 류의 맹렬한 인신공격에 대해 "더불어민주당 당일 득표율 50%를 기준점으로 해서 미만인 구간과 이상인 구간으로 구분하여 더불어민주당의 사전득표율 비중과 당일 득표율 비중의 차이값을 각각 구하고 구한 두 개의 값을 더하였을 때 그 값이 0(zero)이 될 확률이 얼마인지"

물었지만 답이 없었다고 말했다. 로이킴의 이 질문은 문자 테이블에서 정확히 어떤 단어나 문장이 나왔는지가 본질이 아니라는 뜻이다. 전국 1번 종로에서 253번 서귀포 지역구의 순번을 어떤 규칙에 따라 줄을 세웠는지, 또 그런 규칙이 등장하는 것이 왜 인위적인 조작의 산물인지에 대해서는 물어보려 하지 않았고 어떤 면에서는 쉽게 양해될 수 있는 미미한 오류를 내세워 본질을 흐리는 이유를 모르겠다고 말했다. 컴퓨터의 세계에서 대략 ±3% 내외의 오차는 참으로 인정된다.

문5 개표 당시 부여에서 전자개표기가 한 차례 리셋된 것은 [follow_the_party] 입증과 어떻게 연관이 되나?

투표지분류기라고 불리는 전자개표기는 김대중 대통령 재임기였던 2002년 6월 13일 전국 동시 지방선거 때 처음 도입되었다. 전자개표기는 도입 당시부터 2020년 총선에 이르기까지 끝없는 논란의 대상이 되어왔다. 영화《더 플랜(The Plan)》은 전자개표기 부정이 간단한 USB 삽입으로도 가능하다는 것을 시연하며 보여주기도 했다. 통신이 연결되어 있지 않아도 USB 삽입 등의 방법으로 간단하게 부정 분류되도록 셋팅할 수 있다는 주장이었다. 2020년 4.15총선 충남 부여 개표 과정에서 참관인들이 표가 잘못 분류되는 것을 보고 개표 중단을 요구하여 리셋 후 재분류했을 때 더불어민주당 후보가 앞섰던 결과가 뒤바뀌었다.

구분	더불어민주당	미래통합당
재검표 전	180 표	80표
재검표 후	159표	170 표

전자개표기와 수개표가 현격한 차이를 내는 것은 전자개표기의 문제를 다시금 제기하는 것일 수 있다. 이렇게 전자개표기 리셋으로 표수가 바뀐 상황이 일어나지 않았다고 가정하고 재검표 전의 설계된 비율로 끝까지 개표가 완료되었다고 했을 때의 결과치로 바꾸어서 지역구 순번 정렬을 다시 했을 때 [follow_the_party]가 도출되었다. 기본적으로 로이킴은 시행착오 방식으로 패턴을 더듬어 가면서 문장을 완성했던 것이다. 장영후 프로그래머는 로이킴의 이런 방식의 발견을 '사기'라고 몰아붙이는 것은 부당하다고 말한다. 두 지역구에서 다소 이질적인 데이터가 등장하는데, 한 곳이 충남 부여, 다른 한 곳은 울산 동구다. 애초에 작성했던 설계 청사진이 개표 과정에서 어떤 이유로 왜곡되었을 수 있는데 로이킴은 이런 왜곡을 합리적 추론에 따라 교정해 가며 [follow_the_party]를 완성시킨 것으로 보인다고 말했다. 이런 상황은 의미 있는 시도로 이해할 수 있다.

문6 4.15 디지털 부정선거 설계 청사진은 어떤 방식으로 실현되어 선관위 발표 결과 데이터로 나타났다고 보는가?

우선 디지털 부정선거를 정의하면 투개표 과정에 컴퓨터 프로그램이 개입되었다는 것이 가장 간단한 설명이다. 이 책에서는 선거 직후 맹주성 박사의 직관을 담은 설명을 하나의 가설로서 수록했다. 물론

투표지분류기를 부정하게 사용하는 것도 디지털 부정선거의 한 유형이라고 할 수 있다. 로이킴과 장영후 프로그래머의 해설은 투개표 과정에서 컴퓨터 프로그램이 활용되었을 뿐 아니라 선거가 시작되기 전에 이미 알고리즘이 적용된 조작 선거 설계 청사진이 완비되어 있었고, 그 데이터 값에는 [follow_the_party] 로직이 적용되어 있었다고 말한다. 전수 조사에 가까운 철저한 민심 파악, 즉 빅데이터 조사를 통하여 사전에 전국 선거 판세를 조사하고, 목표 의석과 반드시 당선시켜야 할 후보, 반드시 낙선시켜야 할 후보, 선거비용 보전을 위한 최소 득표율 등의 제약조건이 반영된 표 계산이 미리 되어 있었다는 의견을 제시하고 있다. 마침 선거 직후 여당 전략기획위원장을 맡았던 이근형 씨가 자신의 페이스북을 통해 선거 전 판세표 요약본을 공개했으므로 이러한 추정이 가능했다. 당락 후보 결정은 이미 기본 판세표에서 이루어졌고, 전략 목표 판세표는 [follow_the_party] 로직이 적용된 것이고, 여기에 인구수 등을 고려한 미세 조정이 이루어져서 전술 목표 판세표로 명명한 최종 설계도가 나온 것이다. 이 설계도를 중앙 콘트롤 타워를 통해 현실화시킨 것이 투개표 과정이고, 그 결과물이 중앙선관위가 홈페이지를 통해 발표한 선거 결과 판세표라는 설명이다.

문7 더불어민주당이 253개 전 지역구에 후보를 낸 것도 [follow_the_party] 설계와 관련되어 있는가?

더불어민주당 등 어떤 정당도 전국 전 지역구에 후보를 낸 것은 선례를 찾기 어렵다. 더불어민주당이 2016년 20대 총선은 253개

중 234개(92%), 19대는 246개중 209개(80%), 17대는 243개중 181개 (74%) 지역구에서 후보자를 낸 것에 비해 2020년 21대 총선은 253개중 253개(100%) 국회의원 후보자를 냈다. 100% 후보자 배출은 초유의 일이다. 이와 같은 상황은 우연의 일치로 보이지 않는다. 외부에 드러나지 않게 최대한 은밀하게 설계 청사진을 실현하기 위해서 실행의 편의상 사전투표율과 사전득표율 조작으로 목표 수치에 접근해야 했으므로 한 지역이라도 제외되면 전체 투표 경향에 의혹이 제기될 수 있다. 비례대표 득표수를 확보하는 데도 유리하고, [follow_the_party] 로직 설계를 위해서 253개 선거구가 일정한 규칙 속에서 정렬되므로 또한 전 지역구가 필요했을 수 있다. 전 지역구에서 후보가 배출되지 못하는 기본적인 이유는 당선 가능성이 없는 지역은 선거 비용 마련의 어려움이 있기 때문이다. 그러나 지난 21대 총선에서 더불어민주당은 전국 252개 지역구에서 선거비 전액을 보전받았다. 모두 최하 15% 이상의 득표율을 획득한 것이다. 반액을 보전받은 경주조차 0.2% 정도 미달일 뿐이었다. 이런 일은 한국 헌정 사상 처음 발견되는 이변으로 분류할 수 있다. 따라서 이런 현상도 디지털 부정선거의 한 양상으로 추정되는데 향후 조사가 더 필요하다.

문8 재검표를 했을 때 '배춧잎투표지' '화살표 투표지' '몸 붙은 투표지' 등이 대량 발견되는 이유는 디지털 부정선거와 관련이 있나?

인천 연수을 민경욱 후보 재검표가 있었던 2021년 6월 28일 다음날 발견된 '배춧잎투표지'는 우리가 명명한 것이다. 우리는 2020년 4월 21일경부터 본격적으로 디지털 부정선거 의혹을 제기하고, [follow_the_party]에 대해서도 검증해 왔으므로 부정선거 실행 모델에 대해서도 어느 정도 설명해왔다. 만일 우리의 가설대로 사전 설계된 통계표를 현장에서 실현해 나가는 방식으로 투개표를 진행했다면 사전투표율과 사전득표율 조작이 주된 방법이었을 것이고, 당일 투개표 과정에서는 부정이 있다 해도 최소한일 것이므로 사전투표 조작이 주종이었을 것으로 예측한 것이다.

미리 당락에 필요한 표가 계산되어 있었다면 사전에 필요한 표를 준비하는 과정은 비교적 간단했을 수 있다. 우편투표에서 여러 가지 의혹이 제기된 것도 같은 맥락이다. 그러나 사전 통계 청사진을 실물 투표지가 온전하게 따라잡는 것은 간단한 일이 아닐 것이고, 실제로 당락이 확정된 이후에 개표는 참관도 철저하지 못하고 실제로 형식적인 절차에 불과했을 것으로 보았다. 최종적으로 발표된 중앙선관위 통계에 실물표를 온전히 부합시키는 작업은 마무리 못했을 것으로 본 것이다. 실제로 선거 직후부터 의혹이 쏟아졌고 본격적으로 선거무효 당선무효 소송에 들어갔으므로 법원 투표지 보전에 들어가는 대개 1주일에서 한 달 사이 중앙선관위 통계와 실물표를 맞추는 작업을 마쳐야 하는데 물리적으로 매우 어려운 작업이 될 수밖에 없다. 따라서 투표지 보전이 된 곳은 따로 법원 잠금장치를 풀고 들어가서 바꿔치기하지 않는 이상 절대적 시간 부족으로 급조된 투표지를 투입했을 것으로 추정했다.

배춧잎투표지 등의 발견은 우리의 이러한 추정을 입증해주는 일련의 과정이다. 법원에 투표지가 보전된 곳은 모두 이런 이상 투표지가 발견될 수밖에 없다고 본다. 영등포을처럼 심지어 법원 잠금장치에 손을 댄 흔적이 보이는 곳도 있었는데 그렇다고 해서 완전한 증거 조작은 쉽지 않았을 것으로 본다. 요컨대 배춧잎투표지 등의 이상 투표지는 선거가 끝난 사후에 조작된 것이 주종이고, 그밖에 빳빳한 투표지 등은 사전투표 후 실물 투표지를 준비하는 과정에서 들어간 것들로 추정한다.

문9 더불어민주당이 사전투표에서 압승한 이유가 디지털 부정선거와 어떻게 관련되어 있나?

4.15 디지털 부정선거 모델이란 사전에 빅데이터 조사를 통해 이길 지역구와 질 지역구를 예측하고 반드시 당선시킬 후보, 반드시 낙선시킬 후보까지 확정한 후 조작표수를 최대한 줄이는 일종의 최적화에 프로그래머의 지문같은 로직까지 넣은 것으로 규정했다. 이를 실행함에 있어 가장 중요한 방법은 사전투표율을 전반적으로 10% 이상 높이고, 이에 상응하여 경합 지역을 당선 지역으로 바꾸는 방법을 쓴 것으로 추정한다. 이렇게 되면 최종 투개표 전에 우편투표 등으로 실물표를 준비하여 개표 과정에서 조작해야 할 필요를 최소한도로 줄여 발각 우려를 줄일 수도 있기 때문이다. 21대 총선은 사전투표율이 26.69%로 20대 총선 12.19%에 비해 14.5%가 높아졌을 뿐 아니라 2013년 첫 도입시 4.9%에 비하면 무려 5배가 넘는 수치다. 무엇보다 21대 총선에서 더불어민주당은 압도적으로 사전투표에 힘입어 180석을 확보할 수 있었다. 사전투표율과 사전득표율 조작이 부정선거의 주된 방법이라고 보는 이유이기도 하다. 사전투표율과 사전득표율 조작은 처음이

아니었을 수 있다. CCTV 금지, QR코드 고집 등의 비정상적인 행태가 이를 뒷받침한다. 코로나 상황에서 역대로 높은 투표율이 나타난 것도 조작된 투표율의 결과일 수 있다. 전주시 완산구 삼천3동 관내사전투표인수보다 10매나 더 많은 투표지수가 나온 경우, 출입이 자유롭지 않은 민통선 지역인 파주시 진동면 사전투표소에 타 지역에서 와서 사전투표를 한 유권자가 70명이나 된 경우, 부천 신중동과 같이 1~4초마다 한 사람씩 투표한 것으로 집계되는 상황도 모두 이와 같은 조작의 결과로 추정된다.

문10 더불어민주당이 비례대표를 포함하여 뚜렷이 180석을 목표로 했다고 보는 이유는?

2012년 5월 개정된 국회법, 즉 국회선진화법은 일명 몸싸움 방지법이다. 법을 원활하게 통과시키기 위해서는 여야 합의와 교차 투표를 통하여 5분의 3, 즉 180석 이상의 여야 공동의 다수를 형성하라는 취지를 담고 있어 300석 중 5분의 3이 확보되지 않으면 야당과 합의 없이는 법제정이 용이치 않다. 자매정당 더불어시민당 비례대표 의석을 17석으로 맞춘 정황이 드러나는 것을 보면 설계 당시부터 180석으로 고정한 것으로 추정된다. 선거 전에 180석 달성 운운한 인사들이 유시민 전 의원을 비롯해서 여러 명이 있었던 것을 보았을 때 확실히 180석이라는 숫자는 목표 의석수로서 유의미한 것으로 보인다.

단 한 번의 재검표도 이루어지지 않았다. 법원 보전 당시에도 비례표 열람 자체를 완강히 거부했던 선관위 측의 움직임을 보았을 때, 우선 비례표에 관해서도 심각한 조작이 있었던 것으로 추정된다. 무효표가 대량으로 쏟아져 나온 것도 문제적이고, 심각한 교차투표 상황이 부정선거 의혹을 증폭시켰음에도 불구하고 여당측에서 비례표는 도리어 줄여 의석수가 180석 이상까지 늘어나는 상황은 피하려는 의사를 분명히 보이고 있다. 비례표에 관한 조작은 강성 우파 정당의 원내 진출을 막고, 여당의 의석 조정 등에 관련되어 있는 것으로 보인다. 연동형 비례 대표제로 인해 전례 없이 길어진 비례투표지 급조는 쉽지 않았을 것이므로 비례 재검표는 요원한 일로 보인다.

해커의 지문 발견기

부록

해커의 지문 발견기

애니메이션 《배투출비(배춧잎투표지 출생의 비밀)》 대본

EP 1. 우리는 누구인가?

등장인물

배투(배춧잎투표지), 화투(화살표 투표지), 일투(일장기 투표지), 쌍투(쌍둥이 투표지), 빳투(빳빳한 투표지), 정투(정상 투표지), 동물1, 동물2, 동물들

로그라인

법원의 상자에서 튀어나온 이상한 투표지들이 자신들을 향한 지탄에 스스로 누구인지 알아보기를 원하는 정체성 찾기

전체적인 줄거리

배투, 화투, 일투, 쌍투, 빳투… 상자에서 쏟아진 투표지들이 한 장씩 잠에서 깨어나듯 일어난다.

정투들이 몰려와서 왜 자신들과 다른지 물어보며 의아해 하고 사람

들이 웅성웅성하며 손가락질하자 이상 투표지들이 회의를 하며 누구인지 정체성을 확인해 보기로 한다.

구성(플롯)

발단 - 상자에서 투표지들이 쏟아진다.

전개 - 이상 투표지들이 하나씩 잠에서 깨어나듯 일어난다.

위기 - 다른 정투들과 차이를 감지한다.

절정 - 사람들이 왁자지껄하게 지탄한다.

결말- 정체성을 찾으러 떠난다.

S#1. 법정(낮)

사람들이 분주하게 오가면서 투표지를 쏟아붓는다. 그 속에서 배춧잎투표지 등이 비집고 나온다. (대부분은 대사 없는 동작과 음향)

배투, 투표지 더미를 비집고 얼굴을 쏙 내밀며 튀어나와 주변을 두리번거린다.

화투, 이어서 화투가 기지개를 켜고 나온다.

화투 도대체 난 얼마나 잠들어 있었던걸까? 1년도 더 된 것 같아.

배투 난, 내가 왜 여기에 있게 된건지 모르겠어.

쌍투 (끙끙대며) 발 좀 잘 맞춰봐. 너 때문에 잘 못 걷겠어.

동물1 음? 너희들은 못보던 애들이구나. 너희들은 어디서 왔니?

B형 돼지 아, 애들도 똑같은 아이들이랍니다. 저리 떨어지세요!

동물1 이런 애들은 여기에 있으면 안됩니다. 뭔가 잘못 됐어요. 도대체 재들이 어떻게 여기에 있는 거죠? 누군가 장난을 친 것이 분명합니다.

B형 돼지 아니, 뭐 때문에 이 애들을 괴롭히는거죠? 다른 거지, 틀린 게 아니에요. 이 애들도 다 정상투표지입니다!

동물1 얘들이 왜 여기에 있는지 알아봐야겠어요! 재들의 정체가

좌측 동물들 궁금하다구요!

배투, 쌍투 등 이상투표지들이 싸움을 피해서 황급히 구석으로 모여 든다.

배투 저 아이들은 정투라고 부르는 거 들었어?

화투 응. 우리는 정투가 아닌 것 같아.

그때 빳빳한 투표지들이 구석으로 몰려 온다.

쌍투 어어, 얘들아. 너희들은 저~기 정투들한테 가. 딱 봐도 우리랑 다르잖아.

빳투 우리가 이상한 애들이라고 밀어내고 쫓아냈어. 사람의 손을 탄 흔적이 안보이고 새 것 같이 너무 빳빳하대. 우리도 정투가 아닌가 봐.

배투 우린 누굴까? 엄마, 아빠는 있는걸까? 아무래도 내가 밖으로 나가서 좀 알아봐야겠어.

모두 그래 그래, 우리한테 무슨 일이 일어난건지 좀 알아봐 주면 좋겠어. 제발 우리가 누구인지 좀 알려줘.

배투 그럼 우선 내가 여기를 빠져 나갈 수 있도록 너희들이 좀 도와줘.

모두 응 응, 그래.

이상 투표지들이 모두 하나 하나 법정을 빠져 나와 담장 앞에서 하나 위에 하나씩 엎드려 포갠다. 그 위를 배투가 통통 튀어올라 법원 담을 뛰어 하늘 높이 날아오른다.

EP2. 탐정 제이를 고용하다

등장인물

배투(배춧잎투표지)

탐정 제이(어치새)

로그라인

법원을 빠져나온 배투가 정체성 찾기를 위해 방황하다 탐정 제이와 조우.

전체적인 줄거리

법원 담장을 뛰어넘은 배투가 낯선 도시의 거리를 두리번거리며 거닐다가 분주하게 움직이는 동물들 사이를 다녀 보지만 아무도 그다지 관심을 두지 않는다.

터덜터덜 힘이 빠진 채로 걷다가 어느새 시골길까지 걸어오다가 세찬 토네이도(회오리) 바람을 맞아 나뭇가지에 걸린다. 나뭇가지에 걸려 허우적댈 때 어치 새 한 마리를 만나 자신의 사정을 이야기하고 함께 정체성 찾기에 나서기로 한다.

구성(플롯)

발단 - 법원 담장을 넘어 착지를 한다.

전개 - 도시의 거리를 거닐지만 모두 무관심한 표정이다.

위기 - 혼자 길을 걷다가 세찬 회오리 바람을 맞는다.

절정 - 나무 가지에 걸려 어치 새의 도움으로 가지에 나란히 걸터 앉는다.

결말 - 어치 새를 고용하여 탐정 제이라고 부르며 함께 정체성 찾기 여행을 떠난다.

S#2. 도시의 거리(낮)

배투, 친구 투표지들의 도움으로 법원을 점프하여 높이 날아올랐다가 착지한다. 호기심 가득한 눈으로 사방을 둘러본다

배투, 길에서 지나가던 동물 하나(가령 고양이)를 앞을 가로막아 잡아 세운다.

배투 (양팔을 벌리며 길가던 동물을 막아서며) 저… 저기요. 잠깐만요. 말씀 좀 물을게요. 여기가 어디죠?

고양이 (놀라며) 흐응, 여긴 케이보트(k-vote)라는 도시입니다만, 그럼 전 바빠서 이만~

배투 (황급히 뒤를 쫓으며) 자, 잠깐만요. 그렇게만 말하시면…

동물, 총총 돌아보지 않고 내뺀다.

배투, 다시 터덜터덜 혼자 걷다가 지나가는 동물을 잡아 보려 하지만 모두 무관심하게 지나간다.

배투, 낙담한 표정으로 다시 터덜터덜 걷는데 갑자기 작은 토네이도 바람에 휩쓸린다. 회오리에 휩쓸려 공중으로 날아가다가 나뭇가지에 떨어져 걸린다.

S#3 나뭇가지 위 (낮)

배투, 나뭇가지에 대롱대롱 무기력하게 걸려 늘어져 있다. 이때 어치 한 마리가 맴돌며 "야옹야옹" 소리를 낸다.

배투 휴~, 저기요, 저~, 잠깐, 만요~ (무시하고 계속 지나치는 동물들)

배투 (바람에 날아가며) 어~ 어~ 어~

배투 (나무에 걸리며) 어, 억~

제이 야옹~ 야옹~

배투 (눈을 크게 뜨며) 너, 넌 누구니?

제이 (장난스럽게 메롱하는 표정) 나는 나~지, 흉내쟁이 어치, 나 멍멍이 소리도 낼 수 있어. 멍멍~ 멍멍멍~ 멍멍~

배투 (볼멘 소리로) 저기, 나 그만 놀리고 좀 도와주라.

제이 (손을 내밀며) 여기 잡아.

배투, 어치 발을 잡고 나뭇가지에 툭 걸터앉는다.

제이 (나란히 걸터 앉으며) 근데 넌 못 보던 녀석인걸. 어디 사는 누구니?

배투 (어치를 마주보며) 글쎄… 나도 그게 궁금해서 여기까지 온 거거든? 근데 바람에 날려서 여기 나뭇가지에 걸려버렸어. 어쨌든 도와줘서 고마워.

제이 (정색을 하며) 네가 네 자신이 누군지 모른다고? 엄마 아빠는 있을 거 아냐? 난 엄마 아빠 알에서 나왔어. 엄마가 동생들을 품었을 때 알았어. 내가 어떻게 세상에 나온 건지.

배투 (부러운 표정으로) 난 엄마 아빠가 누군지 몰라. 물론 동생도 없고… 내가 있던 곳엔 자기가 어디서 온건지 모르는 애들이 많이 있었어. 나랑 같은 처지랄까?… 그래서 내가 대표로, 우리가 누구인지, 우리를 누가 낳았는지 알아보기로 하고 이 도시에 온거야. 말하자면 파견된 건데, 지금까지 이 도시 이름이 케이보트라는 것 밖에는 알아낸 것이 없어.

제이 (관심을 보이며) 이래봬도 내가 조류계에서 호기심 많기로 유명한 새, 어치야. (악수를 청하며) 내 이름은 제이. 넌 제대로 임자를 만난거야. 지금부터 나를 고용하면 돼. 탐정 제이! 이 탐정 제이가 너의 고충을 해결해 줄 수 있지!

배투 (시무룩하게) 나더러 탐정 제이의 의뢰인이 되라고? 난 보다시피 무일푼이야. 이것 봐, 빈털털이라고~

제이 음하하하, 난 대가는 필요 없어. 돈 같은 건 바라지도 않는다고. 단지 내 꺼지지 않는 불과 같은 호기심을 채워 줄 사건이 필요할 뿐이야. (손가락을 머리에 갖다대며) 나 탐정 제이는 이 사건을 맡을 자격이 충분한 것 같아. 이 사건을 해결해 줄 수 있는 방법이 바로 떠올랐거든!

배투 (깜짝 놀라며) 정말이야? 그럼 나 좀 도와줘. 내가 누구인지 알 수만 있다면 이 은혜는 평생 잊지 않을게. 아무것도 아는 게 없지만 여기저기서 나를 '배춧잎투표지'라고 부르는걸 들었어. 그냥 짧게 배투라고 불러줘. 이제부터 널 탐정 제이라고 부를게. 우리들의 탐정이 되어줘!

제이 우하하~ 그렇다면 내 손을 꼭 잡아. 근데 나 이거 손이니? 발이니? 두개 밖에 없으니 원. 어쨌든 꼭 잡으라고!

배투 (두 발을 꼭 잡으며) 좋아. 알았어. 너만 믿을게~

배투, 어치, 함께 힘차게 날아오른다.

EP3. 로이의 추리와 발견

등장인물

배투(배춧잎투표지), 탐정 제이(어치 새), 로이

로그라인

로이라는 사람을 만나 케이보트 시 선거결과에 관한 의혹과 단서를 듣는 배투와 탐정 제이

전체적인 줄거리

탐정 제이와 함께 케이보트 시에서 있었던 선거 결과를 놓고 씨름하고 있는 로이를 찾아가서 의혹과 단서에 대해 설명을 듣는다.

로이는 선거 결과 데이터에서 전산 조작의 흔적을 발견했으며 그것은 [follow_the_party]라는 문장으로서 특정 조직의 이념의 표현같다는 의견을 듣는다.

로이는 일종의 지문과 같은 문자열을 발견한 과정을 자세히 설명하지만 배투와 제이는 설명은 겨우 퍼즐의 한 조각을 찾은 느낌을 갖는다. 전체 그림을 보여줄 사람을 찾아 다시 날아오른다.

구성(플롯)

발단 - 케이보트 선거 결과를 연구하는 로이를 찾아간다.

전개 - 로이는 선거 결과 숫자들 속에 일정한 규칙성을 발견한 과정을 설명한다.

위기 - 일정한 규칙성이 어떻게 [follow_the_party]라는 문자열로 정리되는지 과정을 자세히 설명한다.

절정 - 자신의 주장을 이해 못하는 사람들로 인하여 우울해 하는 로이를 위로한다.

결말 - 로이의 결백을 증명할 사람을 찾아 나선다.

S#1. 로이의 작업실

컴퓨터와 종이가 이리 저리 어질러져 있는 로이의 작업실. 칠판에 이것 저것 적어본다. 로이가 이것 저것 적고 있는 장면을 창밖에서 빼꼼히 들여다 보는 배투와 제이.

로이 케이보트 시 당국이 발표한 시의원 선거 결과가 도저히 이해가 가지 않아. 토리당과 휘그리당의 사전투표와 당일투표 결과가 이렇게까지 차이가 날 수는 없거든.

제이 (똑똑~)

로이 어~ 오랜만이군. 호기심 많은 친구가 요즘에는 왜 뜸하신가 했지?

제이 그동안 특기를 살려서 탐정이 됐지, 에헴. 오늘은 내 새로운 고객을 소개해 주려고 왔어. 나의 새로운 고객으로 말씀드릴 것 같으면 부모를 찾아 나선 눈물 없이 들을 수 없는 이야기의 주인공. 자, 이쪽은 내 친구 로이야. 늘상 뭔가 연구에 몰두해 있는 아마추어 연구가라고 할 수 있지.

로이 하이~

배투 안녕, 배투라고 해. 난 케이보트 시 법원 담장을 넘어 왔어. 친구들을 대표해서 우리가 누구인지 알아보기 위해 여행중이라고나 할까?

로이 아~ 그래서 제이를 탐정으로 고용한 거로구나. 그렇다면 잘 찾아온거야. 내가 요즘에 신기한 걸 발견했으니. 한 번 들어 볼래? 자, 이제 이쪽으로 와서 내 얘기를 좀 들어봐. 뭔가 도움이 될수도 있어.

제이 그래 그래.

배투 여~차…

로이 들을 준비는 됐지?

제이 됐고 말고. 우리는 절박한 학생들이라고. 잘 들을게.

▲ 로이

로이 좋았어~ 지난번 케이보트 시에서 시의원 선거가 있지 않았어? 시 당국이 선거 결과를 발표했는데 결과가 뭔가 자연스럽지 않아서 내내 들여다 보고 있었어. 나 로이 박사의 호기심은 흉내쟁이 제이와는 달라. 땀을 뻘뻘 흘리며 연구에 몰두하는 중이었다고. 먼저 이 휘그리 당의 사전투표와 당일투표의 결과를 한 번 보라구. 4, 5일 간의 시간차가 있었다 해도 이렇게 달라진다는 것은 놀라운 일이야.

제이 맞아. 지난번 케이보트 시에서, 시를 대표하는 합창단을 투표로 뽑을 때도 같은 일이 있었어. 분명히 사람들이 실시간으로 열심히 투표했는데 주최측이 결과를 미리 정해두고 가수들을 뽑았던 사건 말이야.

배투 그런 일이 있었어?

로이 어~ 바로 그거야! 케이보트 시에서 33명의 합창단을 선발한 사건. 일명 〈프로듀스 33〉을 떠올린 거지. 알고리즘의 개입이 있다면 투표는 형식적인 눈속임일 수도 있다는 거 아니겠어? 제이 녀석이 방문하지 않았던 지난 1주일 동안 내가 열심히 알고리즘의 흔적을 찾아 봤어.

배투 〈프로듀스 33〉?

제이 (춤을 추면서) "픽미 픽미 픽미 업 픽미 픽미 픽미 업" 이 노래 몰라?

배투 아~ 그러니까 그 사건이 조작이라는 거야?

제이 그래 좀 더 들어 보자구.

로이 〈프로듀스 33〉 사건을 간단히 요약하면 이런 계산식을 넣어 둔 거야.

제이 그렇다면 지난 케이보트 시 시의원 투표에도 이런 계산식이 들어가 있었다는 건가?

로이 그럴 수도 있다고 생각한 거지. 그래서 데이터를 들여다 보면서 내가 그 계산식을 찾아보려고 끙끙 앓고 있었던 거야. 일단 저 쌍봉형 히스토그램에 비밀이 있을 것으로 생각하고, 사전투표와 당일투표 간에 어떤 계산식이 있을 것을 가정한 거지.

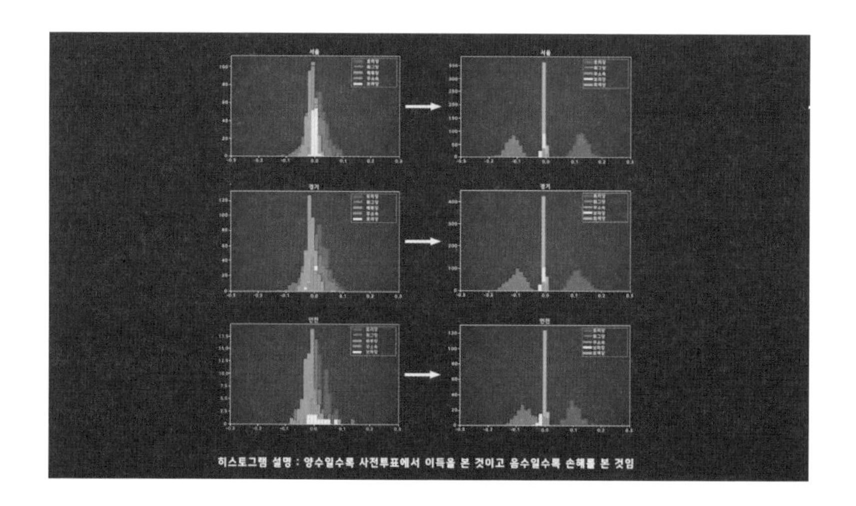

히스토그램 설명 : 양수일수록 사전투표에서 이득을 본 것이고 음수일수록 손해를 본 것임

로이 말하자면 사전투표와 당일투표는 사람의 키높이와 허리높이처럼 일정한 상관 관계로 움직이는 것이어야 하거든. 키가 큰 사람은 허리높이도 높아지게 되어 있거든. 그래서 사전투표를 동일한 키높이로 맞추는 방식으로 비교를 해보기 위해 백분율을 계산한 거야. 이걸 표준화 작업이라고 해. 그래야 정확히 비교가 가능하다고 생각해. 물론 꼭 그래야 한다는 규칙 같은 건 없어. 길이 다 나기 전에는 길을 다듬어 가야 하는 법이지. 풀숲을 헤쳐 길을 찾거나 만들어 나가는 식으로 목표를 향해 나아가는 방식이라고나 할까? 목표라면 〈프로듀스 33〉 사건에서와 같이 일정한 결과값을 미리 세팅해 놓은 계산식 같은 것을 찾

아보려 했던 거야.

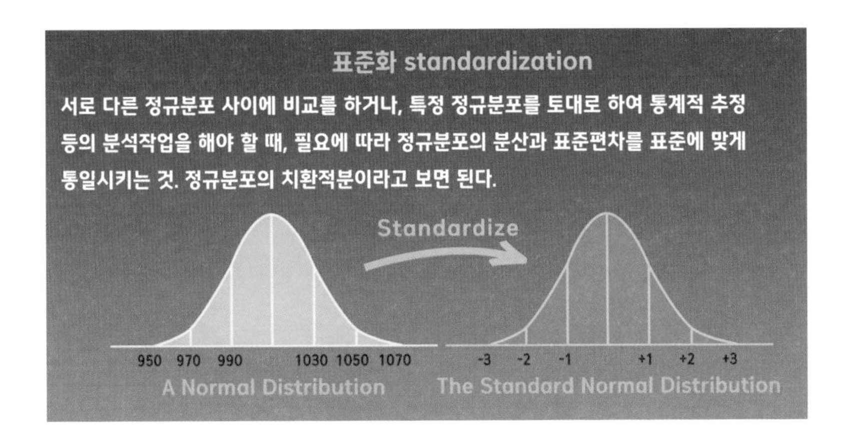

제이 케이보트 시의 국회의원 수는 모두 300명이야. 그것도 정당투표로 정해지는 비례대표를 빼면 253개 지역구 국회의원이 있단 말이지. 〈프로듀스 33〉에 비해서 비할 수 없이 복잡한 수식이 필요하지 않을까?

로이 물론 정확한 계산식을 찾아내는 데는 실패했어. 33명을 뽑는 것과 300명을 뽑는 것은 우선 규모가 달라.

배투 나는 뭐가 뭔지 하나도 모르겠어.

제이 옛말에 머리가 나쁘면 몸이 고생한다는 말이 있지.

배투 (표정을 무섭게 지으며) 뭐라고?

로이 자 자 싸우지 말고… 그러니까 다시 되짚어 보자구. 나는 케이보트 시의 투표와 개표 과정에 사각지대가 많다는 것을 알았어. 우선 〈프로듀스 33〉 사건은 사전에 온라인 투표를 하고, 또 생방송 도중에 실시간 투표를 해서 시민들이 심사위원이 되어 공식적으로 데뷔하는 가수를 선정하는 시민 프로듀스 제도 같은 거야. 사전 온라인 투표가 있고,

약 3시간 30분 동안 실시간으로 문자 메시지 투표를 해야 해서 11팀을 정하는 제도였으니까 규모를 빼고는 케이보트 시의 국회의원을 뽑는 제도와 비슷한 점이 있거든. 우선 사전투표와 당일투표가 있지? 그리고 일정한 시간 내에 선발하는 것도 같지? 그렇다면 〈프로듀스 33〉 사기사건처럼 말은 시민 프로듀스 제도 같지만 실제로는 주최측이 미리 11팀을 정해 놓고 투표는 눈속임으로 하는 방식이 가능하다는 추측을 해 볼 수 있다는 거지.

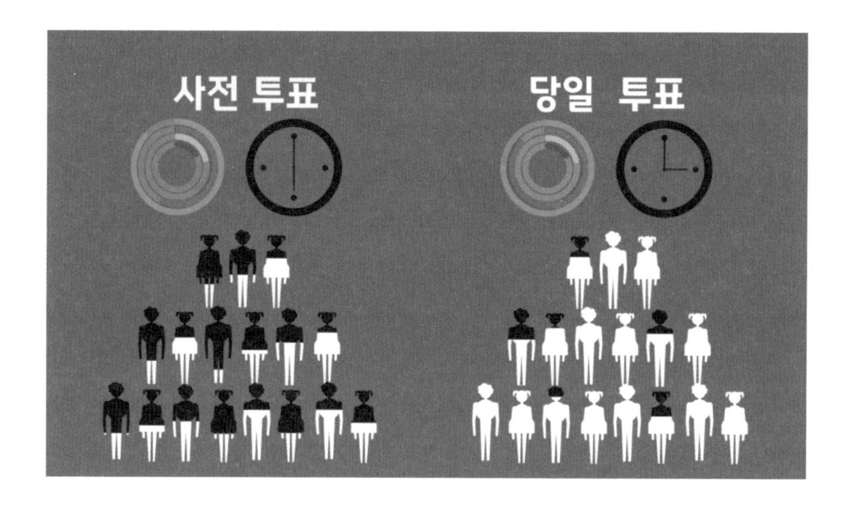

제이 그렇다면 케이보트 시에서도 선거 관리를 하는 기관에서 일종의 주최측의 농간을 부릴 수 있었다는 건가?

배투 아~

로이 그렇지. 말하자면 케이보트 시에서도 주최측에서 미리 뽑힐 국회의원을 다 정해 놓고 시작했을 수 있다는 가정이 가능하다는 뜻이라구.

제이 연예인 데뷔하는 것과 시의원 뽑는 것을 나란히 비교하기에는 무게가 너무 차이나는 사건 아닐까?

로이 물론 똑같이 비교할 수는 없어. 그러나 시의원 선거는 더 대담하게 할 수 있지 않을까? 말하자면 수사기관까지 장악하는 거대한 권력이 있다고 쳐. 그러면 아무리 심각한 범죄라도 수사기관이 잠들어 있으면 과감하게 할 수 있거든. 어쨌든 가정이기는 하지만, 우리가 단서를 발견했거든. 압승을 거둔 토리당의 선거 전략을 짜는 인물이 선거 압승을 자랑하며 자신들이 이런 결과를 미리 점친 것처럼 철저한 조사를 통해서 선거 결과를 예측했다고 자랑을 했어.

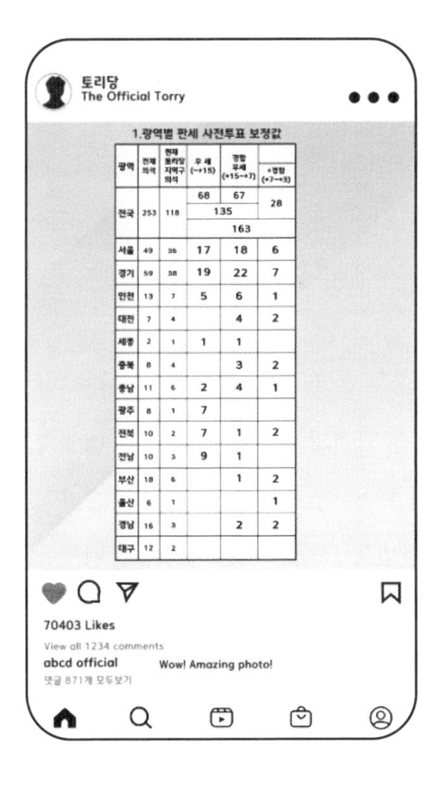

1.광역별 판세 사전투표 보정값

광역	전체 의석	현재 토리당 지역구 의석	우세 (→+15)	경합 우세 (+15→+7)	+경합 (+7→+3)
전국	253	118	68	67	28
			135		
			163		
서울	49	36	17	18	6
경기	59	38	19	22	7
인천	13	7	5	6	1
대전	7	4		4	2
세종	2	1	1	1	
충북	8	4		3	2
충남	11	6	2	4	1
광주	8	1	7		
전북	10	2	7	1	2
전남	10	3	9	1	
부산	18	6		1	2
울산	6	1			1
경남	16	3		2	2
대구	12	2			

로이 이 표를 한번 보라구. 이 표는 케이보트 시 전체 지역의 판세를 정확히 읽고 있었다는 증거기도 하지. 전체 지역 의석 300석 중에 우선 직능대표를 뺀 지역 대표에 대해서만 보자구. 직능대표 47석을 제외한 253개의 지역 대표를 살펴볼 때 애초에 토리당이 우세한 지역은 68석 뿐이었어. 67석은 조금 유리한 지역이고, 나머지 28석은 사실 승리한, 불투명한 지역이었거든. 그런데 선거 결과

는 모두 토리당이 석권해 버렸어.

제이 선거 당시 케이보트 시에 전염병이 돌았고, 그 때문에 모든 시민들에게 케이보트 시가 현금을 돌렸어. 적어도 고무신 수십 켤레는 돌린 셈이라고 시민들이 이런 떡고물에 영향을 받았다고 볼 수 있지 않을까?

로이 물론 토리당은 특수한 상황에 공을 돌리겠지? 그러나 사전투표에서만 압도적인 표를 얻어 163석을 석권하게 됐다는 사실에 대해 합리적인 의심이 가능하거든. 그러니 나 로이 박사가 손을 놓을 수가 없었지. 〈프로듀스 33〉에 사용했던 방법을 그대로 적용하기에는 너무 규모가 크고 변수가 많은 선거이긴 하지만 역으로 어차피 디지털 세계에서는 11명을 미리 정해 놓고 하는 투표나 253명을 미리 정해 놓고 하는 투표나 크게 다르지 않을 것으로 본 거지.

제이 그렇다면 케이보트 시도 미리 253명을 다 정해 놓고 시작했다는 건가? 〈프로듀스 33〉 사건처럼. 게다가 투표율과 득표율까지?

로이 바로 그거지. 투표율과 득표율, 당선자까지 미리 설계해 두고 실행을 했다고 가정해 보면 의외로 부정의 방법을 찾는 것은 쉬워지거든.

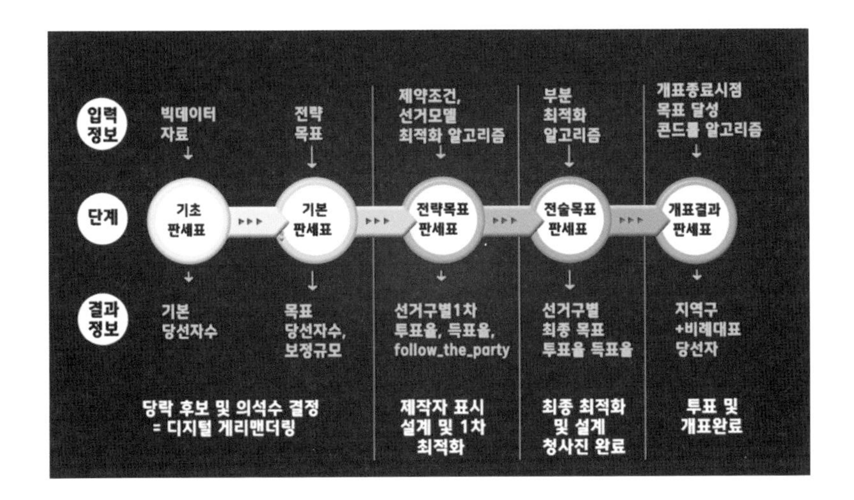

제이 〈프로듀스 33〉은 주최측의 조작이 너무 어설퍼서 시청자들에게 들킨 사건이라고 들었거든.

제이 그래서 호기심 많은 나 탐정 제이에게 이 사건은 그다지 흥미를 끌지 못했지.

로이 맞아. 말하자면 9명의 참가자가 1%의 득표율 내에서 경합을 하는 상황인데 조작 득표율을 미리 0.05%라는 큰 단위로 설정해 둔 경우였어. 그러니 참가자들의 득표율 차이가 같은 숫자인 경우가 시청자들의 눈에도 쉽게 보이는 거야. 육안으로도 조작이 훤히 보일 정도로 어설펐던 거지.

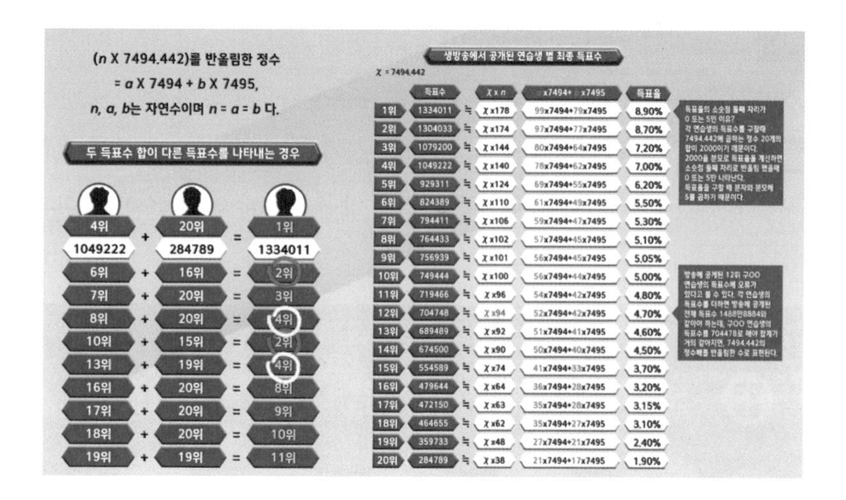

(n X 7494.442)를 반올림한 정수
= a X 7494 + b X 7495,
n, a, b는 자연수이며 n = a = b 다.

두 득표수 합이 다른 득표수를 나타내는 경우

4위 1049222	+	20위 284789	=	1위 1334011
6위	+	16위	=	2위
7위	+	20위	=	3위
8위	+	20위	=	4위
10위	+	15위	=	2위
13위	+	19위	=	4위
16위	+	20위	=	8위
17위	+	20위	=	9위
18위	+	20위	=	10위
19위	+	19위	=	11위

생방송에서 공개된 연습생 별 최종 득표수

χ = 7494.442

	득표수		χ x n	x7494+ x7495	득표율
1위	1334011	≒	χ x178	99x7494+79x7495	8.90%
2위	1304033	≒	χ x174	97x7494+77x7495	8.70%
3위	1079200	≒	χ x144	80x7494+64x7495	7.20%
4위	1049222	≒	χ x140	78x7494+62x7495	7.00%
5위	929311	≒	χ x124	69x7494+55x7495	6.20%
6위	824389	≒	χ x110	61x7494+49x7495	5.50%
7위	794411	≒	χ x106	59x7494+47x7495	5.30%
8위	764433	≒	χ x102	57x7494+45x7495	5.10%
9위	756939	≒	χ x101	56x7494+45x7495	5.05%
10위	749444	≒	χ x100	56x7494+44x7495	5.00%
11위	719466	≒	χ x96	54x7494+42x7495	4.80%
12위	704748	≒	χ x94	52x7494+42x7495	4.70%
13위	689489	≒	χ x92	51x7494+41x7495	4.60%
14위	674500	≒	χ x90	50x7494+40x7495	4.50%
15위	554589	≒	χ x74	41x7494+33x7495	3.70%
16위	479644	≒	χ x64	36x7494+28x7495	3.20%
17위	472150	≒	χ x63	35x7494+28x7495	3.15%
18위	464655	≒	χ x62	35x7494+27x7495	3.10%
19위	359733	≒	χ x48	27x7494+21x7495	2.40%
20위	284789	≒	χ x38	21x7494+17x7495	1.90%

득표율의 소숫점 둘째 자리가 0 또는 5인 이유? 각 연습생의 득표수를 구할때 7494.442에 곱하는 정수 20개의 합이 2000이기 때문이다. 2000을 분모로 득표율을 계산하면 소숫점 둘째 자리로 반올림 했을때 0 또는 5만 나타난다. 득표율을 구할 때 분자와 분모에 5를 곱하기 때문이다.

방송에 공개된 12위 구OO 연습생의 득표수에 오류가 있다고 볼 수 있다. 각 연습생의 득표수를 더하면 방송에 공개된 전체 득표수 1488만8884와 같아야 하는데, 구OO 연습생의 득표수를 704478로 해야 합계가 거의 같아지면, 7494.442의 정수배를 반올림한 수로 표현된다.

제이 케이보트 시의 선거 결과도 마찬가지였어. 도저히 난수라고 하기에는 너무 또렷한 규칙성이 선거 결과 데이터에 어렴풋이 보였거든.

로이 내가 뭔가 수학적인 규칙성이랄까? 그런 것을 찾아보려고 했던 것이 바로 그 점 때문이거든. 일단 이 히스토그램을 보자고.

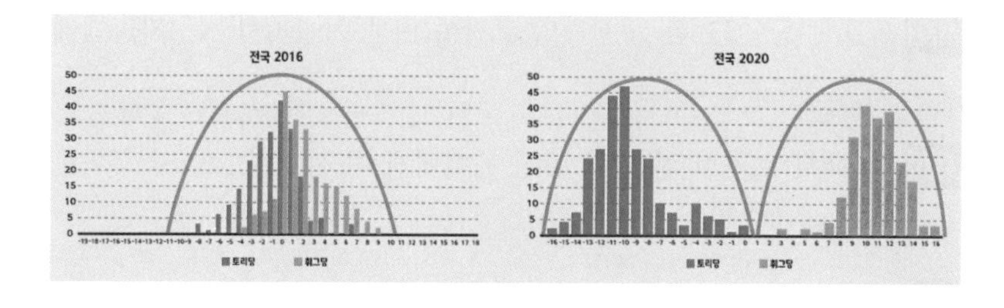

로이 지난 케이트보트시의 선거 결과와 확연히 다른 표에서 충격을 받았어. 하나는 종 모양이고 하나는 두 개의 봉우리야. 사전선거에서만 10~13% 토리당이 앞서갔다고. 이게 조작의 결과라고 가정하면 우

선 유권자 수를 조작으로 늘리고 득표율도 10% 이상 높여서 높인 만큼을 토리당 후보에게 몰아주는 식이지 특히 사전투표에서 대부분의 조작이 이루어지는 거지. 그러니 당선자가 사전에 미리 설계되어 있었고, 투표 개표 과정에서 당선자를 컴퓨터가 확정해 나가도록 설계되어 있을 수 있다는 추정을 할 수 밖에 없었다는 것이지.

제이 그렇다면 선거가 끝나고 케이보트 시에 파다하게 퍼진 소문은 사실이었던 걸까? 선거 결과 데이터에서 일종의 디지털 발자국이 찍혀 있었다는 소문 말이야. '해커의 지문'이라고도 부르지.

배투 해커의 지문? 뭔가 으시시 한데…

로이 바로 그 발자국을 추적한 것이 바로 나란 말이야. 오늘 내가 이 발견의 비밀을 공개할 거야.

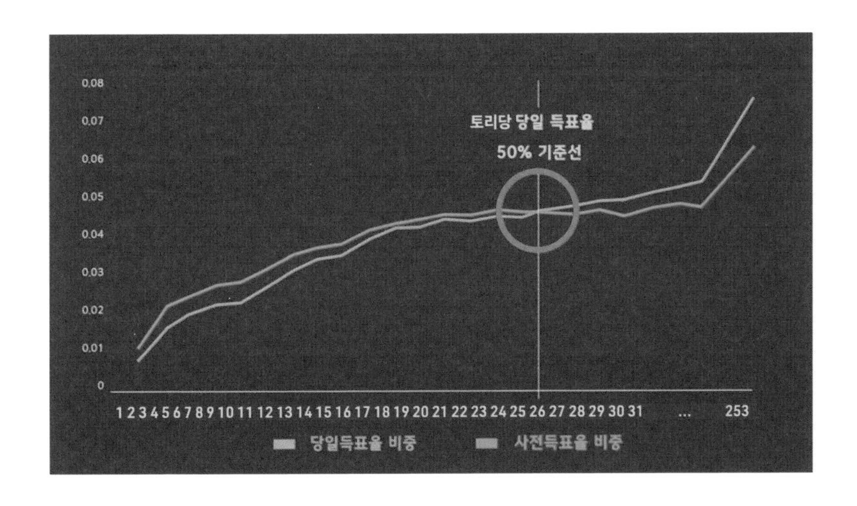

로이 자, 봐 봐. 토리당 각 지역구 사전투표와 당일투표를 100분율로 표준화한 비중값을 순차적으로 배열해서 그래프를 그려보면 50% 지

점에서 교점이 발견되. 당일 과반 이상 득표한 모든 지역구에서 사전의 비중이 당일보다 낮았어. 반대로 과반이 안 된 모든 지역에서 사전의 비중이 높았고. 인위적인 조작없이 이런 일이 일어날 수 있을까? 이런 현상이 일어나는 이유를 알아보기 위해 각 지역 사전 비중값과 당일 비중 값의 차이값을 당일 득표수에 곱해서 지수로 만들고 그래프를 그려보았어. 이때 지수값이 1, 2, 3, . . . 15까지 순차적으로 가다가 16, 17이 없지? 또 쭉 가다가 28이 툭 나오는 거야. 그리고 마지막에 69까지 나오지.

제이, 배투 그치, 16, 17은 없고 띄엄띄엄이네.

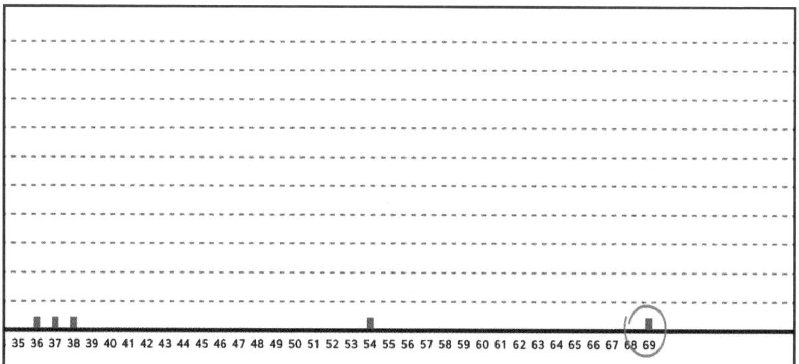

35 36 37 38 39 40 41 42 43 44 45 46 47 48 49 50 51 52 53 54 55 56 57 58 59 60 61 62 63 64 65 66 67 68 69

<세로축 : 지역구 빈도수 / 가로축 : 토리당 각 지역 당일 사전 비중 차이값을 당일 득표수에 곱한 값>

로이 이러한 현상이 무의미하게 느껴지지 않더군. 뭔가 숫자들의 클러스터가 들어있는 것이 아닌가 생각하게 됐지. 드문드문 지수가 비어있는 것이나 28, 69 이런 이색적인 수치가 나타난 것이 이유가 있다고 본 거야.

제이, 배투 (눈이 휘둥그래 진다.) 엥~

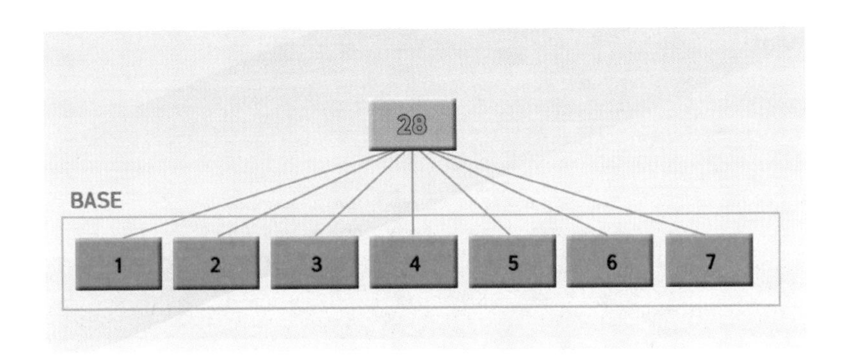

로이 자, 28이란 수를 만들기 위해서 1부터 7까지 더하면 되거든. 7개씩 특정 숫자가 그룹을 이루고 있고, 이 숫자들을 더한 수에 어떤 규칙이 있을 수 있다는 생각을 하게 된 거지. 그래서 지수가 큰 지역구부터 내림차순으로 정리해서 7개씩 끊어보게 된 거지. 253개 지역구에서 최대 32개씩의 조합을 만들 수 있었어.

제이 참, 케이보트 시 지역구에도 1번부터 253번까지 각 고유번호가 있었겠지?

로이 바로 그거야. 각 지역구의 고유번호를 조합하여 어떤 문장에 접근하고 있다는 생각을 한 거지. 그래서 알파벳을 숫자로 만들 수 있고 숫자를 알파벳으로 만들 수 있는 아스키코드(ASCII)를 생각해 냈어. 7개씩 32개로 조합된 선거구 번호를 각각 더해서, 발견한 2개의 문자판의 교집합에서 'follow_the_party'를 찾아낸 거라고. 처음에는 표가 남는 지역에서 모자라는 지역으로 옮겨주어서 비중값의 교점이 발생한 것으로 생각했는데, 그게 아니었어. 당선자 확정 계획표가 이미 완성된 뒤 이 계획을 어지럽히지 않는 방식으로 표수를 조금씩만 조정하여 숫자판에 워터마크 같은 지문을 찍은 알고리즘이었어. 시행착오를 하면서 끈질기게 추리를 멈추지 않은 열정으로 마침내 이상한 알고리즘을 발견한 거야.

로이 즉 휴리스틱(Heuristics : 추단) 기법으로 조작자들의 제작자 표시, 곧 해커의 지문을 발견한 거지. 프로그래머는 컴퓨터에 명령어를 주어 간단히 했겠지만, 나 로이는 숫자판을 들여다보며 밤낮을 공들여 찾아낸 거라고. 이건 〈프로듀스 33〉의 계산식보다 더 분명한 인위적인 패턴이라고 확신해. 이 조작자들이 배투의 부모님을 알고 있을 거라고.

EP4. 맹 박사의 조언과 법원으로의 귀환(Ending)

등장인물

배투(배춧잎투표지), 탐정 제이(어치 새), 로이

로그라인

로이라는 사람을 만나 케이보트 시 선거결과에 관한 의혹과 단서를 듣는 배투와 탐정 제이

전체적인 줄거리

탐정 제이와 함께 케이보트 시에서 있었던 선거 결과를 놓고 씨름하고 있는 로이를 찾아가서 의혹과 단서에 대해 설명을 듣는다.

로이는 선거 결과 데이터에서 전산 조작의 흔적을 발견했으며 그것은 [follow_the_party]라는 문장으로서 특정 조직의 이념의 표현같다는 의견을 듣는다.

로이는 일종의 지문과 같은 문자열을 발견한 과정을 자세히 설명하지만 배투와 제이는 설명은 겨우 퍼즐의 한 조각을 찾은 느낌을 갖는다. 전체 그림을 보여줄 사람을 찾아 다시 날아오른다.

구성(플롯)

발단 - 케이보트 선거 결과를 연구하는 로이를 찾아간다.

전개 - 로이는 선거 결과 숫자들 속에 일정한 규칙성을 발견한 과정을 설명한다.

위기 - 일정한 규칙성이 어떻게 [follow_the_party]라는 문자열로 정리되는지 과정을 자세히 설명한다.

절정 - 자신의 주장을 이해 못하는 사람들로 인하여 우울해 하는 로이를 위로한다.

결말 - 로이의 결백을 증명할 사람을 찾아 나선다.

S#1. 로이의 작업실

제이 아하, 'follow_the_party'? 그건 괴담이지. 어떻게 숫자더미들 속에서 알파벳이 찍혀 있다는 거야?

배투 토리당과 휘그리당의 선거결과 숫자더미에 A, B, C, D 같은 알파벳이 찍혀 있다고? 아~ 이건 또 무슨 소리야?

로이 (웃으며) 하하. 제이 배투, 나란히 서 봐. 자 각자 번호 불러봐.

제이 1번.

배투 2번.

로이 그럼 이제 제이는 1이 되고 배투는 2가 되지? 알파벳에도 각자 자기 번호가 따라 있다는 거야. 일종의 업계의 약속이라고 할까? 이걸 아스키코드(ASCII)라고 해. 'follow_the_party'를 숫자로 부르면 이렇게 되는 거야. 자 화면을 똑바로 보라구.

로이 난수처럼 얼크러져 있어야 하는 숫자들 속에 특수한 규칙을 주어서 이런 문자로 치환되는 숫자를 넣어두었다고 보는 거지. 이 수수께끼를 풀면 배투, 너희들의 출생의 비밀이 나올 수 있다는 거야. 나는 이 숫자들을 이 한 장의 표를 분석해서 추출해 냈어.

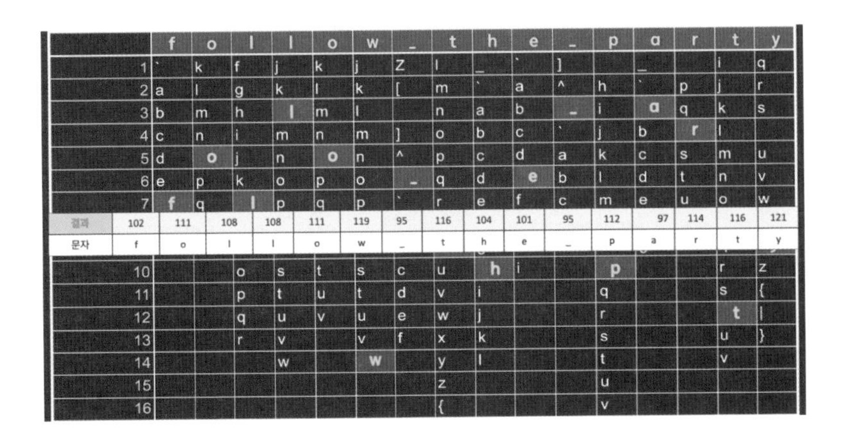

	f	o	l	l	o	w	_	t	h	e	_	p	a	r	t	y
1	`	k	f	j	k	j	Z	l	_	`	]		_		i	q
2	a	l	g	k	l	k	[	m	`	a	^	h	`	p	j	r
3	b	m	h	l	m	l		n	a	b	_	i	a	q	k	s
4	c	n	i	m	n	m	]	o	b	c	`	j	b	r	l	
5	d	o	j	n	o	n	^	p	c	d	a	k	c	s	m	u
6	e	p	k	o	p	o	_	q	d	e	b	l	d	t	n	v
7	f	q	l	p	q	p	`	r	e	f	c	m	e	u	o	w
결과	102	111	108	108	111	119	95	116	104	101	95	112	97	114	116	121
문자	f	o	l	l	o	w	_	t	h	e	_	p	a	r	t	y
10			o	s	t	s	c	u	h	i		p			r	z
11			p	t	u	t	d	v	i			q			s	{
12			q	u	v	u	e	w	j			r			t	|
13			r	v		v	f	x	k			s			u	}
14				w		w		y	l			t			v	
15								z				u				
16								{				v				

로이 이 표를 이해하려면 알파벳 뿐만 아니라 케이보트 시도 각 지역 선거구에 번호를 매겨 두었다는 사실을 먼저 알아야 하지. 말하자면 지금 내가 살고 있는 이 지역 프로빈스 K의 번호는 5번이거든. 지역구 253개가 모두 자기 선거구 고유번호를 갖고 있는데 이 번호들에 특정한 규칙을 부여하여 숫자들을 조합한 거야. 이 표를 한 번 보라구.

로이 특정한 규칙을 부여하면서 7개씩 지역구를 묶어서 합산을 하면서 'follow_the_party' 라는 목표한 문자에 수렴해 나갔다고 할까? 그렇다면 내가 이것을 어떻게 찾아냈냐고? 거대한 모래밭에서 바늘을 찾는 것과 같다고? 하하. 내 머리에 자석이라도 붙어있는 거겠지?

그룹	선거구 번호	시도	선거구
	203	서울	양천구갑
	210	울산	울산남구을
	172	경남	진주시을
29	117	충남	서산태안
	219	경남	창원시마산회원구
	213	강원	속초인제고성양양
	158	서울	관악구갑
	132	대구	달서구갑
	192	경북	구미시갑
	150	경남	김해시갑
30	116	경기	수원시갑
	215	인천	동구미추홀구을
	11	울산	울주군
	30	부산	부산진구을

그룹	선거구 번호	시도	선거구
	180	강원	동해태백삼척정선
	173	경기	포천가평
	84	인천	연수구을
31	245	경남	김해시을
	75	대구	수성구을
	48	인천	강동구갑
	246	경남	밀양의령함안창녕
	70	대구	동구을
	157	경기	용인시갑
	65	부산	수영구
32	44	서울	강남구병
	147	경기	의왕과천
	45	서울	송파구을
	151	경기	남양주시병

로이 나는 그냥 난수들 속에서 후보자의 당락을 결정하는 규칙을 찾아내려고 노력했던 것 뿐이었어. 그런데, 〈프로듀스 33〉과 같이 합창단을 뽑는 것과 비교가 안 되는 철저한 준비가 있었던 거였어. 말하자면 사전에 투표율, 득표율, 표수까지 사전에 설계가 되어 있었고, 이 설계된 숫자 속에 목표 의석 실현에 영향을 주지 않는 숫자의 표를 더하고 빼서 특수코드를 제조해 넣었던 것으로 추정된다고 할까? 그것이 곧 'follow_the_party'!

배투 휴~ 뭐가 뭔지 모르겠어. 그래서 'follow_the_party'를 찾아 냈다는 게 무얼 말하는데?

로이 선거에 인위적인 알고리즘이 있다는 거야. 누군가 눈속임으로 투표를 좌지우지한 범죄의 흔적 같은 거?

제이 (큰소리로) 로이. 제발… 배투는 구구단도 모르는 아이야. 이렇게 어려운 말을 어떻게 알아들으라는 거야? (쑥스러운 말투로) 솔직히, 나, 천재 탐정 제이에게도 쉽지는 않군.

로이 (생각에 잠겼다가 두 손바닥을 올리며) 흠… 안 되겠군. 나는 〈프로듀스 33〉 사건보다 더 확실한 선거 조작의 증거를 찾았어. 케이보트 시민들이 선거 결과가 조작됐다는 것을 눈치채고 법원에 재검표를 요구했기 때문에 범인들이 데이터를 실제 투표지수와 정확히 맞추기 위해 법원으로 표를 보내기 전 급히 프린트해서 바꿔치기를 했고, 그 과정에서 배투, 화투, 빳투… 막 들어갔다는 게 내 추측이거든. 다시 말하면 배투, 너는 태어나지 말았어야 할 아이라는 거지.

배투 태어나지 말았어야 했다고? 그럼 원래 바꿔치기 되기 전 투표지는 어디로 갔어?

로이 모르지. 범인들이 태워 버렸거나 어딘가에 숨겨두었겠지.

제이 (로이의 말을 가로막으며) 아. 로이 너의 직설화법이 나의 존경하는 클라이언트 배투 씨에게 너무 상처를 주고 있어. 오늘은 너무 많은 이야기를 들은 거 같아. 우리는 여기를 떠나야겠어. 잘 있어.

로이 미안 미안, 하지만 사실인 걸 어떻게 해. (섭섭한 듯) 어이. 가는 건 좋은 데 강의료는 주고 가야지? (웃으며) 농담 농담. 그럼 너희들 맹박사님을 찾아가 보는 게 어때? 그분이라면 도와줄 수 있을 거야. 자, 그럼 건투를 비네. 배투~ 부모님 꼭 찾길 바래!

S#2. 맹 박사의 작업실

제이 맹 박사님~ 저희는 박사님이 최근 케이보트 시의 선거결과에 전산 조작이 있다고 주장하셨다는 소식을 듣고 왔습니다. 부모를 찾고 있는 저의 불쌍한 의뢰인 배투의 부모님을 꼭 찾아주셨으면 하구요.

맹 박사 하하. 그 유명한 탐정 제이가 못 찾는 걸 내가 어떻게 찾아줄 수 있겠나? 나도 지금 내가 추정하는 전산 알고리즘들을 들여다 보고 있는 중이었네.

제이 박사님. 저희는 여기로 오기 전에 로이를 만났어요. 로이의 설명에 우리가 지금 머리에 쥐가 날 지경이 되었다구요. 박사님의 표도 역시 우리 머리로는 이해할 수 없어요. 보시다시피 저는 한 마리 새에 불과합니다. (날개를 배투를 향해 펄럭이며) 이 친구도 배춧잎 같은 종이 한 장에 불과하다고요.

맹 박사 (하하) 그렇지. 로이 얘기는 나도 들어보았지만 나의 가설과는 또 다른 설명이더군. 그 친구는 선거 자체의 조작 로직이 아니라 선거 범죄자들이 결과를 사전에 설계하면서 이 작업에 참여한 해커들이 자신들의 지문 같은 것을 찍어 놓은 아주 미세한 조작의 흔적을 또 발견한 것 같더군. 선거가 공명하지 않고 누군가의 손을 탔다는 증거겠지?

제이 로이도 박사님도 결국 배투의 부모님을 찾는 데는 그다지 중요한 단서를 못 주셨습니다. 저 탐정 제이의 자존심이 심히 구겨졌지만 저도 이쯤에서 포기해야 될 것 같습니다.

배투 (흐느낀다) 흑흑…

맹 박사 (위로하며) 너무 실망하지 말게. 로이나 나도 이 엄청난 사건을 감당할 능력이 없다네. 케이보트 시의 누구도 이 문제를 해결할 능력은 없어. 이건 너무 큰 범죄야. 이 21세기에 엄청난 선거부정이 일어났다는 것을 받아들이기 힘들어. 나같은 노학자도 이 상황에 깊이 절망하고 있네. 선거가 시작되기 전에 결과를 미리 정해 놓고 투표와 개표 과정에서 두 번 계획을 실현했네. 간단한 프로그램을 사용해서 목표에 접근했다는 것이고, 내가 그 프로그램을 추정해서 복원하기로 했네. 그러나 지금부터가 중요하다고 보네. 후일을 기약하며 다같이 배투를 이 세상에 내놓고 버린 불의한 부모를 찾아보기로 하세.

제이 으흠~ (헛기침을 하며) 의기양양했던 나 탐정 제이로서는 심히 자존심이 구겨지게 됐지만 우리는 여기서 헤어져야겠어. (악수를 청하며) 꼭 부모님을 찾기 바래.

배투 친구들이 실망할 것 같아. 무슨 얼굴로 들어가야 할지 모르겠어.

제이 말이 끝나기 무섭게 날아서 홀연히 사라진다.

S#3. 법원 앞 호랑이 후보의 시위에 합류하는 배투와 배투의 친구들

혼자 법원 안으로 들어가려다 법원 앞에서 호랑이 후보가 홀로 케이보트 시의 선거 정의를 위해 시위하는 모습을 목격한다.

호랑이 의원 케이보트 시에서 도저히 상상할 수 없는 규모의 전산조작에 의한 부정선거가 있었습니다. 여러분 모두 이 엄청난 불의에 저항하는 시위에 참여해 주십시오. 불의가 제도가 될 때 저항은 시민의 의무가 됩니다. 시민 여러분은 시 당국이 본격적으로 부정선거 수사에 나설 수 있도록 힘을 모아주시기 바랍니다.

배투가 법원 담장 밖에 오종종 내다보며 배투를 끌어올리려 기다리는 화투 뻿투 갈투 등등을 모두 내려오라고 손짓한다.

한 장 한 장 내려와서 배투를 마주한다.

이상투표지들 배투야~ 배투!

배투 얘들아. 여기서 그동안 있었던 일을 다 설명해 줄 수는 없어. 지금부터는 우리가 힘을 모아 같이 찾아볼 수밖에 없어. 갈색 투표지 재는 또 뭐니? 그 동안 우리보다 이상한 아이들이 더 많아졌구나. 애들

아. 우리는 결코 정상 투표지가 아닌가봐. 뭔가 잘못돼 있어. 나는 저기 저 호랑이 후보님과 힘을 모아 케이보트 시에서 직접 우리의 출생의 비밀을 찾아주도록 시위할 거야. 너희들도 나와 함께 해 주었으면 좋겠어.

이상투표지들 그래 그래. 나도 배투 너를 따를 거야.

배투 응! 우리 가자!

호랑이 의원 부정선거 수사하라! 수사하라!

일동 부정선거 수사하라! 수사하라!

호랑이 의원, 이상투표지들 부정선거 수사하라!

호랑이 의원, 이상투표지들, 군중들 부정선거 수사하라! 수사하라!

해커의 지문 발견기

해커의 지문 발견기

나는 어떻게 follow_the_party를 발견하였나

발행 2023년 12월 3일 초판 발행
저자 로이킴, 김미영
펴낸이 김미영
디자인 김현진

펴낸곳 도서출판 세이지
등록 제321-504200800007호
주소 서울특별시 종로구 사직로 96, 202호
전화 02-733-2939, 010-2976-2933
전자우편 unifica@naver.com

ISBN 979-11-980643-1-8(93000)
책값 20,000원